椿の本陣
(郡山宿本陣, 茨木市)

高槻城跡(高槻市)

泉布観(大阪市北区)

大阪城
(大阪市中央区)

年中行事・伝統芸能

天神祭
（大阪天満宮, 大阪市北区）

天満・天神繁昌亭
（大阪市北区）

十日戎
（今宮戎神社, 大阪市浪速区）

能勢人形浄瑠璃鹿角座(浄るりシアター,豊能郡能勢町)
『名月乗桂木』より「桂」

吉本会館
(大阪市中央区)

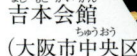

どやどや
(四天王寺,大阪市天王寺区)

住吉大社御田植神事
(大阪市住吉区)

商人の町

天満青物市場跡の碑
(大阪市北区)

堂島米市場跡
(大阪市北区)

大阪ガスビル(大阪市中央区)

心斎橋筋(大阪市中央区)

サントリー山崎蒸溜所(三島郡島本町)

コニシ(旧小西儀助商店,大阪市中央区)

綿業会館
(大阪市中央区)

食べる・飲む

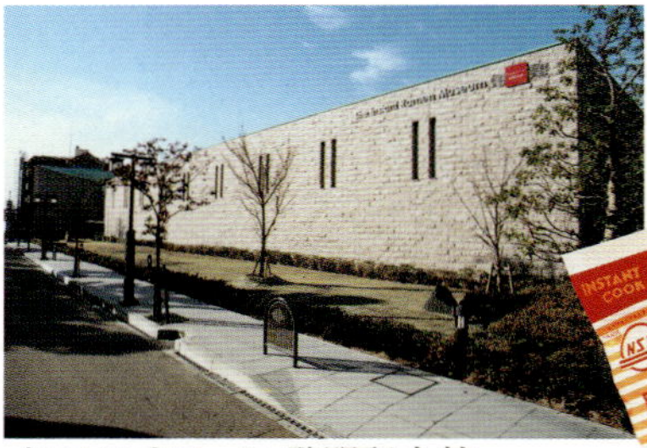

インスタントラーメン発明記念館
(池田市)

1958年発売当時の
チキンラーメンのパッケージ

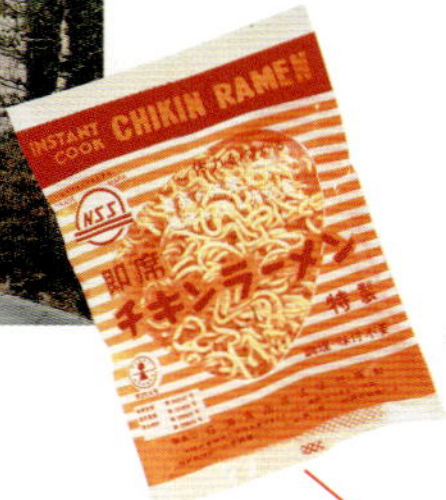

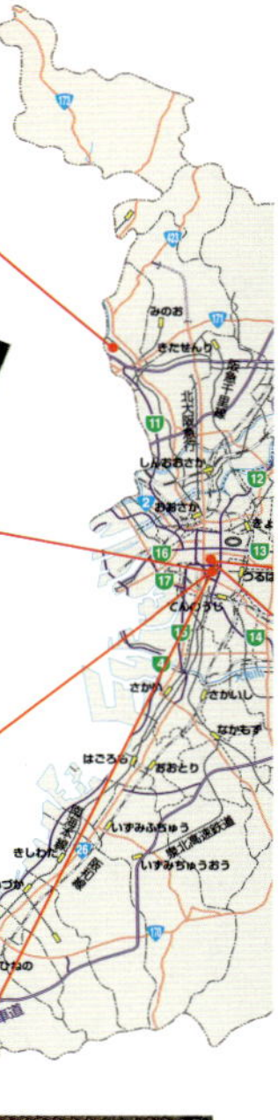

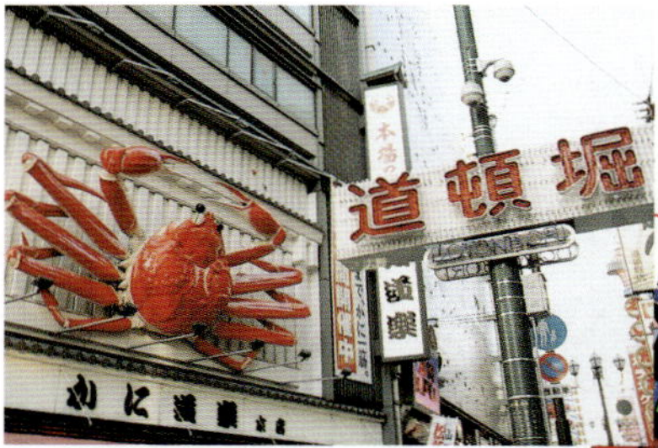

道頓堀(大阪市中央区)

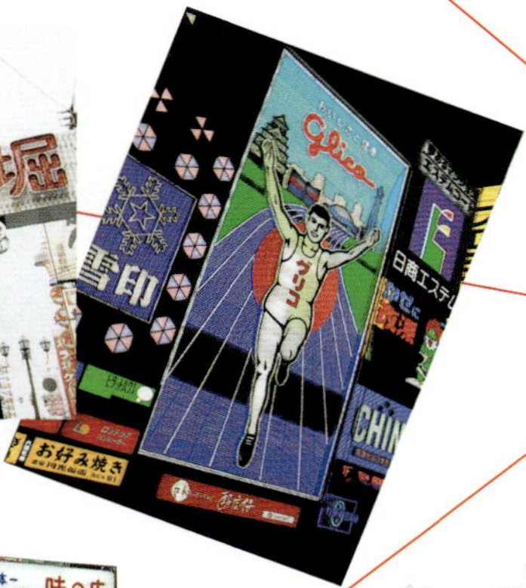

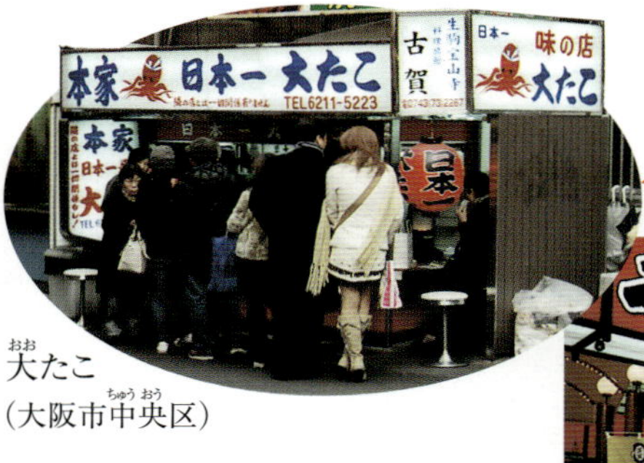

大たこ
(大阪市中央区)

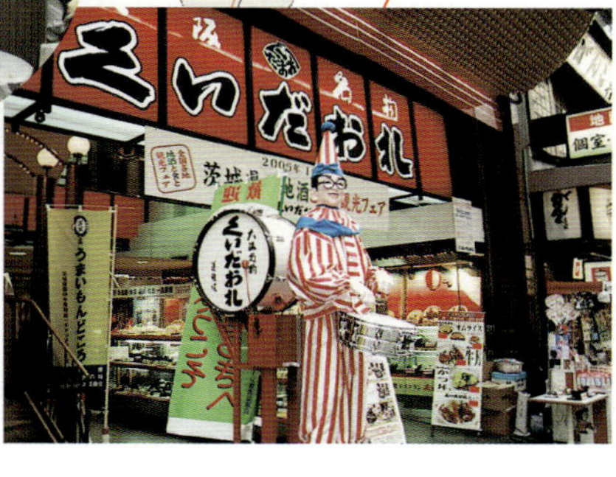

くいだおれ
(大阪市中央区)

大阪の酒

秋鹿(秋鹿酒造,豊能郡能勢町)　　緑一(吉田酒造,池田市)　　呉春(呉春,池田市)

凡愚(中尾酒造,茨木市)　　國乃長(壽酒造,高槻市)　　清鶴(清鶴酒造,高槻市)

自由軒のカレーライス
(大阪市中央区)

きつねうどん
(大阪府全域)

黒門市場
(大阪市中央区)

もくじ　　赤字はコラム

大阪市中部

❶ 大阪のルーツ難波宮と大阪城-- 4
　　大阪城／舎密局跡／大阪歴史博物館／大阪市内の遺跡／難波宮跡／
　　越中井／玉造稲荷神社／三光神社／円珠庵／井原西鶴墓／大阪文学
　　散歩／近松門左衛門墓／高津宮

❷ 坂と信仰のある町並み-- 21
　　生國魂神社／口縄坂／勝鬘院／一心寺／四天王寺／庚申堂／天王寺
　　公園／今宮戎神社

❸ 曽根崎から堂島へ--- 36
　　露天神社（お初天神）／太融寺／淀屋の屋敷跡／日本銀行大阪支店／
　　大阪府立中之島図書館／大阪市中央公会堂／岩本栄之助／大阪市立
　　東洋陶磁美術館／適塾／大阪天満宮／天神祭／造幣局と造幣博物館
　　／泉布観と旧造幣寮正面玄関／国立国際美術館と大阪市立科学館

❹ ミナミの道頓堀から北浜・松屋町へ-------------------------------- 52
　　道頓堀／浪花五座（道頓堀五座）／大阪のみやげ／法善寺横丁と千日
　　前／なにわ商人（あきんど）体験／国立文楽劇場／大丸百貨店／坐摩
　　神社・陶器神社／東本願寺難波別院・西本願寺津村別院／御霊神社
　　／少彦名神社／住友銅吹所跡

❺ 水都大阪の玄関口港区・大正区・西区------------------------------ 68
　　天保山／大阪食べ物体験／河村瑞賢紀功碑／近代紡績工業発祥の地
　　／木村蒹葭堂邸跡／大阪の渡し船／間長涯天文観測の地／雑喉場魚
　　市場跡／川口居留地跡／中天游邸跡

大阪市南部

❶「すみよっさん」と熊野詣-------------------------------------- 84
　　松虫塚／聖天山古墳／天下茶屋跡／阿倍王子神社／北畠顕家卿之墓
　　／住吉大社／住吉行宮跡／大依羅神社／加賀屋新田会所跡／長居公
　　園／酒君塚古墳／大阪ワクワク体験

❷ 町ぐるみが博物館の平野区-------------------------------- 101
　　馬場口地蔵／大念佛寺／平野町ぐるみ博物館／長寶寺・全興寺／平

野郷樋尻口門跡／含翠堂跡／杭全神社／平野環濠跡／畠山政長墓所／奥田邸／長原古墳群

大阪市北部

❶ 水都の面影 -- 116
　福沢諭吉誕生地／野田の藤跡／大阪にハリウッドがやってきた／八州軒の跡／鶴乃茶屋跡／鶴満寺／都島神社／関目神社／京街道の碑／青湾

❷ 川の景色に彩られた史跡 -- 128
　香具波志神社／野里住吉神社／大願寺／崇禅寺／中島大水道跡／定専坊／乳牛牧跡

もくじ

豊能

① 豊中の史跡を訪ねる-- 140
椋橋総社／服部天神宮／住吉神社／今西家屋敷／西福寺／東光院／日本民家集落博物館／大石塚・小石塚古墳／原田神社／瑞輪寺／大塚古墳・御獅子塚古墳／宝珠寺／旧新田小学校校舎／高校野球メモリアルパーク／金禅寺／麻田藩陣屋跡／大阪大学総合学術博物館／桜井谷の須恵器窯跡群

② 箕面の史跡を訪ねる-- 156
半町本陣跡と瀬川宿駅／阿比太神社／萱野三平旧邸跡／為那都比古神社／瀧安寺(箕面寺)／勝尾寺

③ 石橋から池田へ-- 164
稲荷山古墳／鉢塚古墳(五社神社)／仏日寺／池田市立歴史民俗資料館／池田茶臼山古墳／小林一三記念館・逸翁美術館・池田文庫／池田城跡／大広寺／伊居太神社／本養寺／愛宕神社／呉服神社／八坂神社／インスタントラーメン発明記念館

④ 池田から余野へ-- 178
久安寺／お亥子餅献上／法性寺

⑤ 妙見口から能勢へ-- 182
能勢妙見堂／野間の大ケヤキ／今養寺／真如寺／涌泉寺／安穏寺／淨るりシアター／玉泉寺／岐尼神社

もくじ

三島

❶ 吹田周辺の史跡を訪ねる -- 196
　　垂水神社／泉殿宮／高浜神社／吹田の渡跡／吉志部神社／佐井寺／
　　圓照寺／紫雲寺

❷ 茨木と隠れキリシタンの里をめぐる ------------------------------ 205
　　茨木神社／茨木城跡／梅林寺／郡山宿本陣／鎌足古廟（将軍山古墳）
　　／川端康成が幼少期をすごした宿久庄／阿為神社／隠れキリシタン
　　の里／隠れキリシタン遺物の発見

❸ 富田周辺の史跡 -- 217
　　今城塚古墳／太田茶臼山古墳／新池埴輪製作遺跡／本照寺／普門寺
　　／教行寺／富田の酒造業／慶瑞寺／総持寺

❹ 高槻と淀川右岸の史跡 --------------------------------------- 225
　　安満宮山古墳／能因塚／伊勢寺／上宮天満宮／芥川宿／島上郡衙跡
　　／高山右近天主教会堂跡／高槻城跡／淀川三十石船船唄／三島江／
　　鳥飼の牧跡／鵜殿のヨシ原焼き

❺ 島本町周辺の史跡を訪ねる ----------------------------------- 237
　　関戸明神／東大寺水無瀬荘園跡／水無瀬神宮／桜井駅跡／若山神社

大阪府のあゆみ／地域の概観／文化財公開施設／無形民俗文化財／おもな祭り／有形民俗
文化財／無形文化財／散歩便利帳／参考文献／年表／索引

もくじ

［本書の利用にあたって］

1. 散歩モデルコースで使われているおもな記号は，つぎのとおりです。なお，数字は所要時間（分）をあらわします。
   - ･････････････ 電車
   - ━━━━━ 地下鉄
   - ─────── バス
   - ･･････････････････ 車
   - ------------ 徒歩
   - 〜〜〜〜〜 船

2. 本文で使われているおもな記号は，つぎのとおりです。
   - 🚶 徒歩
   - 🚌 バス
   - ✈ 飛行機
   - 🚗 車
   - ⛴ 船
   - Ⓟ 駐車場あり

   〈M▶P.○○〉は，地図の該当ページを示します。

3. 各項目の後ろにある丸数字は，章の地図上の丸数字に対応します。

4. 本文中のおもな文化財の区別は，つぎのとおりです。
   国指定重要文化財＝(国重文)，国指定史跡＝(国史跡)，国指定天然記念物＝(国天然)，国指定名勝＝(国名勝)，国指定重要有形民俗文化財・国指定重要無形民俗文化財＝(国民俗)，国登録有形文化財＝(国登録)
   都道府県もこれに準じています。

5. コラムのマークは，つぎのとおりです。
泊	歴史的な宿	憩	名湯	食	飲む・食べる
み	土産	作	作る	体	体験する
祭	祭り	行	民俗行事	芸	民俗芸能
人	人物	伝	伝説	産	伝統産業
!!	そのほか				

6. 本書掲載のデータは，2013年10月末日現在のものです。今後変更になる場合もありますので，事前にお確かめください。

大阪市中部

Ōsakashi Chūbu

大阪のシンボル大阪城天守閣

復元された四天王寺伽藍

◎大阪市中部散歩モデルコース

1. JR大阪環状線・市営地下鉄中央線森ノ宮駅_1_大阪城公園・教育塔_3_大阪歴史博物館_1_難波宮跡_7_越中井_3_聖マリア大聖堂_10_円珠庵_6_大福寺(浪華仮病院跡)_2_井原西鶴墓(誓願寺)_6_近松門左衛門墓_3_妙寿寺_1_雲雷寺_2_法性寺_1_本経寺_2_高津宮_4_市営地下鉄谷町線谷町九丁目駅

2. 市営地下鉄谷町線谷町九丁目駅_6_生國魂神社_7_竹田出雲墓所_2_吉祥寺_1_上島鬼貫墓所_1_太平寺_2_口縄坂_1_麻田剛立墓所_2_伝藤原家隆墓_3_勝鬘院_1_大江神社_2_植村文楽軒の墓所_5_清水寺_2_増井の清水_2_合邦辻閻魔堂_4_一心寺_5_四天王寺_6_竹本義太夫の墓所_2_庚申堂_5_天王寺公園_1_新世界・通天閣_7_今宮戎神社_1_南海高野線今宮戎駅

3. 市営地下鉄御堂筋線淀屋橋駅_1_淀屋の屋敷跡_1_日本銀行大阪支店_2_大阪府立中之島図書館_3_大阪市中央公会堂_1_大阪市立東洋陶磁美術館_5_適塾_3_京阪本線・市営地下鉄堺筋線北浜駅

4. JR東西線大阪天満宮駅・市営地下鉄谷町線・堺筋線南森町_2_大阪天満宮_10_

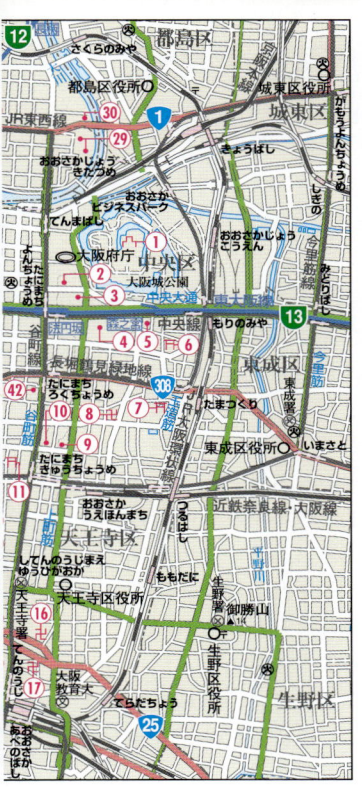

①大阪城	㉗適塾
②舎密局跡	㉘大阪天満宮
③大阪歴史博物館	㉙造幣局・造幣博物館
④難波宮跡	㉚泉布観・旧造幣寮正面玄関
⑤越中井	
⑥玉造稲荷神社	㉛国立国際美術館・大阪市立科学館
⑦三光神社	
⑧円珠庵	㉜道頓堀
⑨井原西鶴墓	㉝浪花五座(道頓堀五座)
⑩近松門左衛門墓	
⑪高津宮	㉞法善寺横丁・千日前
⑫生國魂神社	㉟国立文楽劇場
⑬口縄坂	㊱大丸百貨店
⑭勝鬘院	㊲坐摩神社・陶器神社
⑮一心寺	㊳東本願寺難波別院
⑯四天王寺	㊴西本願寺津村別院
⑰庚申堂	㊵御霊神社
⑱天王寺公園	㊶少彦名神社
⑲今宮戎神社	㊷住友銅吹所跡
⑳露天神社(お初天神)	㊸天保山
㉑太融寺	㊹河村瑞賢紀功碑
㉒淀屋の屋敷跡	㊺近代紡績工業発祥の地
㉓日本銀行大阪支店	
㉔大阪府立中之島図書館	㊻木村蒹葭堂邸跡
	㊼間長涯天文観測の地
㉕大阪市中央公会堂	㊽雑喉場魚市場跡
㉖大阪市立東洋陶磁美術館	㊾川口居留地跡
	㊿中天游邸跡

造幣局・造幣博物館 _2_ 泉布観 _10_ JR大阪環状線桜ノ宮駅
5. 市営地下鉄御堂筋線・千日前線なんば駅 _5_ 道頓堀 _1_ 浪花五座(竹本座跡) _3_ 法善寺横丁 _4_ 千日前 _9_ 国立文楽劇場 _16_ 大丸百貨店 _7_ 橋本宗吉絲漢堂跡 _6_ 坐摩神社・陶器神社 _2_ 東本願寺難波別院 _10_ 西本願寺津村別院 _4_ 綿業会館 _7_ 御霊神社 _1_ 大阪ガスビル _8_ 少彦名神社・くすりの道修町資料館 _2_ 市営地下鉄堺筋線北浜駅
6. 市営地下鉄中央線大阪港駅 _7_ 天保山 _1_ 天保山渡船場 _4_ 天保山マーケットプレース _9_ 釈迦院 _5_ 港住吉神社 _5_ 市営地下鉄大阪港駅
7. 市営地下鉄長堀鶴見緑地線・千日前線西大橋駅 _1_ 木村蒹葭堂邸跡 _4_ 土佐稲荷神社 _7_ 阿弥陀池(和光寺) _6_ 間長涯天文観測の地 _1_ 市営地下鉄長堀鶴見緑地線・千日前線西大橋駅 _4_ 市営地下鉄千日前線・中央線阿波座駅 _5_ 雑喉場魚市場跡 _4_ 旧大阪府庁跡 _3_ 川口居留地跡 _1_ 川口基督教会 _10_ 中天游邸跡 _4_ 大塩平八郎終焉の地の碑 _2_ 市営地下鉄四つ橋線・中央線本町駅

大阪のルーツ難波宮と大阪城

大阪のシンボル大阪城を中心に，豊臣秀吉ゆかりの史跡や難波宮など，かつて日本の中心として繁栄した史跡をめぐる。

大阪城 ❶
06-6941-3044(天守閣事務所)
〈M▶P.3,5〉大阪市中央区大阪城1-1 **P**
JR大阪環状線，市営地下鉄中央線・長堀鶴見緑地線森ノ宮駅，またはJR大阪環状線大阪城公園駅 🚶15分

復元された天守閣 花と緑の大阪城公園

　森ノ宮駅で降りると，北西一帯に大阪城公園が広がる。陸軍造兵廠(もと大阪砲兵工廠)跡を利用した大規模な森林公園で，各種運動施設や大阪城ホール，大坂城代官屋敷のあった西の丸庭園などがある。また，梅林や600本にもおよぶサクラなど，四季折々の風情を味わうことができる花の名所としても知られている。ここから大阪城天守閣までは，歩いて約15分の距離である。

　大阪のシンボル大阪城は，1583(天正11)年から15年余りの歳月をかけて，豊臣秀吉によって築造された。1590年に秀吉が全国を統一すると，大坂は日本の中心となり，繁栄の一途をたどった。1598(慶長3)年には三の丸工事も始まり，城下町の拡充が図られ，大坂は城を中心に，東西約3km・南北約2kmの広大な町となった。現在，江戸幕府が再建した本丸・二の丸および外堀を含む区域は，大坂城跡として国の特別史跡に指定されている。豊臣時代の大坂城は外堀の外側に三の丸と惣構があり，現在の大阪城の5倍におよぶ規模であった。

　大阪城の歴史は，本願寺8世蓮如が1496(明応5)年，「摂州東成郡生玉庄内大坂」に隠居所として坊舎を建てたことに始まる。1533(天文2)年，法華信徒による山科本願寺焼打ち事件の後，10世証如がここを本山として城塞的設備を整え，壮大な伽藍が聳え立つ

復元された大阪城とOBP(大阪ビジネスパーク)

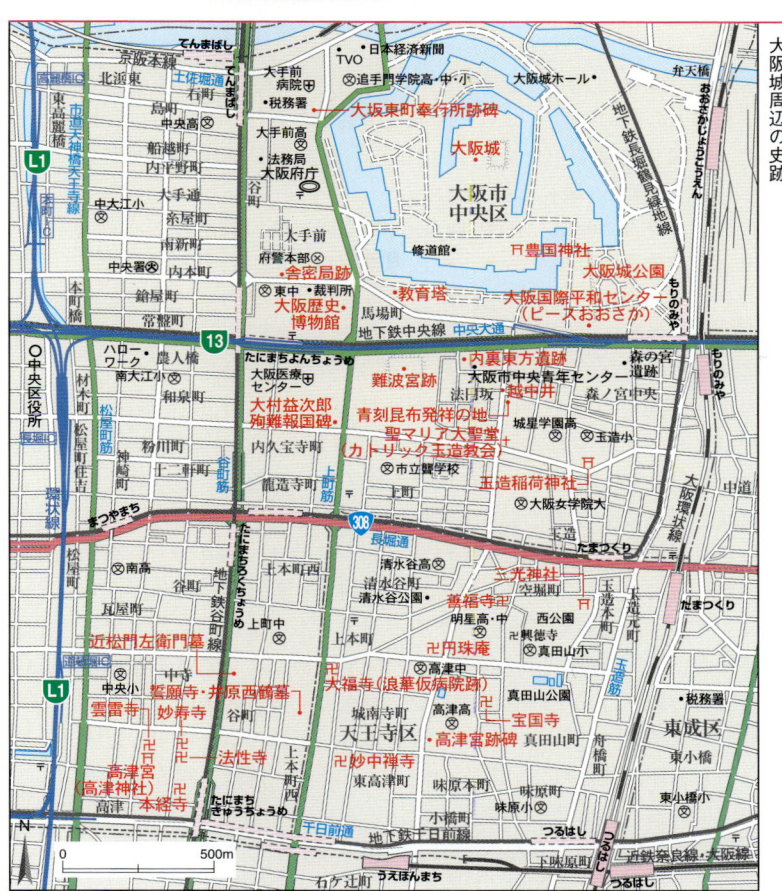

大阪城周辺の史跡

「摂州第一の名城」（『足利李世記』）として，石山本願寺（大坂本願寺）とよばれることとなった。

　やがて，11世顕如は全国統一を目指す織田信長と対立し，1570（元亀元）年から約11年間にわたる石山合戦へと発展した。しかし，長期にわたった合戦も，1580年に終結し，伽藍は焼失した。本願寺の所在地については，大阪城地説のほかに，中央区法円坂付近という説もあり，詳らかでない。ただ，大阪城二の丸内に「蓮如上人袈裟懸の松」の伝承地があり，それを示す碑とマツの根のみが残っている。

大阪のルーツ難波宮と大阪城　5

本能寺の変(1582年)で信長が没した後，秀吉の手によって昼夜3万～5万人の労力を投入して，大坂城が築城された。本丸には外観5層，内部9階建て，金箔押瓦で飾られた絢爛豪華な天守閣が完成し，「三国無双の城」と称された。

　しかし，秀吉の死後，1600(慶長5)年の関ヶ原の戦いによって，徳川家康が政権を掌握すると，秀吉の遺児秀頼は，一大名に没落した。そして，1614・15(元和元)年の大坂冬の陣・夏の陣で落城し，豊臣氏は滅亡した。

　落城後，江戸幕府は家康の孫松平忠明を大坂城主に命じて，大坂の復興にあたらせた。1619年には忠明を大和郡山(現，奈良県)に転封させ，大坂を幕府の直轄領とし，藤堂高虎を普請総奉行に任じ，翌年より大坂城の再築に取りかかった。幕府は，豊臣時代の大坂城を石垣に至るまですべて地中に埋め，その上にあらたな城を築いた。天下普請とよばれる大坂城再築の目的は，幕府の力を全国に示すことにあった。西日本の外様大名64家を動員し，10年がかりでつくりあげた大坂城は，巨大な石垣や広大な堀をもつ。なかでも，36畳敷約130tと推定される本丸桜門桝形正面にある蛸石を始めとする巨石の数々は，圧倒的な迫力で，現在でも多くの人の目を驚かせるものである。これらの石垣の表面には，再建工事を担当した大名を示す刻印が残されているものがあり，その一部は，現在本丸北側の山里曲輪でみることができる。

　幕府によって再建された大坂城は，1665(寛文5)年に落雷により焼失した。現在の大阪城は，大阪市の昭和大典記念事業として，「大坂夏の陣図屛風」(大阪城天守閣蔵)を参考に，1931(昭和6)年に大阪市民の寄付金を基にして再建されたものである。近代建築による復興天守閣の第1号であると同時に，その内部には，郷土歴史資料館も設けられた。1997(平成9)年には，金箔の貼り替えなどが施され，再建当時の姿に戻った。同時に天守閣の内部も全面改修され，ミニチュア模型を使って秀吉の一生を再現した「からくり太閤記」や，秀吉ゆかりの品々を始めとする戦国時代の資料がわかりやすく展示され，原寸大の黄金の茶室が再現されるなど，趣向をこらした歴史博物館となっている。

幕末の動乱や第二次世界大戦の戦災で多くの建造物が失われ，現存するのは，大手門・塀３カ所・多聞櫓・千貫櫓・乾櫓・一番櫓・六番櫓・焰硝蔵・金蔵・金明水井戸屋形・桜門（いずれも国重文）であるが，これらはすべて江戸時代のもので，安土・桃山時代の遺構は，地上にその姿をとどめていない。しかし，1959(昭和34)年に大阪城本丸ほぼ中央部の地下約10mの所に，野面積みの石垣が確認され，1988年の調査でも，現在の天守閣の北東約100mの所で，地下1.6mの地点から，安土・桃山時代の天守台の石垣遺構が発見された。これ以外にも，安土・桃山時代の石垣遺構は，大阪城周辺での発掘調査によって確認されている。そのなかで，三の丸石垣の一部が，追手門学院小学校東側や大阪府立女性総合センター（ドーンセンター）前に移築・展示されている。

　なお，本丸南側にある豊国神社は，1960年に中の島から移築され，豊臣秀吉・秀頼・秀長をまつる。また，玉造門南側，大阪城公園南端中央付近の芝生の中には，高さ３mの「城中焼亡埋骨墳」碑がある。1868(慶応４)年，大坂城内での焼死者の慰霊のために建立された。

　そのすぐ横には，中央大通に面して大阪国際平和センター（ピースおおさか）がある。戦争の悲惨さを後世に伝え，平和の尊さを訴えるために，大阪府と大阪市が共同して，1991(平成３)年に開設した施設である。

　市営地下鉄谷町線・京阪本線天満橋駅で降りて，谷町筋を南へ100mほど進み，谷町１丁目交差点から，大阪合同庁舎前の道を大阪城のほうへ100mほど行くと，大阪合同庁舎第１号館前に，大坂東町奉行所跡碑がある。大坂は江戸時代に，幕府直轄地として大坂城代がおかれており，老中支配の大坂町奉行が警察・司法・行政を司るなど，直接町民と接する任にあたった。大坂町奉行所は，1619(元和５)年に当地付近に，東西両町奉行所が並んでおかれ，１カ月交替で任務にあたった。

舎密局跡 ❷　〈M▶P.3,5〉大阪市中央区大手前3
　　　　　　　市営地下鉄谷町線・中央線谷町四丁目駅 🚶 3分
　大阪府庁本館横の上町筋を南に進み，馬場町交差点を西に曲が

舎密局跡ハラタマ像　　　　　　　　　　　　　　　　　　　　　　　　　　教育塔

ると，警察会館前に舎密局跡碑がある。舎密とはオランダ語の理化学を意味する言葉で，大阪で初めての公立教育機関である。この舎密局は，もとは江戸幕府が計画したものだが，明治政府が受け継ぎ，大坂城西定番屋敷跡に設立した学校で，1869（明治2）年5月に，オランダの第2等官医ハラタマを教頭として招いた。のちに名称も，大阪開成所分局理学所大阪開成学校と変更されたが，1889年には京都へ移って，第三高等学校となり，京都大学へと発展する。

　馬場町交差点から東へ目を向けると，大阪城外堀に面した大手前公園南隅に教育塔が立っている。1934（昭和9）年の室戸台風のとき，校舎の倒壊などによって，大阪府下で教職員18人，生徒・児童676人の犠牲者が出た。その慰霊のために，全国の教職員や生徒・児童の醵金によって，1936年に建てられたものである。その維持と祭祀は，帝国教育会，日本教育会，日本教職員組合へと引き継がれ，毎年10月30日に教育祭を行っている。

大阪歴史博物館 ❸
06-6946-5728
〈M▶P.3,5〉大阪市中央区大手前4-1-32　P
市営地下鉄谷町線・中央線谷町四丁目駅 1分

大阪初の公立教育機関 理化学の学校

大阪の歴史を立体的に復元した歴史博物館

　市営地下鉄谷町四丁目駅の9番出口を出てすぐの所，馬場町交差点角に，2001（平成13）年開館した大阪歴史博物館（愛称なにわ歴博）は，大阪城と難波宮跡に隣接し，「都市おおさか」の歴史にスポットをあてた，あらたな歴史系総合博物館である。10階には，難波宮の大極殿が実物大で復元されており，当時の宮廷儀礼のありさまを体感できる。さらに難波宮史跡公園や大阪城を眼下にみることもできる。9階は中・近世，石山（大坂）本願寺や豊臣秀吉による町づく

コラム

大阪市内の遺跡

あいつぐ貴重な発見 なにわ歴博での展示

　大阪市内では、現在約160カ所の遺跡がみつかっており、その総面積は、市内全域の約2割にも達する。

　「最古の大阪市民」として話題になったのが、中央区森の宮遺跡の貝塚から出土した、縄文時代後期の人骨である。JR大阪環状線森ノ宮駅近くの大阪市立労働会館（アピオ大阪）に遺跡展示室があり、出土品の一部をみることができる。また、長原遺跡や瓜破遺跡に代表される平野遺跡群は、平野区一帯に広がる弥生時代を中心とする遺跡であり、長原遺跡からは、旧石器時代の遺物も出土した。古墳時代前期末から後期前半に形成された200基にもおよぶ長原古墳群は、古市古墳群に近接し、ヤマト政権の中枢をになう人びとの奥津城の可能性があり、注目されている。長原古墳群は大半の古墳が後世に削平され、地上には痕跡をとどめていなかったが、長原古墳群の発見以降、日本各地で埋もれた古墳の発見があいつぐこととなった。

　大阪市内に現存する古墳は、南海高野線帝塚山駅下車すぐの所にある帝塚山古墳（国史跡）や御勝山古墳などの前方後円墳と聖天山古墳、瓜破霊園内のゴマ堂山古墳、花塚山古墳などごくわずかである。しかし、長原古墳群の発見以降、発掘調査の成果をもとに、古図・文献などの研究が進み、大阪市域内の古墳の復元や実態解明の研究が始まった。

　飛鳥時代以降の遺跡も、難波宮跡関連遺跡を中心に、新しい発見が続いている。なかでも大坂城関連の調査では、豊臣秀吉ゆかりの金箔押瓦を始めとして、国内外の陶磁器やベネチアングラスなど、絢爛豪華な城下町のありさまを彷彿とさせる遺物もみつかった。また、北区中之島4丁目にある広島藩蔵屋敷跡や中央区島之内1丁目の住友銅吹所跡など、「天下の台所」として繁栄した時代を象徴する遺跡も発見され、話題をよんだ。

　これらの遺跡の概要や出土した遺物の一部は、大阪歴史博物館（愛称なにわ歴博）で実際にみることができるので、ぜひ見学をおすすめしたい。

り、そして、「天下の台所」としておおいに賑わった様子が、復元模型などを用いて展示されている。8階にはフェンスで囲まれた空間に、原寸大に再現された発掘現場が広がる。なにわ考古研究所と名づけられた施設で、本物の遺物に触れながら、「観察する」「掘る」「考える」作業を通して、楽しく考古学の世界に触れることができる。7階では、近現代の大阪、すなわち大大阪とよばれた大正時代

難波宮史跡公園からみた大阪歴史博物館

から昭和時代初期のモダンな町並みや庶民の暮らしぶりが,実物大の復元模型や,数々の展示品をもとに体験できるようになっている。

　また,1階エントランスホールでは,ガラス越しに地下の難波宮跡倉庫群の遺構をみることができる。博物館とその隣に立つNHK大阪放送会館の敷地からは,1987(昭和62)年に,前期難波宮跡の倉庫群と古墳時代の大型倉庫群が発見され,話題をよんだ。現在,一部の遺構については地階にスペースを設け,見学することも可能である。さらに博物館敷地南側には,古墳時代の大型倉庫1棟が復元・展示されており,そのほかの倉庫や前期難波宮の遺構もその場所を表示するなど,史跡公園として整備されている。

難波宮跡 ❹
なにわのみやあと

〈M▶P.3,5〉大阪市中央区法円坂1-6
市営地下鉄谷町線・中央線谷町四丁目駅🚇1分

> 聖武朝の都
> 山根徳太郎と保存運動

　市営地下鉄谷町四丁目駅の10番出口を出ると,道路を挟んだ正面に公園が広がる。これが難波宮跡(国史跡)である。難波宮史跡公園を中心とする一帯では,1954(昭和29)年から始まった発掘調査により,大きく分けて前期・後期2つの時期の宮殿跡がみつかった。前期難波宮は掘立柱(ほったてばしら)で,瓦を葺(ふ)かず,さらに全面に火災の跡があることから,天武天皇の686(朱鳥(しゅちょう)元(あ))年に火災に遭った難波宮と考えられている。

　その造営は,これまでの考古学的調査

復元された難波宮史跡公園

や文献史料の研究結果を総合すると,大化改新(645年)の難波遷都にともなって造営された孝徳天皇の難波長柄豊碕宮に遡る可能性が大きい。大極殿の両側に八角殿をともない,ほかの古代宮都にはみられない特徴をもつ。

後期難波宮は744(天平16)年,聖武天皇の時代に一時,都となったもので,礎石の上に柱をおき,瓦葺きの建物があったと考えられている。発掘調査の結果,大極殿は長辺42m・短辺21mの石造りの基壇上に立ち,柱は丹塗りの赤,窓は緑に彩られ,中国風の鮮やかな外観であったと思われる。

1962(昭和37)年の研究者・学生・市民による,聖武朝大極殿跡の保存運動に始まる幅広い活動と,文化庁を始めとする行政関係者の努力が実を結び,内裏・朝堂院跡を中心に,8万9111m²が国の史跡に指定された。そのうち中央大通以南の約6万6000m²が難波宮史跡公園として整備された。後期大極殿基壇の復元と朝堂院の遺構表示のほか,前期朝堂院西半部の遺構の位置が表示されており,大極殿西方には,八角形の楼閣建築が朱塗りの鉄骨で復元されている。このほか,大阪市中央青年センター横にも内裏東方遺跡がある。

難波宮を語るうえで欠かせないのが,大阪市立大学教授であった山根徳太郎である。山根が1953年に,法円坂で出土した鴟尾瓦を手掛りに,それまで所在不明であった難波宮の存在を確信し,紆余曲折の後,その所在を突き止めたことは有名である。さらに大都会の真ん中という立地のため,たび重なる開発工事で遺跡が破壊の危機に瀕したときも,毅然として立ち向かい,保存を訴え続けた山根は,まさに日本のシュリーマンであった。

奈良時代の難波京は,難波宮の正門から南に延びる直線道路と東西南北に走る碁盤目状の道路によって,整然と区画されていた。天王寺区筆ケ崎町日赤病院前から,JR大阪環状線寺田町駅にかけて通る森之宮勝山線とよばれる南北道路は,当時の朱雀大路と考えられている。道路沿いの谷に位置する細工谷遺跡からは,和同開珎6枚のついた枝銭や,和同銭以前の最古の貨幣である富本銭が出土し,さらに近辺には,百済王氏の氏寺百済尼寺が存在したことも判明した。

大村益次郎殉難報国碑

　難波宮跡の南西、上町筋を挟んだ向かい側にある国立病院大阪医療センターの南東角に、大村益次郎殉難報国碑が立っている。長州（現、山口県）出身の大村益次郎は、大坂で緒方洪庵の適塾に学び、宇和島藩（現、愛媛県）や江戸幕府に用いられたが、やがて長州によび戻され、第二次長州征討（1866年）では用兵の才を認められた。のちに討幕軍の総司令官となり、兵部大輔に任じられた。さらに徴兵制度など近代陸軍の構想を立て、「日本陸軍の祖」といわれている。1869（明治2）年、京都木屋町で凶徒におそわれて重傷を負い、浪華仮病院でオランダ人医師ボードウィンにより足を切断する大手術を受けたが、敗血症で没した。碑は1940（昭和15）年に建てられたものである。

越中井 ❺ 　〈M▶P.3,5〉大阪市中央区玉造2-24
JR大阪環状線森ノ宮駅🚶15分、または市営地下鉄中央線・長堀鶴見緑地線森ノ宮駅🚶13分

明智光秀の娘細川ガラシャゆかりの地

　大村益次郎殉難報国碑の前を、東西に延びる道を東に約500ｍ進むと、聖マリア大聖堂（カトリック玉造教会）がある。入口の左右には、キリシタン大名高山右近と細川ガラシャの像が立っており、構内にはガラシャの顕彰碑もある。そこから、大阪市が史跡と史跡を結ぶプロムナードとして整備している「歴史の散歩道」に従って北へ200ｍほど進むと、道路の中央に取り残された茂みの中に、生垣に囲まれて越中井がある。

　この辺りは、細川越中守忠興の屋敷があった所で、越中井はその屋敷内にあった井戸といわれている。忠興の妻は明智光秀の娘玉で、キリシタンとなり洗礼名をガラシャといった。1600（慶長5）年関ヶ原の戦いの前、石田三成は諸大名の妻子を人質として大坂城に移そうとしたが、ガラシャは忠興が徳川家康に従ったため、これをこばみ、教義によって自害できなかったことから、家臣にみずからの胸

越中井

を突かせて死んだ。「散りぬべき　時知りてこそ　世の中の　花も花なれ　人も人なれ」の辞世の歌を刻んだ記念碑が井戸の脇に建てられている。なお，越中井と遊歩道を挟んだ向かい側に「越中町」の旧町名継承碑が立っており，越中井の向かいにある玉造越中公園西側には，青刻昆布発祥の地の石碑が2001(平成13)年に建てられた。

「天下の台所」として名を馳せた大坂には，1721(享保6)年頃より北前船などによって，蝦夷地から良質のコンブが集まるようになり，さまざまな加工品が生まれた。かつてこの周辺は，コンブの加工業が盛んな場所で，第二次世界大戦中の強制疎開で立ち退きになる以前は，この公園があった場所でも，青刻昆布の製造が行われていた。

玉造 稲荷神社 ❻　〈M▶P.3,5〉　大阪市中央区玉造2-3-8　P
06-6941-3821　JR大阪環状線・市営地下鉄中央線・長堀鶴見緑地線森ノ宮駅🚶10分

古代の勾玉製作地
豊臣秀頼寄進の石鳥居

越中井からもときた道を戻り，聖マリア大聖堂前の道を東へ300mほど進むと玉造稲荷神社(祭神宇迦之御魂大神)に着く。

神社の創建は垂仁天皇18年と伝えられており，古来，多くの人びとの信仰を集めてきた。なかでも大坂城の鎮守神として，豊臣家からの崇敬は篤く，境内には，豊臣秀頼寄進の石鳥居も残されている。この石鳥居は，大坂夏の陣(1615年)と第二次世界大戦の2つの戦禍をくぐり抜けてきたが，1995(平成7)年の阪神・淡路大震災で基礎を損壊し，境内の北側に上半部を埋め込むようにして保存された。

石鳥居の南側には，難波・玉造資料館がある。社伝によると，創祀2000年祭奉祝記念として，玉作り資料を公開し，保存するという主旨から，1986(昭和61)年に開館した。見学に際しては，事前に申し込む必要がある(有料)。なお境内東側に，千利休居士顕彰碑が立っている。玉造神社から南西の玉造禰宜町(現，玉造2丁目)に，千利休の屋敷があったことから，1977年に建てられた。

大阪のルーツ難波宮と大阪城

三光神社
06-6761-0372

〈M▶P.3,5〉 大阪市天王寺区玉造本町14-90
JR大阪環状線玉造駅🚶5分，または市営地下鉄長堀鶴見緑地線玉造駅🚶2分

中風除の神様　真田の抜け穴

真田幸村銅像と真田の抜け穴

JR玉造駅から西に200mほど進み，玉造交差点を南に曲がると，すぐの所に真田山丘陵がある。鳥居のある石段をのぼると三光神社である。反正天皇の時代の創建と伝えられ，天照大神・月読尊・素盞嗚尊をまつり，全国で唯一の「中風除」の神として広く知られている。境内石段横には，真田の抜け穴といわれる石室状の横穴が残されており，その前に，陣中姿の真田幸村の銅像が建てられている。当社は，大坂城の出城(真田丸)があった所といわれ，1614(慶長19)年の大坂冬の陣の際，幸村がこの地に偃月城と名づけられた塁をつくり，大坂城中からここまで，地下に抜け穴を掘らせたと伝えられている。

三光神社から北に進み，すぐの交差点から西に宰相山西公園脇を通り300mほど進むと，善福寺(真言宗)がある。1834(天保5)年，大坂城代として赴任した土井利位が弘法大師を深く信仰し，近くの鏡如庵(善福寺以前にあった寺)に参拝していたことから，「土井殿のお大師様」とよばれ，それが訛って「どんどろ大師」となった。

円珠庵 ⑧
06-6761-3691

〈M▶P.3,5〉 大阪市天王寺区空清町4-2
近鉄大阪線上本町駅🚌上本町方面行上本町4丁目🚶3分

契沖ゆかりの地　悪縁断ちの祈禱寺

善福寺から西へしばらく歩き，三差路を南に折れ，200mほど歩くと，明星学園前の交差点に面して，円珠庵(契沖旧庵ならびに墓，国史跡)がある。円珠庵の前を東西に延びる坂は三韓坂とよばれ，奈良時代玉造にあった三韓館に通じる道であった。その脇に1本のエノキの霊木があり，人びとの信仰を集めていた。大坂冬の

契沖墓(円珠庵)

陣(1614年)のとき，真田幸村が当地に陣所を構え，この信仰を伝え聞いて，エノキに鎌を打ちつけ，鎌八幡大菩薩と唱して祈念したところ，おおいに戦勝をあげたという。

1690(元禄3)年，この鎌八幡の境内に，和学者として有名な高僧契沖阿闍梨が居住し，円珠庵と称した。そして，徳川光圀の命により，長年の師でもあり，友人でもあった下河辺長流にかわって『万葉代匠記』を著すなど，古典・古歌の研究に専念したと伝えられる。その研究態度は，客観的・実証的な文献学的方法によるもので，古典研究史上に新時代を画したといわれている。約10年間にわたって，この庵で著述や「万葉集」の講義を行ったが，1701年に没した。境内には契沖の墓のほか，下河辺長流の墓もある。なお，契沖の墓所は，その菩提を弔う意味で，毎年1月25日にのみ墓参ができる。

また，契沖が深く鎌八幡を信仰したことから，祈禱寺として人びとの信仰が広まり，山門入口の霊木エノキには，いくつもの鎌が打ち込まれて赤錆びている。これらの鎌は，病気・対人，そのほかもろもろの悪縁を断つための願掛けだという。1922(大正11)年に，境内全域が大阪市では最初の国指定史跡となったが，境内の大部分は第二次世界大戦による戦災で損壊し，戦後に復興されたものである。

円珠庵前の三韓坂を東へ少し進むと，明星学園南門前の歩道に，江戸時代初期の文人画家で，大坂に住んだ岡田米山人・岡田半江の墓の石標がある。そこをさらに進み，最初の四つ角を南に折れると，近畿財務局別館前の宝国寺(浄土宗)に着く。境内には蕉門十哲の俳人志太野坡の墓がある。

現在，岡田米山人・岡田半江の墓所は，妙中禅寺(臨済宗)内に設けられている。円珠庵横を南北に延びる道を南に300mほど進むと，味原本町交差点がある。そこを西に曲がり，2つ目の信号を南に曲がると，妙中禅寺である。

大阪のルーツ難波宮と大阪城　15

井原西鶴墓 ❾

元禄文学の代表者　大坂の私塾懐徳堂

〈M▶P.3,5〉大阪市中央区上本町西4-1-21　P
06-6761-6318
近鉄大阪線上本町駅🚶6分，または市営地下鉄谷町線・千日前線谷町九丁目駅🚶8分

浪華仮病院跡

　三韓坂を円珠庵まで戻り，さらに西へ400mほど進むと，上本町4丁目交差点に出る。そこを南に折れると，左手に大福寺(浄土宗)がある。1868(明治元)年の布告により，日本最初の西洋医学校が大福寺で開かれ，付設の浪華仮病院で診療を開始した。1869年，緒方洪庵の2男惟準を院長とし，オランダ人医師ボードウィンらを主席教授に招いて開設された。

　この地にあったのは半年足らずで，1872年には学制改革で廃止されたが，翌年津村別院(中央区本町4)に再開され，大阪大学医学部へと発展した。今はただ，大福寺の入口付近の茂みの中に，記念碑が立つにすぎない。なお，境内には京都の儒医で，1858(安政5)年の安政の大獄で罪に問われた草莽の志士の1人である，池内大学の首塚と，その妻の墓がある。

井原西鶴墓

　大福寺から上町筋を南へ150mほど進むと，通りを挟んで向かい側に誓願寺(浄土宗)の山門があり，門前に井原西鶴墓(府史跡)と中井一族墓所の碑が立っている。西鶴は，1642(寛永19)年に大坂で生まれた，近松門左衛門・松尾芭蕉と並ぶ元禄時

大阪文学散歩

コラム

文人ゆかりの史跡　市内各所の文学碑

　古来、政治・経済・文化の中心として発展してきた大阪の町は、その歴史を反映して多くの文学作品に取り上げられている。また、古今東西を代表する著名な文人ゆかりの史跡も多い。その１つが、東淀川区南江口３丁目の寂光寺（日蓮宗）である。江口君堂とよばれ、遊女妙が仏門に入り、元久年間（1204～06）に開山したという。寂光寺の所在する「江口の里」は、淀川河口にあたり、多くの文学作品に名をとどめている。とくに、遊女妙と、西行の問答歌は『新古今和歌集』に収められており、謡曲「西行」にも取り入れられた。

　江戸時代の元禄文化最盛期、大坂の町は、井原西鶴や近松門左衛門を始めとする文化人を輩出し、墓所など関連史跡が大阪市内各所に点在する。たとえば、俳人与謝蕪村は、1716（享保元）年、摂津国東成郡毛馬村に生まれ、都島区毛馬３丁目の淀川堤防上に、与謝蕪村生誕の地を示す石碑と句碑がある。

　万葉の昔より、数々の歌に詠まれ、『古今和歌集』にも「難波津に　咲くやこの花　冬ごもり　今は春べと　咲くやこの花」と詠まれた大阪は、近・現代に入っても多くの文学作品に登場し、『夫婦善哉』で有名な織田作之助を始め、著名な作家を輩出した。大阪市では文学碑建立委員会を設け、大阪を舞台にした文学作品や文学者を顕彰するため、その選定を進めている。現在までに建立されたのは以下の15基である。（　）内は所在地。

　森本薫（北区中津２丁目、中津公園内）・三好達治（北区中之島１丁目、中之島公園内）・水上瀧太郎（北区中之島３丁目、中之島遊歩道）・宇野浩二（中央区糸屋町、中大江公園内）・直木三十五（中央区安堂寺町２丁目、榎大明神横）・武田麟太郎（中央区上本町４丁目、誓願寺前）・薄田泣菫（中央区上本町西４丁目、東平北公園内）・谷崎潤一郎（中央区日本橋１丁目、国立文楽劇場前）・梶井基次郎（西区靱本町１丁目、靱公園内）・百田宗治（西区新町１丁目、新町北公園内）・林芙美子（天王寺区茶臼山町、市立美術館南隣）・織田作之助（天王寺区夕陽丘町５丁目、口縄坂）・折口信夫（浪速区敷津西１丁目、鷗町公園内）・伊東静雄（阿倍野区松虫通、松虫ポケットパーク内）・川端康成（住吉区住吉２丁目、住吉大社境内）。

代（1688～1704）の文学を代表する人物である。西鶴は、41歳で『好色一代男』を著して大好評を博したのち、浮世草子作家として活躍し、『好色五人女』『日本永代蔵』、『世間胸算用』などを著した。

鋭い観察と自由奔放な描写で、町人世界を写実的に表現した。明治時代以降の作家にも強い影響を与え、「仙皓西鶴」と刻まれたこの墓が世に知られたのも、西鶴に傾倒していた明治時代の文人幸田露伴が、境内の無縁塔にまじっていたのを発見したことが端緒になったという。

三宅石庵に朱子学を学んだ中井甃庵は、1724（享保9）年、大坂町人の援助により、現在の中央区今橋3丁目に、私塾懐徳堂を創設した。中井家は代々儒学を家学とし、150年間にわたって、懐徳堂で儒学を中心に、和学も講じた。誓願寺には中井家の墓十数基が並んでいる。

近松門左衛門墓 ❿

〈M▶P.3,5〉大阪市中央区谷町8-1
市営地下鉄谷町線・千日前線谷町九丁目駅 6分

日本のシェイクスピア 近松門左衛門

誓願寺から上本町4丁目交差点まで戻り、円珠庵から続く道を「歴史の散歩道」に従って西へ300mほど進むと、道の真ん中に大きなエノキがあり、すぐ谷町筋に出る。その南東角、マンションとガソリンスタンドの間の狭い路地の奥に、近松門左衛門墓（国史跡）がある。墓はもともと法妙寺（日蓮宗）の境内にあった。1967（昭和42）年の谷町筋の拡張の際、同寺は大東市に移転することになったが、国史跡の近松墓は、現地保存が義務づけられていたため、動かすことができなかったという。1980年に改修・整備され、路地の北側、円珠庵から続く道にも、近松門左衛門墓の説明板が設置されている。

近松門左衛門墓

近松門左衛門は「日本のシェイクスピア」ともよばれ、竹本義太夫とともに語り物の浄瑠璃を戯曲にまでした人物である。晩年は大坂に住み、竹本座の座付作者として「国性爺合戦」「心中天網島」など多くの名作を残した。「曽根崎心中」に始まる一連の世話浄瑠璃で、独自の

境地を開き，懸命に生きる市井の人びとの姿を見事に描き出した。1724（享保9）年に没したが，兵庫県尼崎市久々知の広済寺（日蓮宗）にも墓があり，妻の菩提寺であった法妙寺には，分骨が納められたという説もある。

高津宮 ⓫
06-6762-1122

〈M▶P.2,5〉大阪市中央区高津1-1-29
近鉄大阪線上本町駅🚶7分，または市営地下鉄谷町線・千日前線谷町九丁目駅🚶5分

かつては大坂一の眺望 仁徳天皇ゆかりの神社

　谷町九丁目駅から1つ北の通りを西へくだると，高津宮の正面に出る。ここから石段をのぼり，鳥居をくぐると高津宮（高津神社）の社殿に着く。仁徳天皇・応神天皇ほか5神をまつる。創建年代は明らかではないが，豊臣秀吉の大坂城築城の際，真田山丘陵北方からここに移されたという。かつて大坂一の眺望といわれ，江戸時代には茶屋や料亭があり，雪見の名所でもあった。十返舎一九も『東海道中膝栗毛』で，弥次郎兵衛と喜多八の来訪を記している。

　昭和30年代まではここから大阪市内が一望でき，よく晴れた日には，大阪湾や六甲の山並みをみることができた。しかし，現在は立ち並ぶビル群のため，眺望は望めない。

　社殿は第二次世界大戦の戦災で焼失し，1961（昭和36）年に再建された。春の夜桜の美しさでも知られている。仁徳天皇をまつっているが，天皇の高津宮との関連はない。高津宮は，仁徳天皇が難波の地に定めた宮都といわれ，かまどの煙をみて，民衆の生活を気遣ったという『日本書紀』の記事は有名である。その所在地はいまだ確定していないが，円珠庵から南へ200mほど行った所にある大阪府立高津高校の校門を入ってすぐ左側に，高津宮跡碑が立っている。1899（明治32）年，大阪市によって建立され，1950（昭和25）年の道路拡張工事のため，現在地に移された。

　高津宮の境内から東に抜

高津宮（高津神社）

大阪のルーツ難波宮と大阪城

ボードウィンゆかりの地碑
(法性寺)

ける階段をのぼると，道路を挟んだ斜め向かいに，本経寺(法華宗)の山門と，豊竹若太夫墓所の石柱がある。若太夫は人形浄瑠璃の勃興期，1703(元禄16)年に道頓堀に豊竹座を創設した。竹本義太夫の竹本座と東西の人気を二分し，豊竹派(東風)の創始者として名を馳せた。本経寺のある一帯は，ほぼ全域に寺院が立ち並び，寺町とよばれるが，豊臣氏の滅亡後に，大坂の再建を任された松平忠明が，大坂城の防衛もかねてこの上町台地に寺を集めたものである。

　高津宮のある高津公園の北には，初代大阪市長田村太兵衛の墓所である雲雷寺(日蓮宗)があり，雲雷寺と道を隔てた東側には，大阪高津大黒天の別名で知られる法性寺(日蓮宗)もある。法性寺は，幕末から明治時代初期に活躍したオランダ人医師ボードウィンが，逗留した寺としても有名で，門前には顕彰碑が立っている。ここからさらに北側に100mほど進むと，妙寿寺(日蓮宗)に着く。上町鬼子母神ともよばれ，江戸時代後期の漢学者田中金峰の墓所がある。

坂と信仰のある町並み

古来より大陸との交流基地として栄えた上町台地中部、寺町界隈には四天王寺を始め、古代・中世の史跡が点在する。

生國魂神社 ⑫　〈M ▶ P.2, 29〉大阪市天王寺区生玉町13-9 Ｐ
06-6771-0002　　　市営地下鉄谷町線谷町九丁目駅 ★ 6分

生國魂造の建築様式　大阪新能と彦八まつり

　市営地下鉄谷町九丁目駅から、谷町筋を南に200mほど進み、2つ目の四つ角を西に曲がると、生國魂神社の正面に続く参道がある。その道をさらに200mほど進むと、生國魂神社の境内に着く。

　生國魂神社は社伝によれば、神武天皇東征の際、現在の大阪城付近に、生島大神・足島大神をまつったのが始まりで、大阪最古の総鎮守と称された。その後、大物主大神もまつられた。『日本書紀』にも「生國魂社」と記されており、国家の祭祀(八十島祭)の社として知られている。

　本殿は生國魂造とよばれる、ほかに類をみない特殊な様式で、本殿と幣殿の屋根が1つの流造で葺きおろし、正面の屋上に千鳥破風・すがり唐破風・千鳥破風の3破風をすえたものになっている。

　鳥居をくぐると正面に拝殿があり、境内北側一帯には、生玉の杜が広がる。井原西鶴坐像や上方落語の普及に努めた米澤彦八の碑などが点在する散策道と、芸能上達に利益のある浄瑠璃神社、家造りに利益があり、土木建築業界の崇敬の篤い家造祖神社、商運や金物業界の守護神鞴神社、勝運・方除けの城方向八幡宮、女性の守護神鴫野神社などの境内社が並ぶ。本殿後方の西側一帯は断崖となっており、現在は木が生い茂っているが、かつては市内が一望できた。今から7000～6000年前の縄文時代前期、上町台地が大阪湾に突き出るように伸びた帯状の岬であった頃の、海岸線の面影を残すものである。

　1546(天文15)年、生國魂神社に能が奉納されたとい

生國魂神社本殿

う故実に倣い，1957（昭和32）年から毎年8月11日と12日，境内で大阪薪能が開催される。2日間で8番の能と仕舞・狂言が上演され，かがり火のもとで繰り広げられる5流派揃い踏みの演能は，観客を幽玄の世界へと誘う。大阪を代表する夏の風物詩である。また，9月第1土・日曜日には，「上方落語の祖」米澤彦八の偉業を偲び，上方落語協会の人気落語家が勢揃いして，「彦八まつり」が賑やかに開催される。

生國魂神社の北門から千日前通までの南北に続く小さな坂道は，生玉真言坂とよばれている。天王寺七坂の1つで，坂の周辺に，かつて生國魂神社の神宮寺である真言宗の生玉十坊が立っていたことからこの名がついた。

鳥居前を南北に延びる道を，南に向かって400mほど歩くと，道がL字状に左に曲がる場所に出る。この曲がり角の東隅，大阪夕陽丘学園短期大学・高等学校正門の向かい側に，2代目竹田出雲墓所の青蓮寺（真言宗）がある。出雲は近松門左衛門と並ぶ浄瑠璃作家の巨匠で，興行と脚本の両面で天才的な手腕を発揮した。大衆の好みが，耳で聞く浄瑠璃から，目でみる人形浄瑠璃にかわりつつある時流に乗り，からくりの手法を取り入れるなど，今日の人形遣いの原形をつくった。代表作に「菅原伝授手習鑑」「義経千本桜」「仮名手本忠臣蔵」がある。

曲がり角から100mほど進むと，再び谷町筋に出る。道路を挟んだ反対側に，赤穂義士の寺として有名な吉祥寺（曹洞宗）がある。吉祥寺は元禄年間（1688〜1704）に，播州赤穂藩（現，兵庫県）の浅野長矩の祈願所となり，参勤交代の際には必ず立ち寄ったという。ここに四十七士の墓があるのは，寺坂吉右衛門が義士の切腹後，建碑を依頼したためといわれ，毎年12月14日には子どもが義士に扮した義士祭が行われる。

吉祥寺から谷町筋に沿って50mほど南に歩くと，南東に延びる三差路に出る。ここを左に曲がると，すぐの所に，上島鬼貫墓所がある。鬼貫は，江戸時代を代表する俳人で，伊丹（現，兵庫県）の酒造家に生まれた。西山宗因に師事し，談林俳諧を学んだが，温厚・篤実・高雅と評される鬼貫にはあわず，独自の研究を重ねたという。

上島鬼貫墓所

鬼貫の軽妙・枯淡な口語調は，上方俳諧の特質として後世に受け継がれた。

鳳林寺(曹洞宗)は，1588(天正16)年の創建である。1615(元和元)年，徳川家康の上覧によって葵の紋の嚢を拝領したことで，畿内第一の道場となった。

再び谷町筋に戻ると，道路を挟んだ正面に，十三参りで知られる太平寺(曹洞宗)がある。十三参りは，江戸時代の中頃から，江戸の「七五三」に対して大坂・京都で盛んになった行事で，13歳になった男女が，虚空蔵菩薩の縁日である3月13日と4月13日に参拝すると，福徳・智恵を授かるといわれている。なお，太平寺には，医師北山寿庵が生前に建てた石造北山不動像や俳人祇空の文塚などがある。

口縄坂 ⓭　〈M▶P.2,29〉大阪市天王寺区夕陽丘町5
市営地下鉄谷町線四天王寺前夕陽ヶ丘駅 🚶 3分

天王寺七坂の1つ
織田作之助の文学碑

谷町筋から太平寺の南側を東西に延びる道を，西に向かって100mほど進むと，老木が生い茂り，ゆるやかにうねっている石畳の坂道に出る。天王寺七坂の1つである口縄坂で，下からみると蛇のようにみえることから，この名がついたといわれているが，豊臣秀吉による大坂城築城の際の縄打ち口(起点)であったからという説もある。

上町台地には風情のある坂道が，現在も残されている。この付近には神社仏閣が多く，その寺社の名前や坂の形からさまざまな名前がつけられたが，前述した真言坂を始め，この口縄

口縄坂

坂と信仰のある町並み

伝藤原家隆墓

坂・源聖寺坂・愛染坂・清水坂・天神坂・逢坂を天王寺七坂とよんでいる。

口縄坂の手前には「昭和の西鶴」とよばれ，生國魂神社の近くで生まれ育った織田作之助の「木の都」の文学碑があり，「口縄坂は寒々と木が枯れて，白い風が走っていた」で始まる碑文が刻まれている。

また，坂の手前の三差路を南に30mほど行くと，麻田剛立墓所，浄春寺（曹洞宗）がある。剛立は江戸時代中期の天文学者で，豊後杵築藩（現，大分県）に生まれた。脱藩，来坂して麻田と改姓し，本町（現，大阪市中央区）で開業医をしながら，天文学の研究に没頭したという。望遠鏡など観測器具の改良に努め，独自の計算方法も加えて，天体観測を積み重ねた。弟子には間長涯・山片蟠桃らがいる。このほか，境内には江戸時代末期に，南画（文人）画家として活躍した田能村竹田の墓もある。

浄春寺前の道を南に歩くと，L字状の曲がり角がある。道なりに50mほど進むと三差路に出る。右折して50mほど進むと，再び三差路に出るが，ここを右に曲がると，正面に宗教法人一元の宮の立柱がある。その奥すぐの所に，木が生い茂った小高い丘がみえる。伝藤原家隆墓（府史跡）である。家隆は藤原定家と並び称される鎌倉時代初期の歌人で，『新古今和歌集』の撰者として知られる。晩年，病のため官職を辞して，この地に庵（夕陽庵）を結び，日想観（沈む夕日を心を集中して眺め，その後浄土を思い浮かべる修行）を修め，正座合掌しながら往生したと伝えられる。この辺り一帯を夕陽丘というが，家隆難波七首の1つ，「ちぎりあれば 難波の里にやどり来て 波の入日を 拝みつるかな」に由来するという。

勝鬘院 ⑭　〈M▶P.2,29〉大阪市天王寺区夕陽丘町5-36　P
06-6779-5800　　市営地下鉄谷町線四天王寺前夕陽ヶ丘駅2分

伝藤原家隆墓からもとの道へ戻り，一元の宮の立柱前を南に100

勝鬘院多宝塔

mほど歩くと三差路に出る。そこを右に曲がり、50mほど進むと、愛染堂勝鬘院(和宗)に着く。創立年代・沿革は明らかではないが、聖徳太子が四天王寺を建立した際の施薬院の後身といわれる。勝鬘院の名は、太子がこの地で勝鬘経を講じたことに由来し、その後、金堂(府文化)に愛染明王が本尊として奉安されたことから、大阪市民の間では「愛染さん」の名で知られている。愛染明王は男女の愛情を司る神で、縁結びの利益を求めて祈願する人が絶えない。

愛染まつり 市内最古の木造建築物

境内にある樹齢数百年のカツラの木に、ノウゼンカヅラが巻きついて一体となった「愛染かつらの木」は、縁結びの霊木として有名で、勝鬘院は、映画「愛染かつら」の舞台にもなった。

金堂北側の多宝塔(国重文)は、593年に聖徳太子によって創建されたものと伝えられるが、戦国時代の石山合戦(1570〜80年)のおり、織田信長によって焼き払われた。その後、1597(慶長2)年、豊臣秀吉によって戦勝祈願のため再建されたという。大阪市内最古の木造建築物で、塔の内部には、大日大勝金剛尊が奉安され、内壁には、極彩色の壁画が描かれている。

毎年6月30日から7月2日にかけて、大阪の夏祭りの先駆けである「愛染まつり」が開催される。紅白の巾と愛染かつらの花などの造花であしらった宝恵駕籠に、浴衣姿の「愛染娘」たちを乗せ、「愛染さんじゃ、ホエカゴ」の掛け声とともに谷町筋を練り歩く、愛染パレードが人気である。

勝鬘院前の道を20mほど歩くと、再び目の前に坂道があらわれる。愛染坂である。愛染堂に参る道であることから、この名がついた。

坂の右側に大江神社がある。天王寺七宮(上之宮・小儀・土塔・河堀・久保・堀越・大江)の1つで、乾の社として毘沙門天を本尊としていたが、明治時代初期の神仏分離政策によって、現在は豊受大神をまつっている。境内には松尾芭蕉・三津人・暁台らの句を

坂と信仰のある町並み

清水寺「玉出の滝」

刻んだ四吟碑や夕陽丘碑がある。2003(平成15)年、全国でも珍しい狛犬ならぬ狛虎が復元され、阪神タイガースのファンに人気が高い。

愛染坂をくだり、行き着いた三差路状の路地を右に曲がる。その後、道なりに80mほど進むと、松屋町筋に出る。路地の右角、松屋町筋に面して円成院(時宗)がある。ここは植村文楽軒の墓所として知られる。初代文楽軒は淡路(現、兵庫県)の生まれで、北堀江(現、西区)で興行したと伝えられるが、詳しいことはわからない。いわゆる文楽の芝居をおこし、人形浄瑠璃の復興に努めた。1810(文化7)年に死亡し、ここに葬られた。

再び愛染坂に戻り、路地を道なりに150mほど南に進むと、清水坂に着く。清水寺にのぼる坂道であることが名前の由来である。坂の南側に清水寺(和宗)がある。1640(寛永17)年、延海阿闍梨によって京都の清水寺を模して建てられた。北・西・南側が崖になった高台に位置しているので、ここからの眺望は素晴らしく、暁鐘成の『浪華の賑ひ』にも「遥かに西南の遠山滄海の光景真妙なり」と記されている。境内には、清水寺の音羽の滝に倣った市内唯一の滝、「玉出の滝」が水を落としている。四天王寺本堂下の青龍池から湧き出た霊水が、流れ落ちるといわれている。

清水寺から南へ120mほど歩くと天神坂に着く。安居神社(安居天神、祭神 少彦名神)北側の谷にあたる坂道である。安居神社には、天王寺七名水の1つ、安居の清水があり、「かんしずめの井」とよばれ有名であったが、今は枯れてしまい、井戸枠だけが残る。また、ここは大坂夏の陣(1615年)で、徳川家康と争った真田幸村が戦死した場所でもある。

天神坂をくだりきった所の路地北側すぐの場所に、七名水の1つ、増井の清水があった。現在は屋敷地の中の奥まった所に、柵に囲ま

れた井戸の屋形が残されているにすぎないが、かつては上下2段の水枠に分けられ、上方は侍方、下方は町人方としたという。

江戸時代の大坂では、飲み水として水質の良い上町台地周辺の水を汲んできて、売り歩く商売が盛んであった。四天王寺の亀井の水をのぞき、今はすべて枯れてしまったが、天神坂の中ほどに、当時の湧き水を再現した施設がつくられている。

天神坂から西に向かって路地を少し歩き、松屋町筋を左に曲がる。100mほど歩くと、歩道橋の架かった公園北口交差点に出る。道路の向かい側すぐの所には、脳の守り本尊として有名な合邦辻閻魔堂(西方寺、融通念仏宗)がある。聖徳太子の開基とされ、四天王寺の学校院があった古跡といわれる。閻魔堂は、人形浄瑠璃「摂州合邦辻」の舞台となった場所である。頭痛を治すほか、せきやのどの痛みをやわらげるなど、首から上の病気平癒に利益があるという。

一心寺 ⑮
06-6771-0444
〈M▶P.2,29〉大阪市天王寺区逢阪2-8-69 P
JR大阪環状線、市営地下鉄御堂筋線・谷町線天王寺駅 15分

納骨堂のお骨佛様
酒封じ本多忠朝墓

公園北口交差点を東に進むと、道は上り坂になる。ここは天王寺七坂の1つで、逢坂とよばれる。坂道を200mほどのぼると、右手に一心寺(浄土宗)の参道がある。一心寺は1185(文治元)年、浄土宗宗祖法然上人が、四天王寺の管長だった慈円の招きで、この地を訪れたことに始まる。法然は茶臼山付近に草庵を結び、日想観の行を修したという。

現在の境内は、豊臣秀吉夫人高台院の寄進と伝えられ、1615(元和元)年の大坂夏の陣では、徳川家康の本陣となったことでも知られる。本尊は阿弥陀如来像である。

一心寺の納骨堂には、遺骨でつくられた「お骨佛様」が奉安されている。江戸時代末期の1851(嘉永4)年頃に発願され、1887(明治20)年に1体目が開眼し

一心寺

坂と信仰のある町並み　27

た。以来、10年ごとに1体造立するならわしとなり、6体が開眼したが、第二次世界大戦の戦災で焼失した。戦後、1948（昭和23）年に1体目（7期）が開眼、現在6体がまつられている。

境内入口の仁王門は、1997（平成9）年に完成した山門で、ガラス屋根と鉄骨組の現代的なデザインが印象的である。境内西側の三千佛堂は、一心寺参詣者のために2002年に完成した講堂で、地下にはなにわの情報発信基地「一心寺シアター〈倶楽〉」があり、演劇や伝統芸能などが上演されている。

境内には、俳人小西来山の墓や、8代目市川団十郎の墓・2代目林家染丸の墓を始め、文化人・芸能人の墓も多い。また、本多忠朝の墓所である五輪塔は、酒封じの利益があるとして信仰され、墓石を削って酒にまぜて飲むと、断酒できるといわれている。現在は墓石を削るかわりに、願文を書いたしゃもじを奉納している。

四天王寺 ❶
06-6771-0066 〈M▶P.3,29〉大阪市天王寺区四天王寺1-11-18 P
市営地下鉄谷町線四天王寺前夕陽ヶ丘駅 大 5分

聖徳太子創建の官寺
石鳥居と西門信仰

一心寺から逢坂を150mほどのぼると、谷町筋の四天王寺前交差点に出る。ここから1筋東に行くと、東側一帯に四天王寺の境内が広がる。荒陵山敬田院と号する四天王寺は、聖徳太子が創建したと伝えられる日本最初の官寺である。仏教の受容をめぐって蘇我氏と物部氏が対立した際、太子がヌルデの木で四天王像をつくり、仏の加護を祈願したことに始まるといわれ、戦いに勝利した太子が、593年に難波荒陵に大規模な伽藍を建立したという。

伽藍配置は「四天王寺式」とよばれ、中門・五重塔・金堂・講堂を南北一直線に並べ、回廊で囲む、日本最古の形式である。太子は四箇院制度を取り入れ、四天王寺を、敬田院のほかに、施薬院・療病院・

再現された四天王寺五重塔

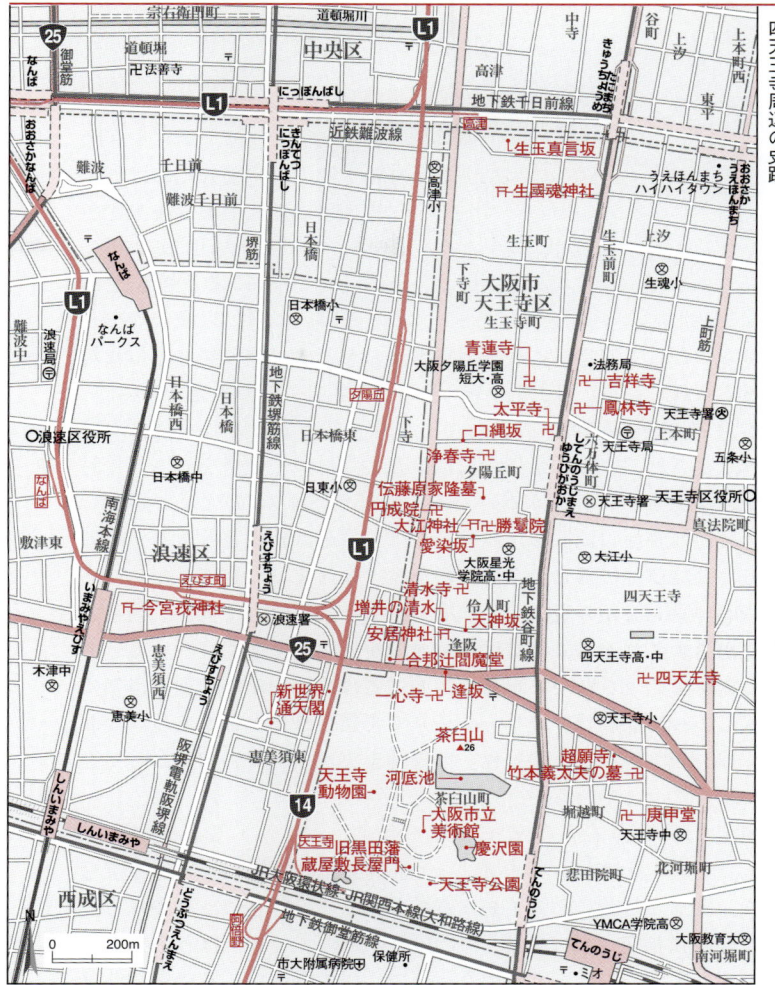

悲田院という福祉事業施設も備えた寺院とした。

　荒陵の地名から古墳の存在が推定され、現在の天王寺公園内の茶臼山を指すものと考えられていたが、後述するように荒陵を茶臼山とする説は疑問視されている。しかし、四天王寺東門付近から円筒埴輪棺が出土しており、四天王寺周辺での発掘調査でも、古墳に関する遺物が出土するなど、かつてはこの一帯に古墳が存在した可能

坂と信仰のある町並み　　29

四天王寺石舞台

性が高い。

近年の発掘調査によれば、講堂や回廊が完成したのは、7世紀中頃～後半であり、大化改新(645年)による難波遷都以降、宮殿と寺を一体のものとして造営しようという理念のもとに、整備が進められたと考えられている。「四天王寺」という寺名も、648(大化4)年に、阿倍倉梯麻呂(内麻呂)によって、仏像4体が安置された後につけられたとされている。奈良時代には五大寺につぐ寺格をもち、寺封を受けて、さらに整備が進んだが、960(天徳4)年の火災で焼亡した。交通の要衝に位置した四天王寺はしばしば戦場ともなり、その後もたびたび焼け落ちたが、その都度、復興をはたしてきた。

1945(昭和20)年の戦災で、堂塔の大半を失ったが、戦後、伽藍の再建が計画され、1951年には寺域全域が「四天王寺旧境内」として国の史跡に指定された。現在の中心伽藍は、1963年に、創建当初の様式によって鉄筋コンクリート造りで再建されたものである。なお、1949(昭和24)年、太子の「和」の精神を実現すべく、和宗として独立、現在に至っている。

国宝6件(扇面法華経冊子5帖・懸守・七星剣・丙子椒林剣・四天王寺縁起・威奈大村骨蔵器)、重要文化財23件を始め、寺宝も多く、毎年4月22日の太子忌に奉納される聖霊会は、重要無形民俗文化財に指定されている。「おしょうらい」ともよばれる聖霊会は、四天王寺でもっとも重要な行事で、巨大な赤い紙花の曼珠沙華を飾った石舞台(国重文)の上で、振鉾・蘇利古などの壮麗な舞楽と四箇法要が夕刻まで繰り広げられる。石舞台は亀の池の橋上にあり、1623(元和9)年に素木造りから石造りにかえられた。

石舞台の北にある建物は、六時堂(国重文)とよばれ、平安時代に天台宗との関係を深めたことにより、比叡山延暦寺(滋賀県大津市)の根本中堂を模して建造されたものと伝えられている。昼夜6

度，礼賛をすることからこの名がついた。現在の堂は，寺の西北にあった椎寺薬師堂(1623年建立)を，1811(文化8)年に移築したものである。元旦から14日まで，ここで行われる修正会は，旧年の悪習を正し，新年の天下泰平と五穀豊穣を祈願する法要であるが，その結願の14日に行われる裸祭りは，「どやどや」とよばれている。

境内の亀井の水は天王寺七名水の1つで，唯一，現在でも清水が湧出するものである。故人を追善するために，戒名を記した経木を流す人の姿が，今でも絶えない。

また，寺域北東には約3000坪(約9900m²)の本坊庭園が広がる。1932(昭和7)年，木津宗泉により大改修され，第二次世界大戦後も改修が重ねられた。5つの茶室と，1903(明治36)年の第5回内国勧業博覧会から移築した八角亭などがある。庭園の西側中ほどには，本坊方丈(国重文)がある。創建年は不詳だが，現在の建物は1617(元和3)年，江戸幕府2代将軍徳川秀忠の命で再建され，1623年に完成した。客殿・灌頂会の道場として使用されている。

1007(寛弘4)年に発見された，太子直筆といわれる「四天王寺縁起」に，この地が西方極楽浄土の東門と書かれていたことから，藤原道長・頼通を始め，貴族・皇族らの参詣が続き，国家的寺院から信仰の寺へと性格がかわっていった。鎌倉時代以降は，源頼朝を始めとする武家の参詣も増加し，庶民の四天王寺参詣も盛んになった。1294(永仁2)年には，四天王寺別当となった忍性により，西門信仰の象徴ともいうべき石鳥居(国重文)が建てられた。縁起に由来する「釈迦如来 転法輪処 当極楽土 東門中心」という扁額がかかっている。

庚申堂 ❶ 〈M▶P.3, 29〉大阪市天王寺区堀越町2-15
06-6772-9420　JR大阪環状線，市営地下鉄御堂筋線・谷町線天王寺駅🚶5分

庚申参り／庚申信仰発祥地

四天王寺の石鳥居からまっすぐ西に進むと，すぐ谷町筋の四天王寺前交差点に出る。ここを南に100mほど進むと，四天王寺南の交差点がある。東西に延びる道は国道25号線で，国道を200mほど東に歩くと，南北に細い道が延びる交差点がある。この交差点南西角に位置する超願寺(浄土真宗)の境内に，浄瑠璃中興の祖，竹本義太夫の墓所がある。

竹本義太夫墓所(超願寺)

　竹本義太夫は1651(慶安4)年，天王寺村(現，天王寺区茶臼山町堀越神社付近)で生まれた。初めは京都の宇治加賀掾らに師事したが，やがて独特の音節をつけて，いわゆる義太夫節を考案し，人形浄瑠璃の黄金時代を築いた。1703(元禄16)年，竹本座で上演した「曽根崎心中」は空前の大ヒットとなり，日本の演劇史上を飾る大事件となった。

　義太夫の墓所がある超願寺は，614年聖徳太子の創建と伝えられ，太子が蘇我馬子の末子慧観を住まわせたという。

　超願寺から南に100mほど歩くと，道路右手に庚申堂(正善院)の山門がみえる。庚申堂は四天王寺南大門より南約200mに位置し，本尊は青面金剛童子である。

　伝承によると，文武天皇の時代，疫病が大流行したが，四天王寺の僧毫範が一心に祈ったところ，701(大宝元)年正月7日庚申の日に，帝釈天の使いとして童子があらわれた。青面金剛童子の像を授かり，これをまつるとたちまち疫病は治まったといわれ，以後，60日ごとの庚申の日は，参詣人で賑わうようになった。

　庚申参りの日には，コンニャクを北に向かって食べると利益があるというならわしがあり，「見ざる・聞かざる・いわざる」の三猿堂の加持を受ければ，痛い所が治るといわれている。庚申堂から南に300mほど歩くと，JR天王寺駅に着く。

庚申堂

天王寺公園 ⑱　〈M▶P.2,29〉大阪市天王寺区茶臼山町1-108　P
06-6771-8401　JR大阪環状線，市営地下鉄御堂筋線・谷町線天王寺駅🚶5分

慶沢園など多くの名所 大阪市立美術館

　JR天王寺駅前，道路を隔てて広がる緑豊かな公園が天王寺公園である。1903(明治36)年の第5回内国勧業博覧会の跡地を整備して，1909年につくられた。約25万m²の広大な公園内には，植物温室や全国の名木・名石を集めた林泉式回遊庭園の慶沢園，茶臼山，旧黒田藩蔵屋敷長屋門(府文化)などがある。

　慶沢園はもと住友本邸の庭で，美術館の敷地とともに大阪市へ寄贈された。都島区網島町の藤田邸，中央区今橋の鴻池邸とともに，大阪三庭園の1つといわれた。また，旧黒田藩蔵屋敷長屋門は，現在の中ノ島渡辺橋南西詰西側にあった福岡黒田藩の蔵屋敷長屋門で，「又兵衛門」と俗称される。数少ない蔵屋敷遺構の1つで，1933(昭和8)年，大阪市に寄贈された。

　中央部に立つ大阪市立美術館は，1936年9月に開館し，1979年の全面改修を経て，1992(平成4)年には，前庭地下に展覧会室が増設された。館蔵品は約8000件におよび，中国と日本の美術品に特色のある美術館として高く評価されている。

　公園の西側半分は天王寺動物園となっており，約300種・1500匹の動物を飼育している。なかでも，本格的な生態系展示の手法を用いた「アフリカサバンナ草食動物ゾーン」は人気がある。

　美術館北側には，河底池と茶臼山古墳(府史跡)がある。茶臼山古墳は5世紀の前方後円墳で，河底池はその周濠という説があった。また，河底池は，8世紀に和気清麻呂が上町台地を横断する運河を計画した際に，利用したと伝えられている。しかし，1986(昭和61)年の発掘調査では，古墳の築造と同じ工法で盛り土が行われていることがわかったものの，ほかに古墳であることを示す証拠はみつからなかった。茶臼山は大坂夏の陣(1615年)で徳川家康の本陣となり，激戦地となったが，発掘調査では家康本陣の台所も発見された。

　天王寺動物園から西に向かって歩いてすぐの所に，賑やかな飲食街が広がる。新世界とよばれる歓楽街である。明治時代末期，内国勧業博覧会の跡地を，地元財界の有志が借り受け，大都市に相応し

坂と信仰のある町並み　　33

通天閣と新世界

い模範的娯楽施設をつくろうと，大阪土地建物株式会社によって開発された。パリとニューヨークのような街が構想され，核となる遊園地は，ニューヨークにあるアミューズメントパークにならって「ルナパーク」と名づけられた。1923(大正12)年に閉園するまで，ロープウェイや円形浴場，不思議館を始めとする劇場などがあった。

　飲食街の中心に，ひときわ高く聳え立つ塔が，大阪のシンボル<u>通天閣</u>(国登録)である。街全体のランドマークとなるこの塔は，1912(明治45)年7月に建設され，上部はエッフェル塔，下部はパリの凱旋門という奇抜なデザインだったが，1943(昭和18)年に解体された。現在の塔は，1956年に再建されたもので，高さ103m，内部には世界初の円形エレベーターが設置された。地上91mの展望台には，合格祈願・縁結びなどの福の神「ビリケンさん」がまつられ，年末に行われる干支の引継ぎ式は，浪速っ子の1年を締めくくる迎春行事である。通天閣の真下には，大正時代の将棋名人坂田三吉を偲んだ王将碑が建てられている。

　ジャンジャン横丁に代表されるように，新世界には串かつ屋を始めとする飲食店やゲームセンターが軒を連ね，JR大阪環状線新今宮駅近くには，スパワールドも開園するなど，新しさと懐かしさが混在する町として，毎日多くの人で賑わっている。

今宮戎神社 ⑲　〈M▶P.2, 29〉大阪市浪速区恵美須西1-6-10
　　　　　　　　南海本線今宮戎駅 🚶 1分

「えべっさん」の愛称十日戎の賑わい

　今宮戎駅から東へ30mほど歩くと，「えべっさん」の愛称で大阪市民に親しまれている，<u>今宮戎神社</u>の石鳥居と石畳の参道に出る。そこから北に進むと，すぐ神社正面の石鳥居に着く。創建は600年，四天王寺の西方の守護神としてまつられたと伝わり，天照大神・事代主命(えびす神)・素戔嗚尊・月読命・稚日女命をまつる。

十日戎

　古来、難波津(なにわのつ)に近く、本来は漁業の守り神であった。平安時代から室町時代にかけては、鮮魚を宮中に献上したといわれる。四天王寺西門に開かれた「浜の市(はまのいち)」の市の神(いちのかみ)としてまつられて以来、商売繁盛・福徳円満の神として信仰されている。

　現在の本殿は、1956(昭和31)年に再建されたもので、境内南側の石鳥居は、中央のほか左右に脇鳥居がつく三輪(みわ)鳥居の形式である。

　境内北東の乙姫稲荷社(おとひめいなり)は、諸芸発達の神として知られ、祈願に訪れる芸能人も多いという。

　ふだんはひっそりと静かだが、毎年1月9日から11日にかけての十日戎(とおか)には、100万人を超す参詣者が詰めかける。「商売繁盛で笹持ってこい」の大唱和のなか、多数の応募者の中から選ばれた福娘から福笹を授かろうと、押し合いへし合いの大混雑が続く。まさに新春の浪速を代表する風物詩といえよう。

坂と信仰のある町並み

③ 曽根崎から堂島へ

元禄文化の華，近松文学の跡を訪ねることから近・現代の大阪の中心地中之島界隈の芸術，文化，建築などを体感する。

露天神社（お初天神）⑳
06-6311-0895

〈M ▶ P. 2, 42〉 大阪市北区曽根崎2-5-4
JR東西線北新地駅 🚶 3分，または阪急電鉄・阪神電鉄・市営地下鉄御堂筋線梅田駅，市営地下鉄谷町線東梅田駅 🚶 7分

キタの文学と歴史，信仰への誘い

　北新地駅で降りて東に歩くと，露天神社がある。「誰が告ぐるとは曽根崎の，森の下風音に聞え，取伝え貴賤群集の回向の種，未来成仏疑ひなき，恋の手本と成にけり」。この近松門左衛門の「曽根崎心中」は，1703（元禄16）年4月に露天神社境内の「天神の森」で，遊女お初と手代徳兵衛が非業の死を遂げた，心中事件にまつわる悲恋物語である。以後，300年を経た今日においても，参拝する老若男女が絶えず，「お初天神」の通称で人びとに親しまれており，北新地・曽根崎とよばれるキタの繁華街の一角に位置している。

　社の創建は古く，平安時代前期文徳天皇の850（嘉祥3）年「難波八十島祭」，後期の，1097（承徳元）年に描かれた「浪華の古図」にも記されており，1000年以上の歴史を有する古社であることがわかる。大阪湾に浮かぶ小島，そして曽根洲であった頃に遡ることができる。祭神として，少彦名（医学・薬学），大己貴（大国さん），天照皇と豊受姫（皇室ゆかり），菅原道真（学問）がまつられている。

露天神社（お初天神）

　つぎに，社名の由来をたどってみよう。『摂津名所図会』によれば，菅原道真が901（昌泰4）年，筑紫（現，福岡県）へ左遷される途中，福島（現，福島区）に停泊し，太融寺に参詣したおり，当地にて

「露と散る 涙に袖は 朽ちにけり 都のことを 思い出づれば」と詠んだ歌によると伝えている。また『摂陽群談』などには、入梅時における祭礼の神事や、梅雨期に清水が湧き溢れる井戸が、社内に存在したことが記されている。

　南北朝時代には、曽根洲も漸次拡大して曽根崎となった。露天神社は、文明（1469～87）・天文（1532～55）・元和（1615～24）年間と、たびたびの火災に見舞われたが、左大臣源融の末裔で、土豪の渡辺氏によって、1622（元和8）年に再建され、鎮守の神として尊崇を集めた。近代に入って、大阪駅が1874（明治7）年、阪急電鉄梅田駅が1905年に開業したのを契機に、地域の発展に拍車がかかり、現在では御堂筋、国道1・2号線沿いの巨大なビル群に囲まれた、都会の神社の風景となっている。

太融寺 ㉑
06-6311-5480

〈M▶P.2,42〉大阪市北区太融寺町3-7
JR大阪駅、阪急電鉄・阪神電鉄・市営地下鉄御堂筋線梅田駅、市営地下鉄谷町線東梅田駅🚶10分

弘法大師が開基
源融にちなむ寺名

　各駅からは、扇町通（地下街はホワイティうめだ）を東へ10分ほど歩くと、太融寺に着く。露天神社からは、東北に向かって同じく徒歩約10分の距離に位置している。

　当寺は、弘法大師空海を開祖とし、821（弘仁12）年嵯峨天皇の勅願により創建された。本尊に千手観世音菩薩をまつる。その後、天皇の皇子源融が、この地に8町（約870m）四方の境内をもつ七堂伽藍を建立し、浪華の名刹と称されてきた。太融寺の寺名は、源融に由来している。当時の隆盛を今日まで伝える地名としては、太融寺町・堂山町・神山町・野崎町・扇町・兎我野町などがあげられる。

　堂々たる偉容のこの寺も、1615（元和元）年の大坂夏の陣で焼亡した後、元禄年間（1688～1704）に本堂や南大

太融寺

曽根崎から堂島へ

門を始め，諸堂25棟が再興された。近代に入っては，第二次世界大戦末期の1945(昭和20)年，空襲により堂塔伽藍のすべてを失ったが，1960年に本堂が再建され，大師堂，不動明王をまつった不動堂，護摩堂，大日如来を安置している宝塔，客殿，本坊，庫裏など20余棟が復興した。現在，高野山真言宗の準別格本山として，多くの参詣者が訪れている。

境内には，西門に「源融公旧跡」の碑，豊臣秀吉の側室淀殿の墓である六輪の塔(当初は九輪)や，「しら菊の　目に立て見る　塵もなし」と刻まれた松尾芭蕉の句碑(芭蕉が，浪華の門人欺波園女の貞節さを，白菊に託して詠んだ句)がある。

またこの寺は，近代日本政党政治発祥の地として知られている。明治時代の自由民権運動の先駆者板垣退助を始め，全国の有志が大阪に集まり，1880(明治13)年当寺で第4回愛国社(のちの自由党)大会が開催され，4年後にも会場として使われた。

淀屋の屋敷跡 ㉒　〈M▶P.2, 42〉大阪市中央区北浜4-1
京阪本線・市営地下鉄御堂筋線淀屋橋駅 🚶 2分

豪商淀屋の栄華を偲ぶ

地下鉄淀屋橋駅をあがった所にある淀屋橋の南詰西側に，淀屋の屋敷跡碑と林市蔵記念像が立っている。江戸時代の有力な豪商であった淀屋は，本姓を岡本という。初代の与三郎常安は，大坂の陣(1614・15年)において，徳川方に与していたことから，家康より特別な恩顧を受け，夏の陣後この辺り一帯に邸宅を構えた。その規模は100間(約180m)四方におよび，1万坪(3万3000m²)を有する広大なものであったと伝えている。淀屋橋は，淀屋が堂島米市場(現，大阪市北区堂島浜)への交通の利便のため架けたのが始まりで，その名称となった。

林市蔵は，大阪府第15代知事として，

淀屋の屋敷跡の碑

林市蔵記念像

府民の生活の安定・社会福祉に重点をおいた政策を推進し、「民生委員の父」と称された。社会政策の1つとして、1918(大正7)年、大阪府内に方面委員を設置したことが、今日の民生委員制度の発端となった。記念像は、1953(昭和28)年に設置された。

日本銀行大阪支店 ㉓
06-6202-1111
〈M ▶ P. 2, 42〉大阪市北区中之島2-1
京阪本線・市営地下鉄御堂筋線淀屋橋駅🚶3分

辰野金吾設計ルネサンス式の屋根をもつ

　土佐堀川に架かる淀屋橋の西側を、北に渡って中之島に入ると、緑青の色鮮やかなルネサンス式の屋根をもつ、日本銀行大阪支店の前に出る。江戸時代には、この辺りに島原藩(現、長崎県島原市)の大坂蔵屋敷が設けられており、明治時代には、関西財界の大御所五代友厚の別邸があった所である。1903(明治36)年大阪で、第5回内国勧業博覧会が開催されたとき、わが国の近代建築設計の第一人者辰野金吾によって完成した。建物は、地下1階・地上2階・建築面積6600m²・延べ床面積1万8150m²を有している。1982(昭和57)年に、外観はそのままの状態で内部の改築が行われ、現在に至っている。

　また、日本銀行大阪支店の前に、駅逓司大阪郵便役所跡の碑がある。この碑は、前島密の尽力によって、1871(明治4)年に創設された郵便制度により、この地に東京・京都とともに、「郵便役所」が設けられたことを示している。

日本銀行大阪支店

曽根崎から堂島へ

大阪府立中之島図書館 ㉔
06-6203-0474

〈M▶P. 2, 42〉大阪市北区中之島1-2-10
京阪本線・市営地下鉄御堂筋線淀屋橋駅🚶5分

特徴的な玄関の円柱と階段、銅板葺きのドーム屋根

大阪府立中之島図書館

日本銀行大阪支店から御堂筋を東へ渡ると、正面に大阪市役所庁舎がある。現庁舎は、1921(大正10)年に建設された鉄筋5階建ての旧庁舎を解体した後、1979(昭和54)年に着工し、6年の歳月を経て1985年に竣工した。

市庁舎の東側に隣接して、大阪府立中之島図書館がある。ギリシアのパルテノン神殿を思わせる正面玄関の円柱と階段、銅板葺きのドーム屋根が重厚さを漂わせているこの建物は、住友家の基金をもとに、1904(明治37)年に完成したもので、今日まで100年以上の風雪を刻んでいる。設計は旧心斎橋をデザインした野口孫市。大正時代から昭和時代初期に、書庫と左右両翼部が増設され、レンガと石造3階建て、書庫は耐震構造を備えた鉄骨造りの5層となっている。敷地は約4500m²、閲覧室・事務室・書庫・文芸ホールをあわせた延べ床面積は7600m²である。井原西鶴の元禄版『世間胸算用』、近松ゆかりの貞享版『往古梨園集』、織田作之助自筆の『夫婦善哉(草稿)』を始め、郷土大阪の文学・歴史資料・古典籍が収蔵され、総数50万冊を超えている。

2004(平成16)年に開館100周年を迎え、年間の入館者は、調査・相談・予約などの利用を含めて40万人を数える。館全体が、1974(昭和49)年国の重要文化財に指定された。

大阪市中央公会堂 ㉕
06-6208-2002

〈M▶P. 2, 42〉大阪市北区中之島1-1-27
京阪本線・市営地下鉄御堂筋線淀屋橋駅🚶8分

府立中之島図書館から東に約100m歩くと、大正浪漫を彷彿させ

岩本栄之助

コラム 人

「なにわの相場師」大阪中央公会堂建設に寄与

　岩本栄之助は，1877（明治10）年，当時大阪で有力な両替商として知られた「岩本商店」の2男として生まれ，夭折した兄にかわって，家督を相続する。以後，株式界で目覚ましい活躍をみせ，「なにわの相場師」と称されるなど，波乱に富んだ人生を歩んだ。

　日露戦争（1904～05年）後の熱狂相場で，北浜仲買人として義侠心を発揮，1909年には「渡米実業団」に参加し，欧米での財界人による公共事業への参加・貢献について認識を深めるなかで，私財を投じる決心をする。

　その後，大阪電燈株式会社の常務取締役に就任したが，第一次世界大戦下の沸騰相場に再び参入し，経営不振の岩本商店の立直しに力を傾けていった。しかし，株価の変動は激しく，暴騰と下落，そして奔騰が続き，空前の好景気を背景として投機熱が煽られている最中，進退に窮した栄之助は，1916（大正5）年10月22日自宅で自殺を図り，5日後に永眠した。「この秋を　待たで散りゆく　紅葉かな」と辞世の句を残したのは，栄之助の寄付金をもとにした公会堂完成のちょうど2年前のことであった。

岩本栄之助の寄付金をもとに建設された美しい建物

　る赤レンガ造りの美しい建物，大阪市中央公会堂がある。開館は1918（大正7）年，明治時代の株式仲買人岩本栄之助が大阪市に寄付した100万円を基金にして，気鋭の建築家岡田信一郎の案をもとに，日本銀行や東京駅の設計を手掛けた辰野金吾らの指導により，5年5カ月の歳月をかけて完成した。

　この建物は，地上3階・地下1階の構造をもち，正面大アーチの屋根に，商業神「メルキュール」と，科学・工芸・平和の象徴「ミネルヴァ」の神像を設置し，ステンドグラスで飾るという「復興式中準パラデアン式」で，ネオ・ルネサンス式とよばれる建築様式になっている。壮大さのなかに，優雅さ・華やかさ・やわらぎをかもし出し，3階の特別室（貴賓室）の天井と壁面を飾る松岡壽の作品「天

大阪市中央公会堂

曽根崎から堂島へ

中之島周辺の史跡

地開闢」や、同じ階にある木調の端正なたたずまいの小集会室、シャンデリアの輝く中集会室に連なる華麗な美の創造の世界となっている。

　1階は大集会室で、2000人以上の収容数を誇り、開館記念講演会が、1918(大正7)年11月22・23日、「憲政の神様」と称された尾崎行雄や林毅陸ら、政治家・学者を迎えて開かれた。当日は、5000人におよぶ聴衆が集まったため、立見の人びとを含めて、あふれんばかりの盛況を呈した、と『大阪毎日新聞』は伝えている。その後も、エルマンらのバイオリン演奏会、三浦環の独唱会、ロシアやイタリアの歌劇団公演、満州国皇帝溥儀の奉迎会などが開催された。

　今日の中央公会堂は、2002(平成14)年11月1日に、3年半におよぶ保存・再生工事を終えてリニューアル・オープンしたもので、創建時の優美な景観や様式をそのまま復元し、地階には、開業当初からの食堂が存続し、展示室・会議室・岩本記念室などが設けられている。その規模は、敷地面積5641m²・延べ床面積9970m²(旧建物面積8425m²)・建物の高さは26mにおよぶ。1995(平成7)年の阪神・淡路大震災の教訓をいかした、直下型地震にも耐えられる免震構法を施し、またスロープや段差昇降機を設置してバリアフリー化を進め、利便性・機能性の向上を図るなど、広く市民に開かれた、大規模な近代建築の保存・再生事業として注目されている。

大阪市立東洋陶磁美術館 ㉖
06-6223-0055

〈M▶P.2, 42〉大阪市北区中之島1-1-26
京阪本線・市営地下鉄御堂筋線淀屋橋駅, 京阪本線・市営地下鉄堺筋線北浜駅🚶10分

安宅コレクションを中心とした東洋陶磁のコレクション

　大阪市中央公会堂の正面玄関から道を隔てて東側に, 大阪市立東洋陶磁美術館がある。この美術館は, 世界的によく知られていた「安宅コレクション」が, 住友グループ21社から大阪市へ寄贈されたことにより, 1982(昭和57)年11月に開館した。

　館蔵品は, 現在,「安宅コレクション」の韓国陶磁・中国陶磁を中心に, 約2700点を数えており, この中には, 国宝2点(飛青磁花生〈元〉と油滴天目茶碗〈南宋〉)を始め, 13点の重要文化財が含まれている。あらたに日本陶磁コレクション, そして「李秉昌(イ・ビョンチャン)韓国陶磁コレクション」を展示する新館が, 1998(平成10)年3月に完成し, 世界第一級の質と量を誇る東洋陶磁のコレクションとなった。

　建物は, 朽葉色の外観で, 地上3階・地下1階の鉄筋コンクリート造りで, 延べ床面積は3921m²。内部は, 韓国陶磁室3・李秉昌関係室2・中国陶磁室3・日本陶磁室1, それに特集展示室と企画展示室各1からなる11展示室があり, 地下には講堂もある。

　常設展示では, 代表的な作品約310点によって, 中国・韓国・日本の陶磁の歴史的な流れを示し, 年1～2回の特別展・企画展では, 専門性の高い研究テーマを掲げている。宋の時代を中心とした中国展示室では, 世界でも珍しい自然採光が取り入れられるなどさまざまな工夫がこらされて, 訪れる人たちの眼を楽しませる, 都心型の専門美術館といえよう。

大阪市立東洋陶磁美術館

曽根崎から堂島へ

適塾 ㉗
06-6231-1970

〈M▶P.2, 42〉 大阪市中央区北浜3-3-8
京阪本線・市営地下鉄御堂筋線淀屋橋駅, 京阪本線・市営地下鉄堺筋線北浜駅 🚶 5分

緒方洪庵の開いた学塾 近代日本の建設者を輩出

適塾

大阪市中央公会堂の南側, 土佐堀川に架かる栴檀木橋を渡って約3分歩くと, 北浜駅と淀屋橋駅の中間に適塾がある。この江戸時代の町屋風の建物は, 幕末のすぐれた医者であり, 洋学研究の第一人者緒方洪庵が, 1838(天保9)年から, 幕府の奥医師として江戸に迎えられる1862(文久2)年まで, 24年間にわたって開いた学塾である。

洪庵は, 備中国(現, 岡山県)足守藩士の子として生まれ, 15歳のとき大坂に出て中天游に学んだ後, 江戸に向かい坪井信道の教えを受けた。長崎への遊学を経て, 28歳のとき, 大坂で開塾する。医学に関する翻訳・編述書を多く残しているが, その代表作には, わが国最初の病理学に関する書籍『病学通論』(編著), 内科書の『扶氏経験遺訓』(フーフェランド著)があり, 39歳のときには, 同志とともに種痘事業を始め, 「除痘館」を設立し, 予防医学・公衆衛生の面に力を尽した。誠実で温厚な性格, 周囲への温かい気配り, そして学問への情熱・熱心な研究と豊かな実践力は, 多くの若者を魅了し, 塾生は3000人におよんだ。越前福井が生んだ幕末の思想家橋本左内, 『学問のすゝめ』『文明論之概略』『福翁自伝』などの著作で知られる明治の思想家福沢諭吉, 長州藩(現, 山口県)出身で, 近代的な軍隊制度の創設に尽力した大村益次郎, 日本赤十字社の初代社長佐野常民らが, 門下生として名を連ねている。

適塾は, 木造2階建てで, 敷地面積470m²(間口12m・奥行39m)の地所に, 建築面積285m²・延べ床面積420m²の構造となっている。1階は, 入口の土間から玄関部屋に続いて, 6畳の教室が2間あり,

適塾内部

塾生の勉学と休憩などの日常生活に使われていた。中庭をみて廊下を通り奥に進むと，書斎・応接間・客座敷・家族部屋・納戸・台所へと続く。また，前栽や蔵が設けられており，内庭や土間に2つの井戸がある。

2階にあがると，32畳の塾生大部屋と10畳の部屋があり，さらにヅーフ部屋・女中部屋などがある。ヅーフ部屋には，『ヅーフ辞書』（長崎出島のオランダ商館長ヅーフが，ハルマの蘭仏辞書によって作成した蘭和辞書）がおかれて，塾生たちが競いあって勉学に励んでいたという。

現存の建物は，両替商天王寺屋五兵衛の分家筋にあたる忠兵衛の持家を，洪庵が1845（弘化2）年に購入したもので，築200年を経て現在に至っている。1940（昭和15）年に大阪府の史跡に指定され，翌年国の史跡となり，1942年には大阪大学に寄贈された。国の重要文化財に指定されたのは1964年のことで，1976年から5年間の解体・修復工事が行われた後，1980年5月に一般公開された。適塾の東側と西側に隣接した公園が完成したのは1986年で，今日では，適塾記念会が組織され，大阪大学適塾管理委員会に発展して，史跡保存に努めている。

この適塾の西側には，大阪でもっとも古い歴史を有する愛珠幼稚園，南側には，除痘館跡・銅座跡・懐徳堂跡の碑がある。

愛珠幼稚園

大阪天満宮 ㉘
06-6353-0025

〈M ▶ P. 2, 42〉 大阪市北区天神橋2-1-8
JR東西線大阪天満宮駅，市営地下鉄谷町線・堺筋線南森町駅 🚶 5分

学問の神様、浪華の誇り、天満宮

　大阪天満宮駅・南森町駅より南に3分ほど歩くと，大阪天満宮に着く。京都の北野天満宮・九州福岡の太宰府天満宮とともに，全国1万1000におよぶ天神信仰の代表として大阪天満宮がある。この神社の周辺地域を南森町と称しているのは，古くは大将軍社の森とよばれ，鬱蒼とした樹木に覆われていたことに由来する。

　社伝によれば，孝徳天皇が645(大化元)年，難波長柄豊碕宮遷都の際，新都守護のため，現在地より北方の露秋里の地に創建されたという。天満宮の名称は，平安時代の949(天暦3)年，村上天皇の勅願により，菅原道真を主祭神としたことに基づく。その後，南北朝時代の1347(正平2・貞和3)年におこった楠木正成の嫡子正行と北朝側山名時氏との戦い，1570(元亀元)年に始まる石山合戦，そして，1837(天保8)年の大塩平八郎の乱などによって焼失したが，再建されて今日に至っている。本殿は，1845(弘化2)年に築かれたもので，権現造の様式をもつ。

　境内には，談林俳諧の祖西山宗因ゆかりの向栄庵跡碑と「浪華津に　さく夜の雨や　花の春」の句碑，御堂筋が終焉の地となる俳聖松尾芭蕉の句碑「行年や　薬に見たき　梅の花」がある。また，連歌師宗祇が千百発句を献じたこと，豪商淀屋辰五郎らによって連歌の会が盛大に催されたことも伝えられている。

大阪天満宮

　表門を出て南へ歩くと滝川公園があり，そこには天満組惣会所跡の碑が立っている。近世の大坂は，3地域に行政区分され，「浪華三郷」の名のもとに，北郷・南郷・天満郷があり，それぞれ組とも称し

天神祭

コラム

夏の最大イベントとしての天神祭

浪華の夏を彩る天神祭は、7月24・25日に催される。東京の神田祭・京都の祇園祭とあわせて、日本の三大夏祭と称され、近年は、100万人におよぶ人出で賑わっている。

天神祭の歴史は、平安時代の951（天暦5）年に始まったという。これは天満宮鎮座の2年後のことで、以来1000年余りの時を経て、現在に継承されている。今の形態は、豊臣秀吉の大坂城築城（1583年）頃に端を発し、江戸時代に入り、元禄年間（1688～1704）の上方文化の隆盛、町人の台頭とともに発展し、享保年間（1716～36）には、講の結成が進んだ。1780（安永9）年には、84基の地車について記録されている。明治時代以降さらに発展し、1937（昭和12）年には、渡御船が200艘を数えた。この間、幕末から維新期の争乱、さらには近年の太平洋戦争（1941～45年）で中断されたこともあったが、1949年に復活し、4年後の1953年、堂島川と大川（旧淀川）水域へ船渡御が変更され、今日に至っている。

初日の24日は宵宮祭とよばれ、夜明け前の一番太鼓、そして本殿での雅楽と神楽の後、鉾流神事が、行事の無事と安全・浪華の町の繁栄を祈願して始まる。続いて市内への自動車渡御、氏子地巡行が催太鼓と獅子舞によって行われ、夕刻に宮入りする。この間、境内では地車囃子が響きわたり、龍踊りが披露される。

翌25日は夏大祭の日。本殿での本宮祭、そして「神霊移御之儀」を終えるといよいよ渡御列発進となる。最初は陸渡御で、催太鼓・猿田彦を先頭に、総奉行（渡御の総指揮者）・御鳳輦（菅原道真の御神霊を奉安した神輿）・天神祭囃子へと続く3陣の構成、総勢3000人の絢爛豪華な大行列となっている。列は天満宮から老松通りを経て、御堂筋から中之島に入り、難波橋を渡って天神橋の北詰に移動し、そこから船に乗り込んで、船渡御となる。船の数は100隻余り。御神霊を乗せた御鳳輦船などの奉安船や各講社の供奉船は、天神橋から大川を北上し、飛翔橋へと向かう。御神霊を迎える奉拝船・人形船などの列外船、舞台船として能船・神楽船が加わって、火と水の競演は最高潮に達し、上陸後、宮入り、そして本殿での還御祭をもって幕を閉じる。

ていた。天満郷は淀川の右岸、左岸は北と南に分けられた。

さらに南に行くと南天満公園があり、天満青物市場跡の碑をみることができる。堂島米市場、雑喉場魚市場と並ぶ大坂三大市場として、多くの人が往来し、賑わいをみせた。『摂津名所図会』にも、

曽根崎から堂島へ

「日々, 朝毎に多くの人聚りて菜蔬を買ふ」とあり, ここで, 京の壬生菜・天王寺蕪・春日野の若菜・有田の蜜柑など, 山城(現, 京都府)・大和(現, 奈良県)・紀井(現, 和歌山県)の名産が, 大坂近郊の品々とともに水運を利用して運ばれ,「天下の台所」を実感させてくれる。また「ねんねころいち 天満の市で 大根揃へて舟に積む」で知られる天満の子守歌碑, 京と大坂を結ぶ淀川三十石船舟唄碑も同公園内にある。

　学問・諸芸の神として, 多くの尊崇を集めた菅原道真は, わずか5歳で「美しや 紅の色なる 梅の花 あこが顔にも つけたくぞある」と和歌を詠み, 11歳のときに「月輝いて晴雪の如く 梅花は照星に似たり」と詩作したことからも, その天分がうかがえよう。一方, 弓術にもすぐれ, 文武両道をきわめた道真は, 醍醐天皇の信任も厚かったが, 藤原時平との対立のなかで, 大宰府へ左遷となり, その地で生涯を終えたことが, 死後, 天神信仰へと昇華されていく。

造幣局と造幣博物館 ㉙
06-6351-5361/06-6351-8509
〈M▶P.3, 42〉大阪市北区天満1-1-79
JR東西線大阪天満宮駅🚶10分, またはJR大阪環状線桜ノ宮駅, 市営地下鉄谷町線・堺筋線南森町駅🚶15分.

全国における貨幣鋳造の中心造幣局

　大阪天満宮より東に国道2号線に沿って10分ほど歩くと, 造幣局に着く。造幣局は, 貨幣の製造をおもな業務とする独立行政法人で, 大阪市に本局をおき, 東京都と広島県に支局を設けている。1869(明治2)年明治政府によって設立され, 翌々年より鋳貨を始めた。今日では, 貨幣を中心に勲章・褒章および金属工芸品の製造, 貴金属製品の品位証明, 貨幣セットの販売などの事業を行っている。

　造幣局構内には, 予約制で見学できる工場と, 記帳して入館できる造幣博物館がある。博物館は, 貨幣の歴史と鋳造の過程を4室の展示で紹介しており, 勲章やメダル, 和同開珎, 天正菱大判などが注目を集めている。このレンガ造りの建物の近くに八角形の造幣局旧正門があり, ガス燈とあわせて明治時代初期の建築様式を今日に伝えており, 春の桜花の美しい季節には, 落ち着いた雰囲気をかもし出している。また, 1948(昭和23)年に移築された与力役宅門と,

江戸時代後期の陽明学者で、元天満与力大塩平八郎（号は中斎）の私塾、洗心洞の跡碑が残されている。

泉布観と旧造幣寮 正面玄関 ㉚

〈M ▶ P. 3, 42〉 大阪市北区天満1-1-1
JR東西線大阪天満宮駅🚶10分、またはJR大阪環状線桜ノ宮駅、市営地下鉄谷町線・堺筋線南森町駅🚶15分

明治時代の建築を今日に伝える泉布観

泉布観は、国道1号線を隔てて造幣局の北側に位置しており、1871（明治4）年に、造幣寮（造幣局の前身）の応接所として建設された。設計者は、イギリス人ウォートルス。この建物は、英国の古典的なコロニアル式の2階建て建造物で、総面積は1000m²余り。周囲に石柱で支えられた広縁を有し、1908年まではガス灯が用いられ、のち電灯に切り替えられた。室内には暖炉や化粧鏡・シャンデリアなどの優雅な装飾がみられ、文明開化の息吹を訪れる人に感じさせている。

明治天皇の大阪行幸に際して行在所となり、泉布観と名づけられた。泉布は貨幣の古称で、観は館を意味している。1917（大正6）年に大阪市の所管となり、補修工事を経て1975（昭和50）年から一般公開された。公開期間は、毎年春分の日前後の数日と定められている。

この泉布観に隣接して旧造幣寮正面玄関があり、市内に現存する近代建築物として、泉布観とともに国の重要文化財となっている。明治時代初期の創業当時、洋式の貨幣鋳造工場は、面積2640m²を超える鉄骨赤レンガ造りの大建築で、その中央に位置していたのが、美しい柱列の玄関であった。1927（昭和2）年に工場が取りこわされたおり、玄関など一部が保存され、その7年後に明治天皇記念館（聖徳館と改称）建設にあたり、玄関として復元された。その後、

泉布観

曽根崎から堂島へ 49

聖徳館は、桜宮公会堂・図書館と変遷し、1984年からは、児童・生徒の芸術作品の交流・発表の場、美術・工芸・書道の展示場として活用され、ユース・アートギャラリーの名称で親しまれている。

国道1号線沿いに桜宮橋を東に渡って南へ少し歩くと、JR東西線の大阪城北詰駅に着き、近くには藤田美術館がある。藤田美術館は、1951(昭和26)年、明治時代の豪商藤田伝三郎・平太郎父子によって収集された古美術品をもとに設立された。館蔵品には、国宝の紙本著色紫式部日記絵詞（1巻）を始め、4850点の絵画・文書・彫刻・工芸品などがあり、国宝9件・重要文化財47件を所蔵している。

この美術館の周辺は都島区網島町といい、近松門左衛門の「心中天網島」の舞台となった所で、そのモデルとされる天満の紙屋治兵衛と曽根崎新地の遊女小春が、1720(享保5)年に情死した大長寺は、国道1号線の東野田町の交差点北側にあり、境内には、紙治・小春比翼塚が建てられている。

国立国際美術館と大阪市立科学館 ㉛
06-6447-4680/06-6444-5656

〈M▶P.2,42〉大阪市北区中之島4-2-55／中之島4-2-1
JR大阪環状線福島駅・JR東西線新福島駅・阪神電鉄福島駅・市営地下鉄四つ橋線肥後橋駅🚶10分

ひときわ目立つデザインと建物、美術館と科学館

阪神電鉄福島駅で降りて、なにわ筋を南に歩き玉江橋を渡ると、南東に国立国際美術館と大阪市立科学館がある。国立国際美術館は、1970(昭和45)年の日本万国博覧会開催に際して建設された万国博美術館を活用して、1977年に千里の万博公園内で開館。以後、現代美術を中心に、収集・保管・展示と調査研究事業を行ってきたが、収蔵庫の狭隘・施設の老朽化を契機に、世界でも珍しい地下型の美術館として、2004(平成16)年11月、現在地に新館がオープンした。外観は、美術館のシンボルとなる巨大なパイプのオブジェが聳え、1階が入口で、地下1階は情報コーナー・レストランなどの無料ゾーン、地下2階は現代美術の展示、さらにその下の地下3階はテーマ展の会場となっている。東京の近代美術館と西洋美術館、京都の近代美術館についで、わが国4番目の国立美術館として、多くの期

待が寄せられている。

　国際美術館の西隣に、大阪市立科学館がある。「夢宙ときめき館」の愛称でも知られるこの科学館は、1989(平成元)年に大阪市制100周年記念事業として開館した。前身は、東洋で初めてプラネタリウムを導入した、かつて四ツ橋にあった大阪市立電気科学館である。電気科学館の設立は1937(昭和12)年で、以来70年の歳月を経て1400万人の入場者を数え、そのなかには、幼少期の手塚治虫や織田作之助らがいた。1989年の開館当初より使用していた2代目プラネタリウムを、2004(平成16)年に改装し、コンピュータ導入のデジタル・スカイ・ビュー(全天周動画システム)を採用している。これは、140度魚眼レンズをとおして美しい映像を展開する。

　なにわ筋を挟んで西側の堂島大橋近くに、大阪国際会議場(グランキューブ大阪)がある。2000(平成12)年にオープンした地下3階・地上13階・高さ104mの建物内には、約3000人を収容するメインホール・床面積2600m^{2}のイベントホールに、300人から50人用の会議室が30室、それに加えて、レストランやプラザがあり、文化イベント・コンサート・国内外の会議場などを提供している。

　この会議場に隣接して、リーガロイヤルホテルがあり、このホテル前の堂島川沿いに、蔵屋敷跡の碑が建てられている。この場所は高松藩(現、香川県)の蔵屋敷があった地で、土佐堀川を南に渡ると薩摩藩蔵屋敷跡の碑がある。なにわ筋の堂島川に架かる玉江橋の北東には、中津藩(現、大分県)の蔵屋敷で誕生した明治時代を代表する思想家福沢諭吉誕生地の碑がある。慶應義塾の創始者である諭吉は、1834(天保5)年、この地で生まれた。

4 ミナミの道頓堀から北浜・松屋町へ

大衆芸能や食い道楽のミナミの起源は、江戸幕府の新地振興策。昭和レトロビルが綿業界で栄えた商都大阪を今に伝える。

道頓堀 ㉜   〈M▶P.2,53〉大阪市中央区道頓堀1丁目
市営地下鉄御堂筋線・千日前線なんば駅 🚶 5分

歓楽街ミナミのシンボル　くいだおれの繁華街

道頓堀は歓楽街ミナミの中心で、堀の南側に東西に広がる通りに入ると、グリコ、カニ、フグ、くいだおれ人形、たぬきの芝右衛門など、大がかりな飾りと派手な色使いの看板に目が釘づけとなる。最近では劇場にかわって、たこ焼きを始め、お好み焼きやラーメンなどの飲食店が目立ち、大阪を代表する粉食文化の激戦区となった。

地下鉄なんば駅14番出口を出て北東へ300mほど歩くと、道頓堀川に架かる戎橋に出る。グリコの大看板の撮影場所にもなっている戎橋の名前の由来は、正月10日に市内から商売繁盛の神、今宮戎神社へ行く参詣道であったからといわれる。若い男女の出会う「ひっかけ橋」の通称や、地元のプロ野球チームの優勝時の道頓堀ダイブでも有名である。この戎橋から東側の太左衛門橋との両岸には、遊歩道「とんぼりリバーウォーク」が設けられ、今後、イベントの開催や、カフェの出店などにより、街の活性化が図られる。戎橋からは、南は戎橋筋商店街から千日前、高島屋やなんばパークスなどへ、東は日本橋から国立文楽劇場へ、西は音楽発信基地の湊町リバープレイスへ、北は心斎橋筋商店街へと通じる。

戎橋と道頓堀界隈

道頓堀川の名は、1612（慶長17）年に開削工事を始め、大坂夏の陣で戦死した平野郷（現、大阪市平野区）出身の成安道頓の功績をたたえて、大坂城落城後に、江戸幕府から復興を任された松平忠明

道頓堀周辺の史跡

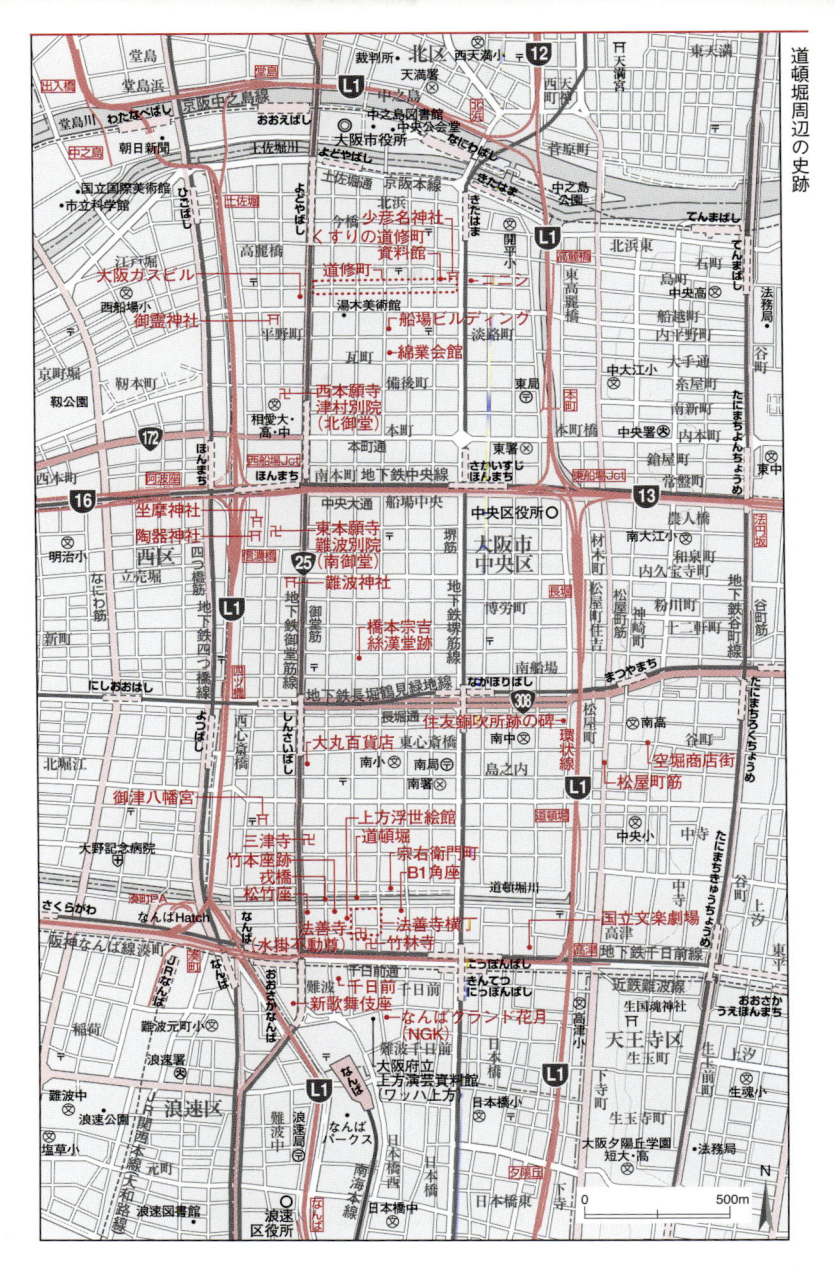

ミナミの道頓堀から北浜・松屋町へ　53

が命名した。

　歓楽街ミナミは，1626(寛永3)年に安井道卜が，新地開発策として北岸の遊所と南岸の芝居小屋の設置を幕府から許可され，当時，勘四郎町(現，中央区南船場4丁目)にあった芝居小屋を移したことに始まる。1652(承応元)年からは芝居名代(興行権およびその所有者)が定められ，中の芝居(名代塩屋九郎右衛門)・角の芝居(名代大坂太左衛門)・大西芝居(名代松本名左衛門)の3芝居を中心に，野郎歌舞伎が盛んになった。

　かつて道頓堀は，盛り場を南北に2分し，そこに架かる橋は，南側の芝居小屋と北側の飲食街とを結ぶ役割をはたしてきた。それを象徴する石碑が，相合橋北詰東側にある。食満南北の句碑「盛り場を　むかしに戻す　はしひとつ」である。お茶屋や高級料亭が立ち並ぶことで有名だった宗右衛門町は，戎橋と日本橋との間に挟まれた道頓堀の北岸で，今では風俗店街に様変わりした。1877(明治10)年創業の老舗料亭南地大和屋が，2003(平成15)年に閉店した。

浪花五座(道頓堀五座) ㉝

〈M▶P.2〉 大阪市中央区道頓堀1丁目
市営地下鉄御堂筋線・千日前線なんば駅🅐 5分

江戸時代の劇場街 今は飲食街に変貌

　道頓堀川に架かる戎橋の南東側，道頓堀ゼロゲート(浪花座跡地)の西側植込みに竹本座跡の碑がある。竹本座は，1684(貞享元)年に座元の竹本義太夫(のち筑後掾)が，道頓堀のこの地に櫓をあげ，浄瑠璃「世継曽我」を語ったのが始まりである。彼の節回しは「義太夫節」とよばれ，それまでの数十にもおよぶ流派の長所を取り入れ，語りの表現を多彩にして人気を集めた。そして当時，京で活動していた近松門左衛門と提携し，「出世景清」「曽根崎心中」が大当りとなった。「曽根崎

道頓堀(竹本座跡辺り)

大阪市中部

大阪のみやげ

コラム

つぎつぎと生み出されるなにわ名物 今も昔も人びとに愛される味や品物

買って帰る食べ物なら、江戸時代から続く老舗の津の国屋清兵衛の粟おこしやあみだ池大黒の岩おこし、小倉屋の塩昆布、意外と知られていないのが、創業1624(寛永元)年という、大阪最古の菓子の老舗で、酒饅頭が名物の高岡福信である。店は伏見町4丁目の通りを西へ、御堂筋から2つ目の筋の角にある。

戦前・戦中生まれの世代には、和菓子の鶴屋八幡、カステラの銀装、四天王寺の総本家釣鐘屋の釣鐘饅頭、住吉大社前の末廣堂のさつま焼やお多福堂の大社あられ、淀川区十三の喜八洲総本舗のきんつばも懐かしい。テレビ世代には、コマーシャルでよくみたミナミの戎橋商店街にある５５１蓬莱の豚まん、北極のアイスキャンディも有名。楽天軒の天津甘栗、大寅蒲鉾のはもいた、千成屋や不二家の洋菓子、リチャードの洋品雑貨も忘れられない。1970(昭和45)年の万国博覧会の頃には、はやし製菓本舗の浪花ことばせんべいが登場した。また、高島屋や大丸の包装紙も、好きな人には大切なおみやげである。

グッズなら、通天閣や大阪城の絵はがきや置物から、看板キーホルダーのかに道楽、くいだおれ人形、づぼらやのふぐが有名。キタの阪神百貨店ではプロ野球の阪神タイガースグッズも根強い人気がある。最近ではお笑いブームの影響で吉本興業の関連商品やお菓子も全国からの修学旅行生に人気である。日本橋界隈の和風旅館に泊まる外国人観光客には、本町のハードロックカフェのTシャツよりも、千日前道具屋筋ののれんやのぼり、食品サンプルが好みのようである。

戎橋筋商店街や道頓堀にあるみやげ物店のなにわ名物いちびり庵やなにわ名物開発考社では、看板キーホルダーやお菓子の大阪あんプリンやたこ焼きまんじゅう、そろばん団子などに混じって、大阪弁のステッカーや扇子、名所・名物の大阪トランプ、商人心得が書いてある平成のなにわ商人鑑なども陳列されている。

地酒やワインの産地は郊外に多いが、地ビールなら、道頓堀の戎橋南詰の松竹座地下1階と、同じく北詰のキリン会館3階で味わうことができる。

それでも、みやげ話のネタには、道頓堀でたこ焼きを買って、戎橋の上からグリコの看板を背景に撮る記念写真が、まだまだ最高のようである。

心中」が初演された1703(元禄16)年、道頓堀には人物の心理描写を重んじる地味で重厚な芸風(西風)の竹本座と、派手で技巧的な芸風

ミナミの道頓堀から北浜・松屋町へ

(東風)の豊竹座が並び、浄瑠璃の全盛時代(竹豊時代)を迎えた。
　しかし、歌舞伎作家の並木正三が宝暦年間(1751～64)に、廻り舞台を考案してからは歌舞伎時代となり、東から竹田の芝居・若太夫の芝居・角の芝居・中の芝居・筑後の芝居(大西の芝居)の浪花五座が江戸時代末期まで続いた。1876(明治9)年以降は、東から弁天座(1956年より文楽座)・朝日座(もと角丸の芝居)・角座・中座・戎座(1887年より浪花座)の五座が並んだ。1919(大正8)年に松竹合名会社が五座を傘下に収め、弁天座は旧劇、朝日座(のち道頓堀東映劇場)は映画、角座は新劇、中座は旧劇、浪花座は劇新作と配慮され、1923年には、松竹の封切館の松竹座を開場した。
　一方、喜劇は1904(明治37)年に、浪花座で曾我廼家五郎・十郎により始められた。1928(昭和3)年には、曾我廼家十吾と2代目渋谷天外が松竹家庭劇を結成し、1948年には、天外を中心に松竹新喜劇が中座で始まった。松竹新喜劇は、1966年から藤山寛美を中心に、役者の技量が試されるリクエスト芝居を20年間無休で行った。
　その後、テレビやビデオの普及により、劇場はつぎつぎに閉鎖され、現在、歌舞伎芝居の伝統は西側の松竹座、有名芸能人の演劇は天王寺区石ヶ辻町北の新歌舞伎座、お笑いは千日前のなんばグランド花月(NGK)と道頓堀の角座、人形浄瑠璃は日本橋の国立文楽劇場などへ引き継がれたといわれる。

法善寺横丁と千日前 ❸

〈M▶P.2, 53〉大阪市中央区難波1丁目／難波千日前
市営地下鉄御堂筋線・千日前線なんば駅 🚶 5分

昭和時代初期の石畳の風情
お笑い文化の中心地

　道頓堀の太左衛門橋から千日前を約100m南進し、左側のなにわ名物開発考社の筋向かいから路地へ入る。法善寺北筋にある法善寺横丁は、もともと法善寺の境内で営業していた露店が、明治時代以降に飲食店として定着してできたものである。横丁のよび名は、1940(昭和15)年4月に、長谷川幸延が『オール読物』に書いた同名の小説が始まりといわれる。1930(昭和5)年の織田作之助の小説『夫婦善哉』の舞台になったり、たびたび文学や流行歌などで取り上げられた。そのため、多くの句碑が立っている。

コラム

なにわ商人(あきんど)体験

古き丁稚奉公の気分
あらたな町おこし

千日前道具屋筋商店街では，2000(平成12)年に「修学旅行生体験学習」が始まった。この商店街は，全長約160mの間に45軒の店舗が並び，調理・厨房道具やサンプルケース，看板，のれんなど，家庭の台所や飲食店に必要な道具を総合的・専門的に取り揃えている。すぐ北側には，吉本興業のなんばグランド花月や大阪府立上方演芸資料館(ワッハ上方)があり，露店からたこ焼きの匂いが漂う，商売・お笑い・くいだおれの町ミナミを象徴する商店街といえる。

この企画は，なにわの三大文化である商い・笑い・食の伝統を，体験を通じて肌で感じ，時には楽しく，時には厳しく学んでもらうものである。大変好評で，年間50校の上限に，毎年募集が殺到して，断わりきれないほどである。1日コースの上限は120人で，これを超える場合は，道頓堀商店街や黒門市場などと同時開催となる。

内容は，道具屋筋の小売店を舞台に，接客販売に挑戦する商人体験，ワッハ上方でプロの若手芸人が指導する芸人体験，お好み焼き店の千房での粉文化の食体験(昼食)，たこ焼き・いか焼きの実演販売体験，提灯や食品サンプルの手作り体験があり，商店主からの講義では，大阪商人の心意気などが伝授される。

一方，大阪天満宮の門前町であり，日本一長い商店街といわれる天神橋筋商店街は，朝のNHK連続テレビ小説「まんてん」の舞台となった場所で，ここではNPO法人「天神天満町 街トラスト」がユニークな活動を進めている。修学旅行生一日丁稚体験や，天神橋筋街商人講座，大阪弁講座やなにわ街商人の「天神橋筋物語」などの講座を開いている。大阪くらしの今昔館(市営地下鉄谷町線・堺筋線天神橋筋六丁目駅)では，原寸大に復元された江戸時代の大坂の町を体験できる。

なにわ商人の「質素」「倹約」「才覚」「始末」などの伝統的な合理精神に加え，明治時代以降の社会変化に挑戦し，近代大阪の発展に貢献した企業家たちについて興味がある場合は，大阪企業家ミュージアム(地下鉄堺筋線・中央線堺筋本町駅)がおすすめ。企業ミュージアムの活用も有効である。年中行事の十日戎や天神祭を始め，上方芸能まつり(ワッハ上方)や彦八まつり(生國魂神社)でもなにわ商人の活力を味わえる。

千日前道具屋筋商店街とワッハ上方

ミナミの道頓堀から北浜・松屋町へ

水掛不動尊

南筋にはこけむした水掛不動尊があり，飲酒接客業や芸能人たちから商売繁盛の信仰を集めている。環境省選定の「かおり風景100選」にも選ばれ，その西側にある小説と同名の善哉店も有名である。

法善寺横丁は，2002（平成14）年9月と翌年4月に火災で被災したが，建築基準法の連担建築物設計制度の適用を受けて，2004年3月末，もとのような横丁の姿に復興され，8月10・11日に横丁祭りが催された。

横丁の西側には，現代美術的外観の上方浮世絵館が2001年に開館した。上方浮世絵は，江戸時代に盛んだった道頓堀の歌舞伎の風景を写実的に描いたもので，海外でも「Osaka Prints」として知られる。当時の風情を今に伝え，芝居の復興を願う，個人のミュージアムである。

千日前の名の由来は，1637（寛永14）年に天龍山法善寺（浄土宗）がこの地に移り，南側に，1649（慶安2）年に松園山竹林寺（真言宗，もと浄業寺，千日のお大師さん）が建てられたことによる。今の千日前通の南側にあった斎場（葬儀場と墓地）の無縁仏に千日回向を，それぞれ1644（正保元）年と1666（寛文6）年から始めたことから，人びとはとくに古い法善寺を千日寺とよぶようになり，その前の南北の道が千日前とよばれるようになった。

明治時代になって，見世物や芝居小屋が建てられて賑わい，1914（大正3）年に，総合娯楽場「千日前楽天地」が開業した。さらに，1932（昭和7）年に大阪歌舞伎座が建てられ，道頓堀と並ぶ盛り場となった。

現在，家電量販店のある交差点を約170m南進すると，左手に吉本興業のなんばグランド花月（NGK）と，地下1階にはお笑い博物館の吉本笑店街が，右手の大型書店の階上には，大阪府立上方演

芸資料館(ワッハ上方)がある。南は道具屋筋から日本橋でんでんタウン(電気店街)へ至る。

国立文楽劇場（こくりつぶんらくげきじょう） ㉟
06-6212-2531
〈M▶P.2, 53〉 大阪市中央区日本橋1-12-10
市営地下鉄千日前線・堺筋線日本橋駅，近鉄難波線
近鉄日本橋駅 🚶 5分

人形浄瑠璃は世界無形遺産
上方伝統芸能の継承地

　日本橋駅の7番出口から東へ5分ほど歩くと，国立文楽劇場に至る。文楽(国重文)は本来，操り浄瑠璃芝居とか，人形浄瑠璃とよばれた。2003(平成15)年11月7日にユネスコにより，人形浄瑠璃文楽は，「人類の口承及び無形遺産の傑作」(世界無形遺産)として宣言された。国立文楽劇場に入場無料の展示室がある。

　文楽は，わが国の伝統的な人形劇であり，世界に誇りうる高度な舞台芸術で，地の音楽としての浄瑠璃(おもに義太夫節)を語る太夫と，その伴奏をつとめる三味線弾きと，1体の人形を3人がかりで動かす三人遣いの3者の総合芸術である。それが大坂で育ったのは，道頓堀竹本座の竹本義太夫と近松門左衛門の功績が大きい。武士を中心とした江戸と異なり，大坂には町人中心の自由な空気があり，義理と人情の葛藤を美しく描いた作品は，人びとの心を深く捉えた。

　文楽の名の由来は，植村文楽軒といわれている。18世紀中頃以降の浄瑠璃衰退期に，淡路(現，兵庫県)からきた植村文楽軒(初代)が，今の国立文楽劇場北側にあたる高津橋南詰西浜に，高津新地の席という浄瑠璃小屋を設けた。1811(文化8)年には，妻てるが博労町(現，大阪市中央区)の難波神社境内に進出した(稲荷の芝居)。4代目のとき，天保の改革で宮地芝居が禁止されて各地を転々とし，1856(安政3)年に再び難波神社に移った(文楽軒の芝居)。1872(明治5)年，大阪市の新地開発政策によって松島(現，大阪市西区)に移転，文楽座の名が使われた。1884年からは難波神社境内に，文

国立文楽劇場

ミナミの道頓堀から北浜・松屋町へ

楽座からの脱退者で結成された彦六座(のち稲荷座)に対抗して，文楽座は御霊神社境内に移り(御霊文楽座)，両者の競演で明治時代の黄金期を迎えた。やがて落語や娘義太夫，映画などの流行でしだいに興行不振となるなかで，彦六座は1893年に解散した。その後，1909年，6代目のとき興行権は松竹合名会社に移り，火災後の1930(昭和5)年に四ツ橋で再開された。

　第二次世界大戦での戦災後の分裂騒ぎのなか，1955年，国の重要無形文化財として総合指定を受けた。1963年，文楽協会が設立され，1984年，文楽軒旗揚げの地に国立文楽劇場が開場した。

大丸百貨店 ㊱

〈M▶P. 2, 53〉　大阪市中央区心斎橋筋1-7
市営地下鉄御堂筋線・長堀鶴見緑地線心斎橋駅 大 5分

心斎橋筋は「心ブラ」の街 ヴォーリズ設計の百貨店

　「心ブラ」とは，心斎橋筋商店街でぶらぶらとウィンドウ・ショッピングすることをいう。心斎橋駅5・6号出口から地上へあがると心斎橋筋商店街がある。なにわ商人の伝統を今に伝えるエリアの1つで，履き物のてんぐ，増田漆器店，呉服の小大丸など，老舗の小売店が頑張っている。また，心斎橋筋の西側には，大福院三津寺(真言宗)や御堂筋の西側には，御津八幡宮があり，昭和時代初期の風情を残す。

　心斎橋駅6号出口は，大丸百貨店の北東角にあたる。地下道・地下鉄駅からも直接入ることができる。大丸百貨店は，ヴォーリズ建築事務所の設計である。工期は全体で3期に分けられ，心斎橋側が1922(大正11)年と1925年に，御堂筋側が1933(昭和8)年に完成した。建物は心斎橋筋1-7の1区画を占め，鉄筋コンクリート造り地上6階・地下3階建てである。

　外観は，屋上付近と地上付近に白色，その間にくすんだ茶色を配し，対照的な美しさを引き出している。また，壁面装飾については，御堂筋側の玄関上部辺りの壁面飾り(ファサード)の様式は，アメリカンゴシックスタイルで，幾何学模様とクジャクの浮彫りなどがみられ，重厚さと華やかさをあわせもつ様式である。

　内装は，とくに1階から2階に特徴がよくあらわれている。玄関から重い扉を開けて入ると，1階の売り場に2階分の空間をとっており，大理石の柱に支えられた天井付近には，その天井面や照明具

の黒色の枠のなかにも、さまざまな幾何学模様の装飾が施されている。1階のエレベーター前では、開閉扉からアーチ形をした上部にかけて施された装飾に目を奪われ、両方の柱から梁の部分にワシのレリーフがある。まるで階上が日常から切り離された場所で、ここがその入口であるかのような錯覚に囚われる。階段の装飾では、壁面部分の薄いベージュ色の大理石と、手摺や照明枠の黒色を基調としたデザインが秀逸である。4階までの階段はX型構造で、ゆっくりのぼりながら大理石のなかに、化石をみつけることもできる。

アメリカの建築家ヴォーリズは、日本で数多くのキリスト教会を設計したことで有名で、大阪では日本基督教団大阪教会(1922年、西区江戸堀1丁目、国登録)を始め、浪花教会(1930年、竹中工務店と共同、中央区高麗橋3丁目)などがある。

坐摩神社・陶器神社 ㊲
06-6251-4792

〈M ▶ P.2.53〉大阪市中央区久太郎町4丁目渡辺3
市営地下鉄御堂筋線・中央線・四つ橋線本町駅
🚶 2分線

瀬戸物市は夏の風物詩
いにしえの社の移転先

地下鉄心斎橋駅から御堂筋を北側へ行き、海外の有名ブランド店が並ぶ界隈から南船場3丁目交差点を東に折れると、芦池グラウンドの筋向かいに、橋本宗吉絲漢堂跡の碑がある。北堀江(現、大阪市西区)に住む傘職人だった橋本宗吉(曇斎)は、蘭医小石元俊と天文学者間長涯の好意で、江戸に遊学して芝蘭堂で学び、宇田川玄真・稲村三伯・山村昌永と並んで大槻玄沢門下の四天王と称された。大坂に戻ってからは、元俊と長涯のために蘭書の翻訳にあたり、またエレキテル(起電機)の研究を行って、日本の実験電気学の祖となった。門下の中天游から緒方洪庵・福沢諭吉へと、大坂蘭学の系譜は続く。

再び御堂筋を北へ歩くと、博労町4丁目に博労稲荷と

坐摩神社

ミナミの道頓堀から北浜・松屋町へ

よばれる難波神社(祭神仁徳天皇・素戔嗚尊・倉稲魂尊)がある。社史によると，415年反正天皇が河内国丹比柴籬宮(現，松原市)に遷都したときに同地に創建後，943(天慶6)年に，朱雀天皇が摂津国の総社として大江の坂平野郷(現，天王寺区)に移したものが，1583(天正11)年の大坂城築城時に現在地に移されたという。境内には，稲荷社文楽座跡の碑がある。

さらに北に向かうと，南御堂(東本願寺難波別院)の西側裏手には，「ざまさん」(「ざまはん」)の名で親しまれる坐摩神社(祭神生井神・福井神・綱長井神・波比岐神・阿須波神，総称が坐摩神)がある。「いかすり」の語源は，土地または居住地を守るという意味の「居所知」が転じたものといわれる。昔から，住居守護・旅行安全・安産の神として篤く信仰されている。旧社地は，今の天満橋付近にあった渡辺橋の南詰で，平安時代の『延喜式』には，摂津国西成郡(現，大阪城西方一帯)の唯一の大社と記されている。1583年，大坂城築城のときに移転を命じられ，江戸時代初期の寛永年間(1624～44)に，全国の渡辺姓の発祥地であるもとの地名(渡辺)とともに現在地に移された。4月22日の献花祭と12月2日の懸鳥祭が有名である。

境内西隅に立つ火防陶器神社(祭神大陶祇神・迦具突智神)は，陶器問屋街の守護神で，1971(昭和46)年に阪神高速道路建設のため，西区靱南通1丁目から移された。7月23日から26日まで，盛大に瀬戸物市(陶器祭り)が催され，大阪の夏の風物詩となっている。

東本願寺難波別院・西本願寺津村別院 ㊳㊴
06-6251-5820／06-6261-6796

〈M▶P.2,53〉大阪市中央区久太郎町4-1-11／本町4-1-3
市営地下鉄御堂筋線・中央線・四つ橋線本町駅🚇3分

御堂筋の名の由来地 なにわ商人の心のよりどころ

地下鉄本町駅から御堂筋を南へ約100m行くと，西側に東本願寺難波別院(南御堂，浄土真宗大谷派)があり，駅の約300m北には西本願寺津村別院(北御堂，浄土真宗本願寺派)がある。もともと御堂筋というのは，江戸時代に両御堂の門前にあった南北の道のことであった。

本願寺8世の蓮如が，1496(明応5)年に大坂に晩年，教化の拠点

東本願寺難波別院(南御堂)

に設けた坊舎(大坂御坊)を，1533(天文2)年の山科本願寺焼失後に，本山として本願寺と称した。最近の研究では，石山本願寺という名称の使用は，江戸時代以降の史料とされている。

11世顕如のとき，1570(元亀元)年から11年間におよぶ織田信長との石山合戦の後，本山は紀州(現，和歌山県)鷺森，貝塚(現，貝塚市)天満を経て，1591(天正19)年に豊臣秀吉から京都六条堀川に土地を与えられて移った(現在の西本願寺)。顕如の死後，1592(文禄元)年に長男の教如は12世となるが，1593年，弟の准如を寵愛する母の如春尼が秀吉に頼んで教如を隠居させ，准如が12世を継いだ。一方，教如は徳川家康に近づき，関ヶ原の戦い(1600年)後，勢力を取り戻した。その間，教如は1596年に渡辺の地(現，中央区道修町1丁目)に，大谷本願寺を建立し，1598(慶長3)年にこの地に移った(難波別院)。1602年に徳川家康から分派を認められ，寄進により京都七条烏丸に現在の東本願寺が建立されるまで，難波別院は真宗大谷派の本山であった。一方，准如は，天満に近い楼の岸(現，大阪市北区)から1597(慶長2)年に大坂の円江(現在地)に坊舎を移した(津村別院)。

南御堂境内南側に，1596年に鋳造された梵鐘があり，その右手には芭蕉句碑がある。俳人松尾芭蕉は，1694(元禄7)年10月12日，門前で花を商う花屋仁左衛門の奥座敷で，51歳の生涯を閉じた。この「旅に病んで……」の句碑は，芭蕉150回忌にあたる1843(天保14)年に，俳人たちによって建てられた。南御堂で毎年10月に，芭蕉忌法要と句会が開かれる。芭蕉が亡くなった場所として，「此附近芭蕉翁終焉ノ地ト傳フ」と刻まれた碑が，御堂筋を挟んで緑地帯に立っている。

御霊神社 ❹ 06-6231-5041　〈M▶P.2,53〉大阪市中央区淡路町4-4-3
京阪本線・市営地下鉄御堂筋線淀屋橋駅🚶5分

船場地区は，銀行・繊維問屋・貿易商社・保険会社などが集中す

ミナミの道頓堀から北浜・松屋町へ　63

綿業会館

商業地の鎮守さま　再生の進むレトロビル街

るため、御堂筋を歩くと、東京の丸の内のオフィス街にいるような印象を与える。

地下鉄本町駅の上の船場センタービルから北西側に位置する南船場は、かつての新町橋東詰にあたり、最近、自然食品の流行でオーガニックビルを中心に、おしゃれな店が進出してきた。

御堂筋の東側は、北に向かってレトロな商業ビルが立ち並ぶ静かな街が広がる。備後町2丁目の綿業会館(国登録)は、東洋紡績株式会社役員の岡常夫の遺言により、1931(昭和6)年に建てられた。かつての大阪の綿業界の繁栄を象徴する、さまざまな室内装飾がみられる。毎月第4土曜日午後2時半から一般公開される。淡路町2丁目の船場ビルディング(国登録)は、1925(大正14)年建造の建築物で、中央部の吹き抜けに回廊がめぐる中庭(パティオ)に特徴がある。

御堂筋を北へ進み、大阪ガスビル(国登録)を西へ入り、つぎの御霊筋で南を向くと、赤い鳥居の立つ御霊神社(「御霊さん」)がみえる。祭神は、天照大神荒魂・津布良彦神・応神天皇・源正霊神(鎌倉権五郎景政公霊)で、北船場西部から西区北部と長堀・南北堀江の西部など、旧摂津国津村郷を氏子地としている。由緒によると、旧社地は、摂津国津村西浜(現、大阪市西区楠永神社内の御霊宮旧跡の碑の辺り)である。

津村は、古くはアシの茂る円形の入江で円江といい、津村の地名は円江の転訛したものである。

御霊神社

津村に産土神をまつる円神祠が建てられていたのが御霊神社の始まりである。豊臣秀吉の大坂城築城後、諸大名の寄進があいつぎ、とくに津和野藩(現、島根県)主の亀井茲矩が屋敷地をさいて寄進し、1594(文禄3)年に、源正霊神を合祀して現在地に遷座した。その後、御霊神社と改称され、大坂城代は巡見のおりに、参詣するのを慣例とした。境内に「文楽座之跡」の碑と御霊文楽座跡がある。

古くから商業金融の中心地の鎮守として、商家からの信仰が篤い。毎年7月17日の夏祭の船渡御(明治時代以降は陸渡御)は、安永年間(1772〜81)に始まり、1月17日の御弓神事、12月7日の火焚神事など、なにわ名物の1つに数えられている。

少彦名神社 ㊶
06-6231-6958

〈M▶P.2,53〉大阪市中央区道修町2-1-8
京阪本線・市営地下鉄堺筋線北浜駅🚶2分、または京阪本線・市営地下鉄御堂筋線淀屋橋駅🚶6分

11月22・23日に神農祭 日本と中国の薬祖神

御霊神社からは通りを2つ北側へ進み、御堂筋を東へ渡るが、北浜駅からは6番出口をあがり、南側へ向かう。途中に黒壁をもつ薬種商コニシ(国登録)があり、今も明治時代の面影を残す。

その南側の交差点を西へ、くすりの道修町資料館のあるビルの横から細い参道を入ると「神農さん」とよばれる少彦名神社がある。

薬種は人命にかかわるものであるため、薬種商らは神の加護によってその家業を正しく遂行しようと「伊勢講」を組織し、天照大神に祈った。その後、1780(安永9)年10月、薬種商らが京都五条天神社から日本の薬祖神少彦名命を勧請し、中国の薬祖神神農氏とともに道修町の和薬種改会所にまつったのが神社の起源である。神農氏は、1673(延宝元)年頃、道修町で開業した名医北山寿安が、中国福建省出身の医師であった父の代からまつっていたものであるという。神農祭は毎年11月22・23日に行われ、病除けのお守り「張子の虎」が配られる。大阪の年中行事が今宮戎神社の十日戎に始まり、この祭で終わるので、「とめの祭」ともよばれる。

伏見町と平野町に挟まれる道修町は、全国的に有名な薬の問屋街で、その歴史は豊臣時代に始まるといわれる。享保年間(1716〜36)、江戸幕府8代将軍徳川吉宗の病を、献じた薬で治したことから、124軒が薬種仲間として公認され、現在の淡路町1丁目に和薬

神農祭

種改会所を設けて，諸国の薬品の薬効を検査する特権を与えられた。現在，この辺りにある製薬会社の大半は薬種仲間から発展したもので，田辺製薬が1678（延宝6）年，小野薬品工業が1717（享保2）年，武田薬品工業が1782（天明2）年に創業しており，ほかにも塩野義製薬，藤沢薬品，大日本製薬，三共製薬，第一製薬など老舗の製薬会社が多い。作家谷崎潤一郎は，この道修町を舞台にした小説『春琴抄』のなかで，薬種商の娘春琴と丁稚（使用人）佐助の愛を描いた。

住友銅吹所跡 ⑫　〈M▶P.3, 53〉大阪市中央区島之内1-6
市営地下鉄長堀鶴見緑地線長堀橋駅・松屋町駅 🚶 5分

住友家のもと本拠地 世界最大規模の銅精錬

長堀橋駅の3番出口から東へ進み，末吉橋の西詰を南へ1筋入ると，ビルの谷間にある小さな公園に，住友銅吹所跡の碑がある。住友家は，伊予国（現，愛媛県）の別子銅山の開発にかかわり，住友銅吹所は，長堀通の埋め立て前にあった長堀川に面して，その南川岸の浜側に，1636（寛永13）年から1876（明治9）年まで操業していた。住友銅吹所は当時，日本の銅精錬業の中心で，世界でも最大級の規模であった。1690（元禄3）年以降には，隣接して住友本家の住宅と本店が存在した。銅吹所閉鎖後の跡地は，住友本家の邸宅と庭園になった。

江戸時代を通じて，大坂は銅精錬業の中心地で，銅は国内で通用する貨幣の原料であると同時に，長崎からの主要な輸出品であった。そのため，生産は江戸幕府の強い統制の下で行われた。

銅吹所跡の西側に隣接するビルの北側壁面には，銅吹所で行われた精錬作業についての絵図の展示がある。ここで用いられた南蛮吹という高度な技術が，長崎から江戸への道中，大坂を訪れたオランダ商館長（カピタン）たちを驚かせた様子などがわかる。

現在の敷地には，南端に銅精錬の窯跡が，東端に大正時代のビリ

住友銅吹所跡の碑

ヤード場にあたる撞球場(どうきゅうじょう)が保存され，市民の憩(いこ)いの場となっている。

地下鉄松屋町駅の上を通る南北の筋は，人形とおもちゃの卸売(おろしうり)で有名な松屋町筋(まつやまちすじ)である。駅の南東部に広がる長屋(ながや)街から谷町(たに)六丁目駅へ通じる空堀商店街(からほりしょうてんがい)の界隈では，古い長屋のある町並みをいかして，住みやすく魅力ある町づくりを進めようと，空堀再生のために，2001（平成13）年に設立された，からほり倶楽部(クラブ)の所在地六波羅真(ろくはらまこと)建築研究室が中心になって，空堀商店街長屋再生プロジェクトに取り組み，つぎつぎと成果をあげている。直木賞の名の由来となった流行作家の直木(なおき)三十五(さんじゅうご)を偲ぶ直木三十五記念館が2階にある「萌(ほう)」は，長堀通沿いの榎木大明神(えのきだいみょうじん)から南に延びるお祓(はら)い筋を1つ東側に向かった桃園(とう)公園(えん)の北側にあり，ほかに蔵と和風2階建て建築を利用した「練(れん)」，長屋建築を利用した「惣(そう)」と，あわせて3つの複合施設（飲食店・服飾店・物販店）が営業している。なお，榎木大明神の横に，直木三十五の文学碑がある。

5 水都大阪の玄関口 港区・大正区・西区

江戸時代初期から「八百八橋」とうたわれる水の都の玄関口。
外国文化や近代産業がいち早く受け入れられ、繁栄した。

天保山 ㊸

〈M▶P.2, 68〉大阪市港区築港3-2
市営地下鉄中央線大阪港駅 🚶 7分

日本で一番低い山　次代をになうベイエリア

海遊館　大阪天保山特設ギャラリー

大阪港駅の2番出口から北へ約300m、交差点から右斜めにロータリーを入って行き、天保山公園の北側角を目指す。天保山は、標高4.53mの二等三角点をもつ日本で一番低い山として有名で、夕日の景観には風情がある。山は1831（天保2）年につくられて以来、大坂町人の行楽地であった。最近、この地域は、集客力のあるベイエリアとして、大きく変貌を遂げた。海遊館や大観覧車、大阪天保山特設ギャラリー、遊覧船サンタマリア、大阪市営の大阪プール、中央体育館、対岸のユニバーサル・スタジオ・ジャパンと北港、ビジネス拠点の南港へと続く。

天保山がつくられた理由は、安治川・木津川の両河口に加え、市内の堀川に堆積した流砂が船の航行の大きな障害となり、また、水害の原因ともなった。そのため、大川浚えを行うことになり、1831年、鴻池・住友・三井などの豪商を始め、裏長屋の借家人に至るまで寄金を集め、各町からの奉仕で、川底の浚渫が翌年末まで大規模に行われた。浚った土砂のほとんどを、高さ

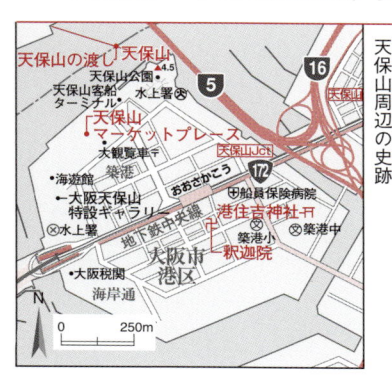

天保山周辺の史跡

68　大阪市中部

大阪食べ物体験

コラム

なにわのくいだおれ体験
江戸時代、大坂は「天下の台所」

京都の着だおれ、大坂のくいだおれという表現は、江戸時代後期から用いられたといわれる。当時、大坂見物の楽しみは、道頓堀の人形浄瑠璃や歌舞伎、堺筋の両替商や大店の店先見物と並んで、天王寺の浮瀬や生玉の西照庵など、料亭での食べ歩きであった。

第二次世界大戦後は、大阪名物くいだおれが人形とともに有名になったが、最近ではキタもミナミも飲食業の激戦区となった。港区の天保山マーケットプレースのなにわ食いしんぼ横丁は関西の食文化を集め、たこ焼きの会津屋、名物カレーの自由軒、オムライスの北極星や大阪みやげのいちびり庵など20軒が入っている。

大阪の食文化は出汁をいかした粉ものといわれる。江戸時代の大坂は多くの食材が集まることから「天下の台所」とうたわれた。蝦夷地(現,北海道)のコンブ、土佐(現,高知県)のカツオ、灘や伊丹の酒、明石(いずれも現,兵庫県)の塩、紀伊湯浅(現,和歌山県)の味噌と溜、龍野(現,兵庫県)の淡口醬油など、調味料にも事欠かない地の利をいかした。コンブとカツオ節で出汁をとり、淡口醬油と味醂でまったりとしたうまみのあるなにわの味をつくりあげた。粉ものとは、たこ焼き・お好み焼き・うどんなど小麦粉を原料とした大阪を代表する料理である。

旨い店をあげればきりがない。1653(承応2)年創業の小鯛雀鮨すし萬、1841(天保12)年創業で3代目が箱寿司を考案した大阪寿司吉野鯗、1907(明治40)年頃10銭で大阪寿司を売っていた名代天扇寿司、きつねうどんの松葉家、うどんすきの美々卯、うどんちりのにし家、関東煮のたこ梅、かに料理のかに道楽、ふぐ料理のづぼらや、くじらの西玉水、洋食屋の明治軒や重亭、夕霧そばの瓢亭、料亭の吉兆や花外楼、鶴橋にある焼き肉の鶴一も見逃せない。

食通だった小説家の池波正太郎は、昼に道頓堀の大黒でかやくご飯を食べ、さの半で赤天(さつま揚げ)を買い、法善寺の夫婦善哉でぜんざいを食べ、晩酌後に、梅田のお初天神界隈にある焼売の阿み彦やおでんの常夜灯をめぐるのがお気に入りだったという。

「ほな、みなさん、よろしゅうおあがり」。

なにわ食いしんぼ横丁

約18mも積みあげ、船舶航行の目印として高灯籠を立てて、目標山とよんだ。その後、蓬莱山にたとえて天保山とよび、サクラを植え、茶店を設けた。「天保山百景」と名づけて、冬の雪見、夏の遊船、和歌・俳諧の集まりなどで賑わったが、1854(安政元)年天保山沖にロシア軍艦ディアナ号が入港した騒動の後、各藩が警備することとなり、要害の地として、1864(元治元)年に砲台が築かれた。

　1868(慶応4)年、明治天皇の大坂行幸の際に、日本最初の観艦式が行われたことを記念して、「明治天皇観艦之所」の碑が立つ。また大阪港築港の功労者、6代大阪府知事西村捨三の銅像もある。

　大阪港駅4番出口から、南東方向へ徒歩約3分の所にある築港高野山釈迦院(真言宗)は、摂津国八十八カ所第30番霊場で、境内には大阪四不動西方霊場などのほか、浪曲塔や古代の船発掘の碑、ソ連船火災などの殉難者慰霊碑や像もある。築港南公園東にある港住吉神社は、1842(天保13)年、天保山上に建てられたが、砲台築造後は、天保山完工記念の碑とともに、現在地に移転した。

河村瑞賢紀功碑 ❹

〈M▶P.2,78〉大阪市西区安治川1-1
市営地下鉄中央線九条駅 🚇12分

地下鉄九条駅4号出口から北へ約500m進み、安治川沿いの国津橋バス停を目指す。川沿いには大坂城の残念石(城の石垣用であった残石)でつくられた河村瑞賢紀功碑がある。東廻り海運(航路)・西廻り海運(航路)の整備で有名な河村瑞賢は、1684(貞享元)年、治水の専門家として、江戸幕府の命を受け、それまでたび重なる淀川洪水のため、被害が絶えなかった九条村内に川を開削した。川ができたことにより、氾濫する淀川の水が直接海に導かれ、村の一部が分かれて西九条となった。新しい川(新川)は、この地が安らかに治まるようにと、安治川と名づけられた。隣には、もとの川を記念して、古川跡の碑が建てられている。

　地下鉄九条駅へ戻る途中、本田3丁目バス停から南へ約100m入ると、本田公園東側に竜宮造の表門をもつ霊亀山九条院(黄檗宗)がある。ここは、後水尾法皇の師僧龍渓禅師が、1670(寛文10)年、大暴風雨のおりに、坐禅のまま入寂した所で、人びとは「九条の人柱」といって、その死を悼んだ。

安治川の開削者竹林寺に朝鮮通信使の韓人墳

河村瑞賢紀功碑

九条は，寛永年間(1624〜44)，江戸幕府の役人香西哲雲が，この地の池山新兵衛の協力を得て開発した所で，香西の知人で，幕政に関与した儒者林羅山が，衢攘島と命名したという。九条院から東へ約500mの松島公園北側に，竜宮造の鐘楼門をもつ竹林寺(浄土宗)がある。江戸時代，ここは香西の菩提寺で，境内には韓人墳がある。1764(明和元)年，第11回目の朝鮮通信使の一員で，大坂で亡くなった金漢重と崔天宗の墓である。公園内には，通信使の碑も建てられている。

竹林寺から南西方向に進み，みなと通りの西側で九条新道(ナインモール九条)の手前にある茨住吉神社(祭神底筒男命・中筒男命・表筒男命・息長足媛命)は，池山新兵衛の勧請により，地域の氏神としてまつられたもので，境内には，衢攘島当初からあるとされるクスの大木が聳える。神社南側の九条新道交差点南側には，大阪市電創業の地の碑が立つ。

近代紡績工業発祥の地 ⑮

〈M▶P.2,78〉大阪市大正区三軒家東2-12
JR大阪環状線大正駅🚶12分

東洋のマンチェスターの始まり　平尾界隈はリトル沖縄

大正駅から，銀屋根の京セラドームを北側にみて南へ約600m進み，消防署泉尾出張所を越えて東へ入り，さらに200mほど進むと，三軒家東小学校南側の三軒家公園南西角に，近代紡績工業発祥の地の碑がある。昭和時代初期の大阪は，「東洋のマンチェスター」とよばれる，日本の繊維工業の中心地であった。明治時代初期の紡績業は家内工業に頼っていたが，安価で良質な外国産の綿糸には対抗できず，新政府は，西洋式紡績業の発展を促進させた。実業家渋沢栄一らは，1883(明治16)年に大阪紡績会社(現，東洋紡績株式会社)を，資本金28万円・錘数1万5000の規模で発足させた。これは会社組織による紡績事業の草分けであった。三軒家紡績ともよばれ，動力には蒸気を用い，利益優先のために機械を止めず，夜業に用い

水都大阪の玄関口港区・大正区・西区

近代紡績工業発祥の地の碑

る「ひもランプ」（自家発電による電気ランプを3000個天井から吊るしていた）が珍しがられて，創業3日間に5万人が夜間見学に押し寄せた。

三軒家東小学校の北約50mの所にある八坂神社境内には，中村勘助源義久彰徳碑と中村勘助之碑がある。中村勘助は，1610（慶長15）年，三軒家辺りに豊臣家の軍船繋ぎ場を建設するにあたり，水路の整備に努めた。また1630（寛永7）年，水運の便を図るため，木津川の川浚えを行った。さらに，1647（正保4）年，工事の安全と住民の福祉を祈って，八坂神社を勧請した。その後，姫島とよばれていたこの一帯は，勘助島とよばれた。

　この周辺の地名を泉尾というのは，元禄年間（1688〜1704）に和泉距尾村の北村六右衛門によって，泉尾新田が開かれたからである。三軒家公園から表通りの大正通へ戻る途中の了照寺（浄土真宗）は，北村六右衛門が建てた寺で，北村夫妻の木像が安置されている。

　大正駅から南へ続き，大正区の中心を南北に走る大正通を南に向かい，平尾バス停を東側へ行き，平尾本通商店街に入る。この界隈はリトル沖縄とよばれ，第二次世界大戦前から沖縄出身者が出稼ぎで移住した所である。商店には，沖縄料理に欠かせないゴーヤーや豚肉・揚げドーナッツのサーターアンダギーなどが並ぶ。つぎに大正通を北へ戻り，小林バス停を東に入る。図書館と物産店とを併設する関西沖縄文庫では，三線教室や島歌ライブも開催される。

木村蒹葭堂邸跡 ㊻　〈M▶P.2,78〉大阪市西区北堀江4-3
市営地下鉄千日前線・長堀鶴見緑地線西長堀駅🚶1分

大坂随一の町人学者
和光寺は堀江新地の拠点

　地下鉄西長堀駅の7B出口をあがると，大阪市立中央図書館の南東角に，木村蒹葭堂邸跡の碑がある。実際の跡地は，約120m西側と伝えられている。蒹葭堂は，堀江の裕福な酒造家に生まれ，名は

大阪の渡し船

コラム

時が止まったような数分間　水都大阪の名残り

　時代劇でよくみかける渡し船は、モータリゼーションが発達した現代においても、姿をかえて多くの人びとの日々の重要な交通手段として活用されている。対岸の船着場に着くまでの、細かく輝く水面、川岸の工場、往き交う小船、空をとぶ水鳥など、水辺の風景にしばし心を奪われる。

　2006(平成18)年現在、大阪市内には8カ所の渡船場がある。地域は、港区の1カ所(天保山渡船場)以外、7カ所(甚兵衛・千歳・落合上・落合下・船町・千本松・木津川)が大正区にある。これらが残っている理由は、相当大きな船舶が通行する河川では、橋を架けることができないために、両岸交通を支障なく行うためである。

　渡船の運営は、大阪市の建設局管理が7カ所、港湾局管理が1カ所(木津川渡船場)で、運賃はすべて無料である。休航は建設局では1月1日で、港湾局では1月1〜3日である。

　古来、水の都とよばれた大阪には、数多くの河川がある。渡し船の営業は一説によれば、万治〜貞享(1658〜1688)年間の頃まで遡り、民間で代々家業とされてきた。1891(明治24)年に、大阪府が渡船営業規則を定めて、監督・取締りを行うようになり、1907(明治40)年には、安治川・尻無川および淀川筋の29渡船場を市が管理する請負制となり、渡し銭を徴収していた。1920(大正9)年に旧道路法が施行されて、渡し銭は無料となり、1932(昭和7)年以降は、市の直営方式となった。その後は橋梁架設など、道路施設の整備によってしだいに廃止され、とくに1945(昭和20)年の戦災により、多くを失った。1948年には15カ所で再開されたが、戦後の道路交通網の発展により、しだいに減少していった。1676(延宝4)年頃に開かれた平田の渡しなど、かつての渡し場跡には、顕彰碑などが建てられている。

　また渡し船ではないが、安治川には、建設局管理の隧道(河底トンネル)がある。これは、もとあった源兵衛渡しの交通量がとくに多かったために建設されたもので、エレベーターで昇降できる。かつては自動車も通行できたが、現在は、人と自転車のみである。

天保山渡船場と対岸のユニバーサル・スタジオ・ジャパン

水都大阪の玄関口港区・大正区・西区

木村蒹葭堂邸跡の碑

孔恭、通称坪井屋吉右衛門、号は巽斎という。井戸から出た古い葭根にちなんで、蒹葭堂と名づけた。幼い頃から好学多芸で、11歳で片山北海に漢学を学び、のち師片山北海が創立した混沌誌社に加わった。絵は狩野派の大岡春卜と池大雅に学び、小野蘭山に学んだ本草学(博物学)には精通し、オランダ語も得意であった。博識と本草の標本・典籍・書画・骨董などの収集で知られ、東西の文化人や諸外国人まで来坂時には蒹葭堂邸を訪れたという。江戸時代、蒹葭堂といえば物知りの代名詞になるほど、大坂随一の町人学者として広く名を知られていた。

中央図書館の西側には、土佐稲荷神社がある。江戸時代、ここにあった土佐高知藩蔵屋敷の鎮守社で、夜ザクラの名所であった。1868(慶応4)年の堺事件の関係者20人が、幕府の命令で切腹の順序を決めるくじを引いた場所である。堺事件とは、1868年2月15日に堺港に上陸したフランス軍水兵を、警備していた土佐藩兵が殺傷したため、フランス公使ロッシュが明治政府に対し、殺害者の斬首と賠償金15万ドルの支払いを要求し、2月23日、堺の妙国寺で刑が執行されたが、11人が切腹したところで、止められた事件である。また幕末に、藩は名産の紙・鰹節などの品物を、ここにおいた土佐商会に専売させ、その事業を、1870(明治3)年に岩崎弥太郎が運輸業の九十九商会として引き継いだ。現在の三菱グループの前身である。神社東側のマンション前に、岩崎邸址の碑がある。

西長堀駅の5番出口から東へ1区角進むと、蓮池山智善院和光寺(浄土宗)があり、境内に阿弥陀池がある。和光寺は、1698(元禄11)年の堀江新地開発のとき、智善上人が善光寺(長野県)本尊出現の地として建立した。広大な境内には、寄席・芝居・見世物小屋が常設された。富くじ興行や植木市も有名で、おおいに賑わいをみせた。現在、池の畔には其角句碑などとともに、実験生理学の祖伏屋素

狭の碑や、隠れキリシタンが密かに礼拝したとの説がある織部灯籠がある。

間長涯天文観測の地 ㊼

〈M▶P.2,78〉 大阪市西区北堀江2
市営地下鉄長堀鶴見緑地線西大橋駅 ㊩ 2分

寛政暦の完成者伊能忠敬を支援

地下鉄西大橋駅3号出口から出て、信号を渡らずに階段脇をすぐに西へ進む。ビル街にあって、この周辺だけ幅広く、東西に空が開けている。長堀通の中央にあるグリーンプラザの小径に沿って蛇行して進むと、かつて長堀川に架かっていた富田屋橋の顕彰碑がある。間長涯天文観測の地の碑は、橋の碑の近くの南側の緑地内に立っている。

間長涯は、名は重富、長涯は号で、1756(宝暦6)年に富田屋橋北詰で生まれた。長涯は質屋の当主十一屋五郎兵衛として家業を営むかたわら、天文学を麻田剛立の塾先事館で学んだ。師の剛立は、ケプラーの第3法則を独学で発見した人物で、1795(寛政7)年に幕府から改暦の依頼を受け、門下から高橋至時と長涯を幕府天文方へ派遣し、高橋らは3年で寛政暦を完成させた。この功績により、幕府から2人を直参に取り立てる話があったが、長涯は辞退して帰坂した。天文観測は自宅の蔵の上に櫓を組んだり、富田屋橋上で行われた。その際には、幕府が高張提灯をめぐらせて、橋を通行止めにした。

長涯は、天文方となった高橋至時とその子景保・渋川景佑を助け、至時の弟子の伊能忠敬に測量技術と器械を伝え、日本地図の作成におおいに貢献した。また、長涯は、のちの大坂蘭学の中心人物となる橋本宗吉の学資援助などをした。1816(文化13)年に61歳で没するが、その事業は子の重新に伝えられ、重新は、1819(文政2)年6月22日に、第2彗星を観測した。西欧よりも10日早い観測であった

間長涯天文観測の地の碑

が，鎖国中のため，世界には認められなかった。偶然にも，長涯と重新の天文観測の地から東へ約400mの所に，1937(昭和12)年に東洋初のプラネタリウムを導入した市立電気科学館が開かれた。のち，1989(平成元)年に，市立科学館が中之島に開館されて，その伝統は引き継がれた。

雑喉場魚市場跡 ㊽ 〈M▶P.2,78〉大阪市西区江之子島1-8
市営地下鉄中央線・千日前線阿波座駅 4分

大坂三大市場の1つ 川口居留地を望む大阪府庁

阿波座駅10番出口を出て，北へ行き2つ目の信号を西へ入った突き当りに，雑喉場魚市場跡の碑がある。この地は古くは鷺島とよばれた砂洲で，漁船の出入りの便がよく，元和年間(1615〜24)に魚市が立ち，堂島米市場・天満青物市場を加え，大坂三大市場とよばれた。「ザコバの朝市」は，大阪名物の1つとして親しまれ，1931(昭和6)年，大阪市中央卸売市場に吸収・合併されるまで，活況を呈した。

また，この付近はかつて諸運河が入り組んだ地帯で，その跡を示す記念碑が多い。駅から約50m南側の薩摩堀公園には，薩摩屋仁兵衛の開いた薩摩堀川跡の碑があり，駅北西側の西郵便局前に，阿波堀川跡，その北西約150mのマンション南東植込みに，京町堀川跡，また法務局西出張所北側のマンション南西植込みに，江戸堀川跡の碑がある。いずれも防潮堤工事や都市計画により，姿を消した水路の歴史を刻む。

木津川橋東側，もと府立産業技術総合研究所の前庭に，旧大阪府庁跡の碑がある。府庁は，1874(明治7)年に東横堀から川口居留地を望むこの地に移転し，1926(大正15)年までの半世紀にわたり，府政の中心地となった。庁舎は，中央にドームのある府内最初の

雑喉場魚市場跡の碑

洋式建築物で, 府民は「江乃子島政府」とよんだ。造幣寮のイギリス人技師ウォートルスの設計で, 今も天満に残る泉布観につぐ大阪の本格的な洋式建築物であった。木津川橋から東へ約50mの自動車販売店前に, 大阪市役所江之子島庁舎跡の碑がある。1889年, 大阪市が誕生し, 市制特例により, 市長は府知事が兼務した。市役所は府庁内におかれたが, 特例の廃止により1899年, 府庁北側に新しく市役所が建てられ, 1912年, 堂島庁舎に移転するまで市政が執られた。また, 府庁跡の約50m西側の木津川沿いには, かつて大阪天満宮天神祭で, 渡御船が上陸した天満宮神幸御上陸地の碑が立っている。

川口居留地跡 ㊾　〈M▶P. 2, 78〉 大阪市西区川口1-5
市営地下鉄中央線・千日前線阿波座駅🚶8分

大阪の文明開化の窓口 ミッション系学校の発祥地

大坂が「天下の台所」といわれた江戸時代, 川口は船番所・船蔵や船奉行所などがおかれ, 安治川や木津川の下流から, 中之島方面へ向かう船を監視する海の関所だった。明治政府は, 1868(慶応4)年7月15日に, この地を外国貿易のために大坂港として開港し, 川口運上所(税関)を開いた。その記念碑は, 西区川口2丁目の大阪税関富島出張所前にある。

また, 川口居留地跡の碑が本田小学校北西角にある。明治政府は, 1868年にこの地に外国人居留地を造成し, 大阪の文明開化はここから広まった。敷地内は日本の法律がおよばない治外法権とされ, イギリス・アメリカ・ドイツ・フランス・オランダ・ベルギーなどの外国人が居住した。歩道と車道が区別され, 街路樹とガス灯が設置され, 洋式建築が立ち並んだ。また, 居留地の周囲に, 日本人と外国人の雑居地が認められ, 主として中国人が住んだ。しかし, 川口は大型船舶の出入りに不便であったため, 1875(明治8)年頃までに, 外国商人らは神戸居留地(現, 兵庫県神戸市)へ移転し

川口居留地跡の碑

水都大阪の玄関口港区・大正区・西区

川口居留地周辺の史跡

た。さらに1899年，安政の五カ国条約の改正により，居留地制度が廃止され，また，天保山に新しい大阪港が完成した。

その後，川口に残った外国人は，宗教や教育の活動家で，キリスト教会とそれに付属した学校・病院などが設けられた。布教者たちは，当時の日本が男尊女卑であることをみて，女子教育に尽力した。平安女学院・プール学院・大阪女学院・大阪信愛女学院・梅花学園やバルナバ病院などは，いずれも川口を発祥とする。

　現在，異国情緒の面影を残すのは，赤レンガ造りの日本聖公会の川口基督教会だけである。英国国教会の流れを汲むこの教会は，1881(明治14)年に設立され，居留地廃止後の1920(大正9)年に，現在の礼拝堂(国登録)が建設された。1995(平成7)年1月17日の阪神・淡路大震災では，塔が倒れ，礼拝堂も被害を受けたが，復元された。

中天游邸跡 ㊿　〈M▶P. 2, 78〉大阪市西区 京町堀2-9
市営地下鉄中央線・千日前線阿波座駅 7分

適塾の緒方洪庵の師／ヴォーリズ設計の大阪教会

　反骨のジャーナリスト宮武外骨ゆかりの地の碑が，阿波座駅1番出口から，あみだ池筋を北へ約500m進んだ土佐堀2丁目交差点の南東角に立つ。宮武は，1901(明治34)年に『滑稽新聞』を創刊し，約8年間にわたり，地方権力の腐敗を告発し続けて，評判となる。のち，1927(昭和2)年に，東京帝国大学法学部に明治新聞雑誌文庫を創設した。

　土佐堀2丁目交差点から，あみだ池筋を南に進み200mほど行った所で，花乃井中学校の南側角を東へ入ると，江戸堀中公園南東角に中天游邸跡の碑がある。天游は，23歳から江戸で古賀精里に儒学を，大槻玄沢の芝蘭堂で蘭方医学を学び，京都で芝蘭堂四天王の1人，海上随鷗(稲村三伯改め)から教えを受け，1817(文化14)年に35歳のとき，この地で開業した。思々斎塾という蘭学塾を開き，みずからもエレキテルの研究家橋本宗吉の絲漢堂に出入りして，師の晩年の世話もした。のちに適塾を開いた緒方洪庵は，1825(文政8)年から1831(天

中天游邸跡の碑

水都大阪の玄関口港区・大正区・西区

保2)年に江戸に出るまでの5年間,中之島の備中(現,岡山県)足守藩の蔵屋敷から,思々斎塾に通ったという。

　この碑から東へ,広いなにわ筋まで出て100mほど南進すると,靫公園が左右にみえてくる。公園南側の靫本町1丁目交差点から信濃橋交差点へ向かう。大塩平八郎終焉の地の碑は,その中間辺りの天理教飾大分教会前に立つ。大塩父子が亡くなった更紗屋の美吉屋五郎兵衛宅離れは,北側にある靫本町の石本ビルと新紅ビルにあたる。

　再び,なにわ筋を土佐堀通まで北進し,土佐堀1丁目交差点を東へ入ると,日本高等学校野球連盟の前を通り過ぎ,日本基督教団の大阪教会(国登録)の前に出る。1874(明治7)年に,アメリカ人宣教師ゴルドンによって創設された教会で,1922(大正11)年にヴォーリズの設計で教会堂が建てられた。そのまま東へ進むと,左手に金光教玉水教会(国登録),右手に江戸時代の国学者頼山陽生誕地の碑があり,直進すると地下鉄淀屋橋駅に至る。

Ōsakashi Nanbu 大阪市南部

祭りで賑わう住吉大社太鼓橋

万部おねり

◎大阪市南部散歩モデルコース

1. 阪堺電軌上町線東天下茶屋駅 _6_ 阿倍王子神社 _2_ 安倍晴明神社・もと熊野街道の碑 _4_ 松虫塚 _6_ 正円寺・聖天山古墳 _7_ 阿倍寺塔心礎（天下茶屋公園） _1_ 安養寺 _3_ 天下茶屋跡 _1_ 天神ノ森 _6_ 阿部野神社 _ _ 阪堺電軌阪堺線天神ノ森駅

2. 南海本線住吉大社駅 _1_ 住吉公園・高灯籠 _1_ 住吉大社 _3_ 生根神社 _13_ 荘厳浄土寺 _8_ 住吉行宮跡 _ _ 阪堺電軌阪堺線細井川駅 _1_ 阪堺電軌阪堺線安立町駅 _4_ 籔松原の石碑 _3_ 住之江駅筋バス停 _4_ 加賀屋新田会所跡 _4_ 住之江駅筋バス停 _2_ 南海本線住ノ江駅

3. JR関西本線平野駅 _6_ 馬場口地蔵 _1_ 大念佛寺・幽霊博物館 _3_ 町家博物館・今野家 _3_ 長寶寺 _3_ 平野映像資料館 _3_ 新聞屋さん博物館 _1_ 全興寺（小さな

①松虫塚
②聖天山古墳
③天下茶屋跡
④阿倍王子神社
⑤北畠顕家卿之墓
⑥住吉大社
⑦住吉行宮跡
⑧大依羅神社
⑨加賀屋新田会所跡
⑩長居公園
⑪酒君塚古墳
⑫馬場口地蔵
⑬大念佛寺
⑭平野町ぐるみ博物館
⑮長寳寺・全興寺
⑯平野郷樋尻口門跡
⑰含翠堂跡
⑱杭全神社
⑲平野環濠跡
⑳畠山政長墓所
㉑奥田邸
㉒長原古墳群

駄菓子屋さん博物館・平野の音博物館)_1_和菓子屋さん博物館_4_平野郷樋尻口門跡_4_へっついさん博物館_1_含翠堂跡_6_杭全神社(鎮守の森博物館・平野環濠跡の碑)_4_平野郷民俗資料館_2_余慶橋_2_坂上広野麿墳墓の碑_13_畠山政長墓所_1_東之坊(正覚寺遺蹟の碑)_4_旭神社_9_JR平野駅_5_JR関西本線加美駅_1_くらしの博物館_1_奥田邸_2_JR加美駅

1 「すみよっさん」と熊野詣

大阪で唯一の路面電車が走る町並みには，住吉大社を始め，歴史的にも由緒のある寺院や神社が数多く点在する。

松虫塚 ❶ 〈M ▶ P. 82, 85〉大阪市阿倍野区松虫通1-11
阪堺電軌上町線松虫駅 🚶 3分

伝説に彩られた史跡
世阿弥作の謡曲の舞台

　阪堺電軌上町線天王寺駅前駅から，大阪で唯一の路面電車阪堺電軌上町線に乗り，約5分で松虫駅に着く。ここから線路に沿って南へ200mほど行くと，松虫通（木津川平野線）とよばれる幹線道路に出る。そこを西に折れてすぐの所に，樹齢約800年といわれるエノキの大木が聳え立っている。この老木に包まれるように，松虫塚がある。

　後鳥羽上皇に仕えた松虫と鈴虫の2人の官女は，法然上人の念仏に発心する。法然が土佐（現，高知県）に配流されたときに嘆き悲しんだ松虫が，庵を結び，隠棲した所が松虫塚であると伝えられている。また，『摂陽群談』や世阿弥作の謡曲「松虫」には，「2人の旅人が阿倍野の松原を通ったが，松虫の声がおもしろく聞こえてきた。1人がその音を慕って，探しに行ったまま死んでしまった。そのため，もう1人が，その亡骸を埋め，松虫塚と名づけた」とある。松虫塚については，ほかにも「琴の名手」「松虫の次郎右衛門」などの伝説が残っている。

松虫塚

聖天山古墳 ❷ 〈M ▶ P. 82, 85〉大阪市阿倍野区松虫通3-2
阪堺電軌上町線松虫駅 🚶 8分

　松虫塚から西へ，大阪市が史跡と史跡を結ぶプロムナードとして整備している「歴史の散歩道」に沿って400mほど行くと，松虫中学校西側山手の聖天山とよばれる小高い丘に着く。この聖天山に，

「天下茶屋の聖天さん」で有名な<u>正円寺</u>(真言宗)がある。数十段の石段をのぼると、老樹の茂る静かな境内に至る。上町台地西端の丘陵に位置する正円寺は、939(天慶2)年に阿倍寺の1坊として、阿倍野村(現、阿倍野区)に創建され、元禄年間(1688〜1704)に現在地に移された。秘仏の大聖歓喜天像をまつる。

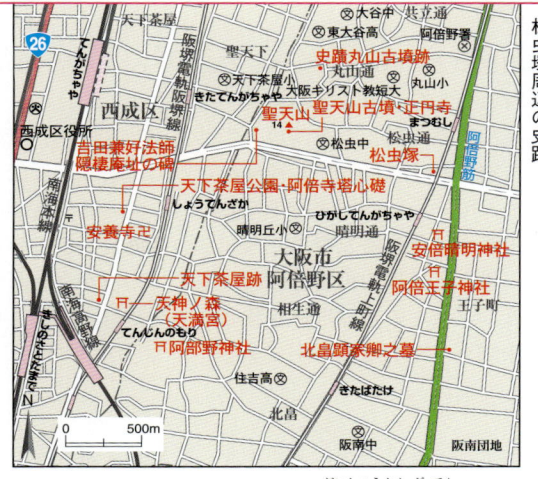

松虫塚周辺の史跡

阿倍野古墳群 数少ない市内現存の古墳

　正円寺に続く聖天山公園内に、<u>聖天山古墳</u>がある。現在、墳丘の裾周りを石垣で囲んであり、大きなクスが茂っているが、本来は直径十数m、高さ3m程度の規模の円墳であった。1951(昭和26)年、土取りの際に石室がみつかり、埴輪・土器・直刀・馬具などが出土した。古墳時代後期の6世紀頃の築造と推定される。

　聖天山古墳から北へ100mほど進むと、三差路にぶつかる。そこから東西に延びる道を東に100mほど行くと、道路右手に<u>史蹟丸山古墳跡</u>の石柱が立っている。かつて丸山古墳の頂には、石塔2基が安置され、墳丘には老松が茂り、西側には濠の跡もみられたという。1913(大正2)年に採掘され、石棺や多くの副葬品が発見された。その南東にあった柘榴塚からも、土器・刀剣・馬具などが出土した。正円寺の表参道西側の慈覚大師作「大聖歓喜天」の門標の台石は、

聖天山古墳

「すみよっさん」と熊野詣　　85

柘榴塚出土のものといわれ，『徒然草』の作者吉田兼好が使用した藁打石としても有名である。

　丸山古墳のあった丘陵地一帯は丸山とよばれ，兼好法師が山城国の吉田（現，京都市）から戦乱をさけて隠棲したと伝えられ，藁打石と並んで「吉田兼好法師隠棲庵址」の碑も建てられている。なお，正円寺が位置する丘陵は，西向きの前方後円墳の可能性があり，辺り一帯には聖天山古墳を始め，多くの古墳が存在したと推定されている。これらの古墳群を総称して，阿倍野古墳群というが，ほとんど未調査で，実態は不明である。

天下茶屋跡 ❸　〈M▶P. 82, 85〉大阪市西成区岸里東2-10　阪堺電軌阪堺線天神ノ森駅 🚶 2分

豊臣秀吉ゆかりの地
武野紹鷗と茶の湯

　聖天山から松虫通を西へ歩き，阪堺線を越えると，岸里東1丁目交差点がある。ここを南北に走る通りは，「もと住吉街道」（紀州街道）とよばれており，かつて豊臣秀吉が，住吉大社に参詣した道筋だという。この道を南へ100m余り歩くと，右に天下茶屋公園，左に安養寺（浄土宗）がある。天下茶屋公園内には，阿倍寺塔心礎（府文化）が保存されている。

　阿倍寺は阿倍野区松崎町2丁目付近にあった，奈良時代前期の創建と考えられる寺院である。塔心礎は長く現地にあったが，大阪砂糖取引所理事長高津久右衛門の所有となり，現在地に移された。ここは高津の旧居住地で，第二次世界大戦後は大阪市に寄贈され，天下茶屋公園となった。また，十返舎一九の『東海道中膝栗毛』にも登場する「是斎屋の和中散」として知られる近江（現，滋賀県）の薬問屋是斎屋が薬屋を開いていた所でもあり，公園東口横に是斎居跡の石碑が立っている。

　安養寺は，1689（元禄2）年に創建され

天下茶屋跡

た尼寺で，境内には，狂歌師鯛屋貞柳（油縁斎）手植えのヤナギを始め，江戸時代末期の名力士猪名川の墓，近松門左衛門作の浄瑠璃「心中天網島」に登場する紙屋治兵衛の妻おさんの墓，寛政年間（1789～1801）の狂歌師佐藤魚丸の墓などがある。蝙蝠軒と号した魚丸の墓石は，境内の奥まった無縁塔にまじっているが，かすかに「蝙蝠軒」と判読できる文字が刻まれている。

安養寺から南へ250mほど行くと，左手に鬱蒼とした天神ノ森（天満宮）がある。菅原道真をまつった神社であるが，かつて茶人千利休の師武野紹鷗が茶室を構えた所で，「紹鷗ノ森」ともよばれている。境内には，産婦守護・出産安易の霊験がある子安石がある。地元では子安天満宮・子安天神として知られ，豊臣秀吉も淀殿懐妊のときに，安産祈願をしたといわれる。

また，道路を挟んだ向かい側には，天下茶屋跡の碑がある。豊臣秀吉が堺や住吉大社参詣の途中，武野紹鷗居住の天神ノ森にしばしば立ち寄り，茶を楽しんだ所といわれる。天下茶屋の名は，「殿下茶屋」が転訛したものという。ここには茶に適した名泉があったが，第二次世界大戦の戦災で焼失した。今は，土蔵と古木が残されているにすぎない。

天下茶屋跡から南に100mほど進み，「歴史の散歩道」に従って東に曲がると，石段がある。住宅地の中に，木立に囲まれて鎮座する阿部野神社がある。1882（明治15）年に創建され，南北朝時代に南朝方として活躍した，北畠親房・顕家父子をまつる。

阿倍王子神社 ❹
06-6622-2565
〈M▶P. 82, 85〉 大阪市阿倍野区阿倍野元町9-4 Ｐ
阪堺電軌上町線 東天下茶屋駅 🚶 6分

大阪府内唯一現存の王子社
安倍晴明ゆかりの神社

松虫塚まで戻り，阪堺電軌の線路に沿って，阿倍野筋を南へ100mほど進むと，東天下茶屋駅に着く。駅から東に60mほど進むと，阿倍野保名郵便局のある四つ角に出る。そこを南に100mほど進むと，阿倍王子神社がある。仁徳天皇の創建とも，昔，この地を本拠とした阿倍氏の創建ともいわれる。826（天長3）年，疫病が流行したとき，弘法大師空海が勅命により祈禱したとの記録もあり，大阪府内で唯一の，旧地に現存する王子社として貴重である。社殿は，鉄筋コンクリート造り・銅板葺き屋根で，熊野本宮大社（和歌

阿倍王子神社

山県田辺市)本殿の証誠殿を模している。

中央区安土町には，石清水八幡宮分社があったが，1907(明治40)年に，京都の男山(石清水)八幡宮に合祀された。王子神社の社務所左手の石碑には，八幡宮の由来と合祀の事情が記されている。また，本殿東側には，屋根を連続させて，末社の安倍晴明神社と関係の深い葛之葉稲荷神社がある。

阿倍王子神社から北へすぐの所に安倍晴明神社がある。平安時代中期の天文博士安倍晴明をまつる。晴明は従四位下，内裏の陰陽寮に属する陰陽師で，近年は小説や映画にも取り上げられ，注目されている。晴明は，944(天慶7)年(一説に921年)3月辰の日辰の刻に，当地で誕生したと伝えられる。当地に所領100町歩をもち，1005(寛弘2)年9月26日に没したという(当社の例祭日)。

旧社殿は1007年，一条天皇の創建とされており，1925(大正14)年に現在の社殿が再興されたが，2005(平成17)年9月の安倍晴明公一千年祭に際し，改築された。また，当地は「恋しくば　尋ね来て見よ　和泉なる　信太の森の　うらみ葛の葉」の古歌で有名な，竹田出雲作の浄瑠璃「芦(蘆)屋道満大内鑑」の葛の葉子別れの地としても知られている。

阿倍王子神社に面して，ほぼ南北に延びる，静かで落ち着いた道筋は，かつて熊野街道とよばれた古道の一部で，平安時代から鎌倉時代にかけて，「蟻の熊野詣」で知られる熊野信仰が盛んであった頃に，熊野詣の往復に使われた道である。

大坂の八軒家(現，中央区北浜東)から上町台地をたどって，天王寺・住吉・堺と過ぎ，泉州を南下して紀伊路に入り，熊野三山に達していた。街道筋には，99カ所の王子(九十九王子)とよばれる遙拝所があった。しかし，江戸時代にはさびれ，阿倍王子神社付近に，わずかに往時の面影をとどめているにすぎない。神社西入口に，も

と熊野街道の碑が立っているが、住吉区内を始め、大阪市内各所の旧街道沿いに、熊野街道を顕彰する説明板も設置されている。

北畠顕家卿之墓 ❺

〈M▶P. 82, 85〉大阪市阿倍野区王子町3-8
JR大阪環状線天王寺駅🚌住吉車庫前行北畠公園前🚶すぐ

南北朝時代の武将 阿部野神社の祭神

阿倍王子神社の東側にある阿倍野筋を200mほど南に行くと、道路東側に、「北畠顕家卿之墓」の石柱が建てられており、その横に北畠公園が広がる。この公園内に、阿部野神社祭神の北畠顕家卿之墓(府史跡)がある。顕家は、父の親房とともに後醍醐天皇に仕え、1333(正慶2・元弘3)年陸奥守となり、奥州平定にあたった南北朝時代の武将である。『太平記』には、「暦応元(1338)年五月二十二日和泉の境阿倍野にて討死し給いければ」とあり、この地は、顕家が20余騎の手兵で、足利尊氏配下の高師直率いる1万8000人の大軍を迎え撃ち、21歳で戦死した場所と伝えられている。しかし、実際の戦没地は堺の南の石津原(現、堺市堺区)で、石津川の岸に墓がある。公園内の墓は二重台石に伏亀をおき、高さ120cm・幅33cmの竿石を載せたもので、京の儒学者並川誠所によって、1733(享保18)年に建てられた。大名塚とよばれたと伝えられる。

住吉大社 ❻
06-6672-0753

〈M▶P. 82, 92〉大阪市住吉区住吉2-9-89 Ｐ
南海本線住吉大社駅・阪堺電軌上町線住吉公園駅・阪堺電軌阪堺線住吉鳥居前駅🚶1分

大阪市内唯一の国宝建築 大鳥居と太鼓橋

南海本線住吉大社駅で降りると、駅のすぐ西側が住吉公園である。1873(明治6)年、太政官布告によってつくられた大阪府内最古の公園で、もとは住吉大社の馬場であった。東入口すぐの公園中央の歩道南側に、「升買て 分別かは流 月見可難」の松尾芭蕉の句碑がある。1694(元禄7)年、住吉神社(現、住吉大社)の「宝の市」に参詣したときに詠んだ句で、この大坂への旅が、芭蕉の生涯最後の旅となった。

住吉公園を西に進むと、国道26号線に出る。この国道の西に巨大な石灯籠がみえる。高灯籠とよばれ、鎌倉時代末期に、問丸(海運業者)が住吉大社に奉献した、日本最古の灯台である。1974(昭和49)年に、もとの場所から、約200m東の現在地へ移して、昔の姿そ

高灯籠　　　　　　　　　　　　　　　　　　　　　住吉大社太鼓橋

のままに復元したものである。

　住吉大社駅の東側すぐの所に、摂津国一宮として知られる住吉大社の大鳥居がある。住吉大社は、全国2000余社の住吉神社の総社で、底筒男命・中筒男命・表筒男命・息長足姫命（神功皇后）をまつる。『日本書紀』『古事記』に伝える神功皇后の新羅征討のときに、筒男3神があらわれ、海上安全や武運などを祈って、この地にまつったのが始まりといわれ、神功皇后の孫にあたる仁徳天皇のときに、この地に遷されたともいう。在地の豪族津守氏が、神官として奉斎し、神功皇后を祭神に加えた。奈良時代には、遣唐使の発遣に際して、朝廷より奉幣があり、海上の無事を祈る海の神として、『延喜式』の祝詞や『万葉集』の歌に名が残る。さらに、平安時代以降は、和歌文学の神としても崇敬を集めた。1951（昭和26）年に、住吉神社から住吉大社に改称された。

　大鳥居をくぐると、住吉大社の象徴、太鼓橋（反橋）に着く。明治時代以前は神輿のみ通行が許されたが、現在はこの橋を参拝者が渡るだけで祓除になるといわれる。作家川端康成は『反橋』の中で、「上るよりもおりる方がこはいものです」と書いた。現在の石の橋脚は、慶長年間（1596～1615）に淀殿が奉納架替したものである。また、表参道を始め境内各所には、大坂・堺のほか全国の商人から奉納された、住吉灯籠とよばれる石灯籠が700本余り立っており、なかには、頼山陽・池大雅・富岡鉄斎ら文人の筆刻になるものもある。

　太鼓橋を渡り石畳を進むと、柱が方形の住吉鳥居（角鳥居）があり、

住吉大社本殿

これをくぐると、本殿である。神社建築では最古の様式の1つである住吉造の4棟の本殿(国宝)は、すべて西を向き、第一殿(底筒男命)・第二殿(中筒男命)・第三殿(表筒男命)が東西縦一列に並び、第四殿(神功皇后)は、第三殿の南側にある。「三社(第一～第三殿)進むと魚鱗の備え、一社(第四殿)ひらくは鶴翼の構え」と称された。本殿を20年ごとにつくりかえる式年遷宮が行われ、2011年には鎮座1800年を記念する49回目の式年遷宮が予定されている。現在の社殿は、1810(文化7)年に再建されたものである。屋根は檜皮葺き・切妻造妻入りで、殿内は内陣と外陣に分かれ、各室とも正面に両開板戸を設ける。あまり装飾を用いない単純な彩色、直線的な構成は、古代建築の美を感じさせるものといえる。

文化財として、731(天平3)年撰述の同社の縁起である『住吉大社神代記』1巻・太刀銘「守家」・刀銘「小野繁慶」・舞楽面9面(いずれも国重文)、太刀2口銘「国輝」・銘「治国」(ともに府文化)などがある。書では、後醍醐天皇や後村上天皇の綸旨、和歌の懐紙・短冊の奉納品、室町時代の禅僧正徹が参籠して詠んだ『住吉社奉納百首和歌巻物』がある。

境内の南にある御田では、毎年6月14日に御田植神事(国民俗)が行われる。神功皇后が始めたといわれ、賑やかな踊りや舞が繰り広げられることで有名である。御稔女による神田代舞や、男児による源平合戦を始め、約150人の女児による住吉踊りなどが行われる。また、7月30日から8月1日にかけて行われる夏越祭(府民俗)は、30日の宵宮祭に始まり、31日には例大祭・夏越大祓神事、1日の神輿渡御祭と続き、「住吉工人のお渡り」とよばれている。第一殿の南方には、池上の橋を利用した日本三舞台の1つ石舞台(国重文)があり、その南に南門(四脚門)と門に続く東楽所・西楽所(いずれも国重文)があるが、これらは豊臣秀頼の奉納といわれている。

「すみよっさん」と熊野詣

第一殿北東に，大阪最古の文庫として有名な住吉大社文庫がある。1723（享保８）年に，京都・大坂・江戸の有力書籍商が建立し，献納した書籍を収めた一種の図書館で，現在でも御文庫講に名を連ねる出版社も多い。

　住吉大社文庫から北に約20m行くと，住吉神宮寺跡の石碑がある。758（天平宝字２）年，孝謙天皇の勅願で創建されたといい，江戸時代には仏堂８宇，僧坊10余りの規模であったが，明治時代初期の神仏分離令によって廃絶し，今では石碑が立つにすぎない。

　住吉大社周辺には，摂社・末社などの神社や寺院が多い。中門の北には，本瓦葺き平入りの摂社志賀神社があり，その隣には，摂社の大海神社が鎮座する。大海神社本殿（国重文）は，大社と同じく住吉造だが，現存する本殿は，大社よりも古い1708（宝永５）年の建立で，構造の細部には，多少の異同がみられる。なお，祭神の豊玉彦命・豊玉姫命は津守氏の氏神である。社前の井戸は玉の井とよばれ，「海幸彦・山幸彦」の神話に出てくる，潮満珠を納めた所と伝えられる。また，境内東の樹齢1000年といわれるクスがある楠

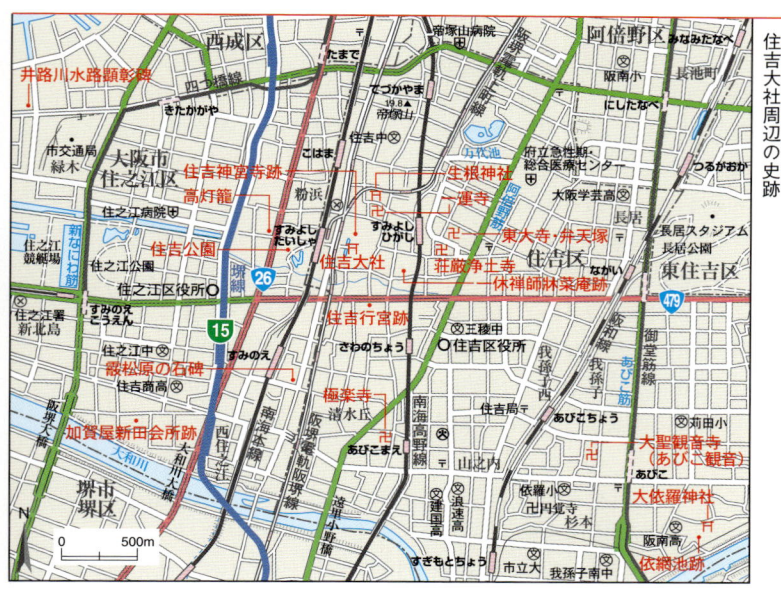

住吉大社周辺の史跡

92　　大阪市南部

珺社と，境内東北の種貸社，境外の浅沢社・大歳社の4つの神社を，毎月最初の辰の日に巡拝する初辰まいりは，商売繁盛を願う参詣客で賑わいをみせる。

大海神社北門の正面100mほどの所に，生根神社がある。『延喜式』式内社で，少彦名命を祭神とする。住吉大社の摂社であったが，1872（明治5）年に独立して郷社となった。本殿（府文化）は淀殿の寄進で，片桐且元により竣工された。また，大海神社北門からすぐ東側の一運寺（浄土宗）の境内には，赤穂義士の大石良雄（内蔵助）・主税父子と寺坂吉右衛門の墓がある。

住吉行宮跡 ❼

〈M▶P.82,92〉大阪市住吉区墨江2-7
市営地下鉄四つ橋線住之江公園駅🚌 南 長居行墨江1丁目
🚶1分

南北朝の仮宮　長慶天皇即位の地

住吉大社の境外末社浅沢社から南へ進み，長居公園通（国道479号線）を渡って約50m行くと，住宅地を一筋入った所に，住吉行宮跡（国史跡）がある。後村上天皇が，1352（正平7・文和元）年，大和賀名生（現，奈良県五條市）から住吉へ行幸した18日間と，そののち河内観心寺（河内長野市）を出て，1368（正平23）年に没するまで，ここが行宮（行幸時の仮宮）となった。そして，つぎの長慶天皇もこの地で即位し，翌年の春までここを行宮とした。遺跡は5段の石段を備え，右手には大阪府が建てた史蹟住吉行宮跡の碑がある。

また，南海高野線住吉東駅から南へ200mほど進み，線路をまたいで東西に延びる最初の道を東に約150m行くと，道路の左手に荘厳浄土寺（真言律宗，府史跡）がある。白河天皇勅願寺として，荘厳浄土寺の号を下賜されたと伝えられる。本尊は木造不動明王立像（府文化）で，制作年代は10世紀から11世紀と推定される。当寺は創建年代は不明ながら，1084（応徳元）年に白河天皇の勅願に

住吉行宮跡

「すみよっさん」と熊野詣

荘厳浄土寺

より、津守国基が寺院を再興して以降、旧住吉三大寺の1つとして大伽藍を誇ったという。今でも境内の各所には礎石が横たわり、往時の繁栄が偲ばれる。

同寺所蔵の愛染明王坐像(府文化)は、胎内3カ所の墨書銘によって、1303(嘉元元)年に補修され、津守氏菩提寺の西林院護摩堂の本尊であったことが知られる。

住吉大社の歴史を記した『住吉松葉大記』には、1606(慶長11)年豊臣秀頼が住吉大社とともに、荘厳浄土寺の本堂を再建したことが記されている。2002(平成14)〜03年に、境内西隣で初めて本格的な発掘調査が行われた結果、鎌倉時代の溝や井戸、柱穴とともに、多くの遺物が発見され、その中には、安土・桃山時代の瓦も含まれていた。

住吉東駅から南へ約300m行った所にある上住吉西公園の南側入口の隅に、一休禅師妹菜庵跡の石碑が立つ。一休が、晩年の1469(文明元)年頃から1478年まで仮寓した所である。堺の豪商尾和宗臨が、一庵を設けて一休を招いた。一休はここを雲門庵と称し、弟子とともに移り住んだ。数年後には、この空き地の一角に庵をつくり、妹菜庵と号したという。

また、住吉東駅から東へ約200m進むと、東大寺(黄檗宗)に着く。この寺のある丘一帯は、弁天塚とよばれる古墳で、東大寺山ともよばれる。現在は、東大寺の本堂・庫裏が立っているが、墳丘長約65mの前方後円墳と推定されている。

大依羅神社 ❽ 〈M▶P.82,92〉大阪市住吉区庭井2-18 Ⓟ
06-6691-3578　　市営地下鉄御堂筋線あびこ駅🚇9分

あびこ駅からまっすぐ西へ約200m進むと、大聖観音寺(あびこ観音、真言宗)がある。聖観音を本尊とし、日本最古の観音信仰道場「厄除観音」として名高い。毎年恒例の節分厄除大法会は、多く

大聖観音寺(あびこ観音)

の参詣人で賑わう。寺伝では、聖徳太子の開基とされ、かつては、東・西・中の3坊、36の僧院があって、栄えたという。境内にある樹齢約800年と推定されるクスの大木は、大阪市の保存樹となっている。

『摂津名所図会』に登場旧依網池の畔

また、境内右手の護摩堂本尊の油の不動明王画像は、921(延喜21)年に、醍醐天皇中宮の藤原穏子が、安産祈願をしたことでも有名である。安産の身代わり不動尊ともよばれ、醍醐天皇の勅願仏といわれている。楠木正成や豊臣秀吉らの武具類を始め多くの寺宝があったが、1881(明治14)年の火災で、本堂とともに失われ、堂宇は1897年に再建された。

地下鉄あびこ駅3番出口を出て、地下鉄我孫子南交差点を東へまっすぐ400mほど進むと、よさみ神社前バス停がある。バス停前から南へ続く道を300mほど行くと、大阪府立阪南高校の東隣に大依羅神社がある。『延喜式』式内社で、かつての依網池の畔に鎮座する。

開化天皇の第4皇子建豊波豆羅和気王を主神とし、住吉三神を合祀する。主神の子孫といわれる依羅吾彦男垂見が、仲哀天皇の熊襲征討に従ったこともあり、依羅氏は代々神官となっていたが、南北朝の動乱で、依羅氏が滅亡するとともに、社殿も焼失したという。

現在の社殿は、1971(昭和46)年に再建されたものである。本殿西北側にある古井戸は、雨乞井、あるいは竜神井戸とよばれているが、『摂津名所図会』に登場する「庭井の泉」のこ

大依羅神社

「すみよっさん」と熊野詣

とで，境内入口横の駐車場には，庭井の泉跡の石碑が立っている。

神社南門を出て，参道を100mほど進むと，大和川の堤防に突き当る。堤防沿いのJR阪和貨物線踏切西側に，依網池跡の石碑が立つ。『日本書紀』によると，崇神天皇62年の条に，河内狭山の埴田の水が少ないので，勅によってつくられたとある。

近世初期までの依網池は，摂津国住吉郡大依羅郷（現，大阪市住吉区）と河内国丹比郡依網（現，松原市天美西）の地にまたがる約10万坪（33万m²）の大池であったが，1704（宝永元）年の大和川付け替え工事により，3分の2が新大和川の河川敷となって以降は，たび重なる埋立てにより消失し，現在では，その痕跡もとどめていない。

加賀屋新田会所跡 ❾
06-6683-8151

〈M ▶ P. 82, 92〉大阪市住之江区南加賀屋4-8
南海本線住ノ江駅 徒 15分

現存する会所遺構数寄屋風茶室と庭園

住ノ江駅で降り，安立小学校前を東西に延びる道を，東に200mほど進むと，紀州街道に出る。そこを北に曲がってすぐの所に，霞松原の石碑が立つ。この付近は，江戸時代中期まで海岸線であり，『万葉集』を始めとする多くの文献にその名がみられる，白砂青松の名勝地として，近世初期まで存続した。しかし，江戸時代以降の大和川付け替え工事や新田開発によって，海岸線が西へ移動し，景観も一変した。

もときた道に戻り，再び北に向かってまっすぐ100mほど歩くと，阪堺電軌阪堺線の線路に出る。さらに500mほど進むと，阿倍野筋の遠里小野4丁目交差点がある。そのまま直進すると，まもなく五差路に出るが，そこを南に曲がり，100mほどで郵便局のある四つ角に出る。直進すると，左手に極楽寺（浄土宗）がみえてくる。極楽寺は，熊野街道に面して立つ小さな寺である。境内には表面の摩滅が甚だしいが，「建武三（1336）年丙子三月」の銘をもつ大きな石灯籠があり，楠木正成の寄進とも伝えられる。

また，住ノ江駅から西に250mほど進むと，国道26号線に面して，住之江駅筋バス停がある。ここから住之江公園方面の市バスに乗り，南加賀屋四丁目バス停で降りると，約200m南東の住宅街に加賀屋新田会所跡（通称加賀屋緑地）がある。1754（宝暦4）年，大坂淡路町の両替商加賀屋甚兵衛が建てた新田会所屋敷跡を整備したもので，

加賀屋新田会所跡

大阪市内で、唯一現存する会所遺構である。1745（延享2）年、加賀屋甚兵衛によって干拓されたこの埋立地は、その後、数回に分けて北へ拡張された。会所は、新田開発・管理のための中心的な役割をになう施設で、別荘・文人との交流の場としても利用された。緑地内には、愉園と名づけられた、小堀遠州流の築山林泉式庭園や数寄屋風茶室などがある。

なお、江戸時代以来、新田のいたるところに、水利や運搬のための、井路川という小さな水路が掘られていた。現在はすべて埋め立てられてしまったが、新田開発にかけた当時の人びとの勤労と努力を顕彰するため、南港通緑木1丁目交差点西北角に、井路川水路顕彰碑が建てられている。

長居公園 ⑩
06-6691-7200（南部方面公園事務所）

〈M ▶ P.82, 98〉 大阪市東住吉区長居公園 P
市営地下鉄御堂筋線長居駅 🚶 すぐ、またはJR阪和線鶴ヶ丘駅・長居駅 🚶 2分

大阪市立自然史博物館のある市内屈指の公園

JR阪和線南田辺駅で降りて東へ100mほど行くと、法楽寺（真言律宗）がある。1178（治承2）年に、平清盛の長男重盛が創建した寺院である。不動明王がまつられており、厄除田辺不動尊として有名である。1571（元亀2）年に織田信長が摂津を攻めたとき、兵火が河内にまでおよんで寺は全焼したが、絹本著色不動明王二童子像（国重文）などは焼失を免れた。

また、駅から南東約200mの所にある山阪神社（祭神天穂日命、素盞嗚命、猿田彦命ほか）は、境内地が周辺より一段高く、神社自体が周濠をもつ前方後円墳ではないかといわれている。

JR阪和線鶴ヶ丘駅で降りて、南へ100mほど進むと、長居公園の北入口がある。面積65.1haにおよび、文化・スポーツ施設と豊かな自然を備えた大阪市内屈指の公園である。園内は運動施設地区、植物園地区、自然園地区に大別され、さまざまなスポーツ施設や日本

「すみよっさん」と熊野詣

長居公園周辺の史跡

プロサッカーリーグ（Ｊリーグ）セレッソ大阪のホームスタジアムがある。また、植物園地区には、バラ園・ボタン園のほか、竹笹見本園などがある。

さらに、人間と自然との関わりをテーマに、地球の歴史・生物の進化などのほか、大阪の生い立ちや氷河時代・縄文時代・弥生時代と自然との関わりあいなどを、最新の発掘成果を取り入れて、興味深く解説した展示のある大阪市立自然史博物館も設置されている。

酒君塚古墳（さかぎみづかこふん）❶

古墳時代中期の円墳　田辺古墳群の首長墓

〈Ｍ▶Ｐ.83,98〉　大阪市東住吉区鷹合2-5
近鉄南大阪線針中野駅（きんてつみなみおおさかせんはりなかの）🚶 5分

針中野駅から線路に沿って南へ約300ｍ進み、西へ一筋100ｍほど行くと、鷹合商店街入口横の鷹合郵便局の向かいに、君塚公園（きみづか）とよばれる小さな丘がある。公園の一角に古墳があり、墳丘上には、1901（明治34）年に建立された「正四位酒君塚」の石碑が立つ。別名平塚（ひらつか）ともよばれる酒君塚古墳である。鷹合や酒君塚の名称は、『日本書紀』に記された、仁徳天皇の時代に百済（くだら）から渡来した酒君が、

酒君塚古墳

大阪ワクワク体験

コラム

体

大阪で学び、大阪を学ぶ
大阪体験学習

　大量生産・大量消費の現代社会では、あらゆるものが簡単に手に入り、巷にはモノがあふれているといわれるが、近年、みずから体験することの喜びや、手作りの良さを再認識する人もふえてきた。そのような人たちのために、大阪市内各所には、さまざまな体験のできる生涯学習施設が設けられている。

　大阪市立クラフトパーク（平野区長吉六反）では、ガラス工芸・陶芸・染色・織物・木工・金工などをさまざまな工房で学び、新しい造形を楽しむことができる。日本で唯一、各種の体験が一括してできる施設といわれている。また此花区北港緑地の舞洲陶芸館では、海底粘土を利用した新しい大阪の陶芸「難波津焼」に挑戦できる。

　大阪歴史博物館（中央区大手前）では「両替商になってみよう」などのテーマで、各時代の生活や文化を体験できるようなプログラムも用意されている。住まいのミュージアム大阪くらしの今昔館（北区天神橋）では、江戸時代の町並みの一部が実物大で復元されており、さまざまなワークショップが、随時催されている。

　大阪市立住まいのミュージアム（大阪くらしの今昔館：北区天神橋）では町家衆（ボランティア）によるさまざまなイベントが行われている。

　さらに、「見て、ふれて、遊んで、ドキドキ発見」がテーマの大阪市立科学館（北区中之島）に代表されるように、理科系の博物館にもいろいろな企画が用意されている。大阪科学技術館てくてくテクノ館（西区靱本町）は、ゲームや3D映像で楽しむ科学館で、「こどものための博物館」と銘打った、キッズプラザ大阪（北区扇町）は、遊びを通して楽しく学ぶことのできる参加型の博物館である。

　一部の施設では、予約が必要な場合もあるので、詳細は各施設まで問い合わせのうえ、ぜひ、有意義な時間をすごしていただきたい。

鷹甘邑（現、東住吉区鷹合）でタカを飼育したという記事に由来する。2002（平成14）年に行われた発掘調査の結果、酒君塚古墳は、古墳時代中期の古墳で、南北約40m・東西約35mと推定されるが、墳形は明らかにならなかった。

　かつて東住吉区一帯には、大きな古墳群があったことが推定されており、田辺古墳群とよばれている。酒君塚古墳はその首長墓と考えられているが、現在の墳丘は、1901年に石碑を建てた際、大規模な盛土を行った可能性も指摘されている。

すえじ寺跡(須牟地寺跡)

　また、市営地下鉄谷町線駒川中野駅から東へ約50m進むと、阪神高速道路大阪松原線の高架の手前、今川の川沿いに、桑津今川堤跡碑がある。江戸時代の今川堤には、4kmにわたってハゼの木が植えられていた。紅葉の季節になると、大勢の人びとが訪れたという。ここは、平野大念佛寺への参詣道にもあたり、名物「桑津のしんこ餅」の売店が立ち並び、ここで一息つく老人たちが、嫁の悪口をいいあったところから、「嫁そしり堤」ともよばれていた。

　さて、桑津今川堤碑から東に100mほど進むと、大阪市立中野中学校がある。そこから市バス住道矢田方面行きに乗り、終点の住道矢田で下車する。バス停から南へ約100m進み、道路を一筋東に入ると、矢田中学校に隣り合うようにして、すえじ寺跡(須牟地寺跡)がある。藤原不比等が建立し、僧玄昉が開基したと伝える。平安時代末期に焼失し、その焼土を集め、塚を築いたといわれる。現在は、コンクリートに囲まれた基壇状の一角が保存されており、方形土壇や奈良時代前期の塔心礎・瓦なども発見されている。

　また、道路を隔てて西側に位置する中臣須牟地神社は、中臣須牟地神・住吉三神などをまつる『延喜式』式内社である。中臣氏の祖先である天種子命一族が在住し、藤原不比等が祖神を合祀したと伝えられている。

2 町ぐるみが博物館の平野区

歴史的景観を残す平野郷の町づくりは，海外からも注目され，瓜破台地には，旧石器時代からの長原遺跡や古墳群がある。

馬場口地蔵 ⑫　〈M ▶ P. 83, 102〉大阪市平野区平野上町1-5
JR関西本線平野駅 🚶 6分

13口地蔵の1つ　平野は中世の自治都市

平野駅南口を出て南へ，「歴史の散歩道」のつたい石（レンガで四方形に道路に埋め込まれた目印）を頼りに，国道25号線と交わる平野元町交差点を目指す。交差点を越えて大念佛寺の塀づたいに左手へ約10m進むと，塀の筋向かいに馬場口地蔵がある。

平野郷は，現在の平野宮町・平野本町・平野上町・西脇流町・平野市町にあたり，大坂の陣（1614・15年）で焼失した後，徳川家康の命により，2重の濠で囲み，碁盤目状に区画された。江戸時代，野堂・流・市・背戸口・西脇・泥堂・馬場の本郷7町に惣門という13の出入口があり，木戸と地蔵堂・遠見櫓などが設けられた。各門に地蔵堂が設けられたのは，濠で囲まれた平野から外へ出るときには，地蔵尊に一身の加護を，また外からの凶事は，入口で退散させることを祈ったからといわれる。

平野郷の地は，古代には摂津国住吉郡にあって，杭全郷とよばれた。『古事記』には，倭建命の孫として，杙俣長比古王の名がみられる。平安時代初期，征夷大将軍坂上田村麻呂の第2子広野麻呂が，峨嵯天皇からこの地を賜って開発領主となった。現在の地名である「ひらの」は，「ひろの」が転訛したとする説がある。この地にあった杭全庄は，平安時代後半には，摂関家領（藤原氏の氏長者が管理する荘園）となり，鎌倉時代後期には，宇治（現，京都府）の平等院領となった。その後，先述のような理由から杭全庄は平野庄ともよばれ，15世紀末には，杭全よりも平野のほうがよ

馬場口地蔵

馬場口地蔵周辺の史跡

く使われるようになった。

　この間，坂上家は代々民部を名乗り，本家は平野殿とよばれて，西脇の長寳寺に居住して権威を保った。本家を支える一族は，戦国時代までに野堂(末吉)・則光(三上)・土橋・成安・利則(西村)・辻葩・西脇に分かれ，七名家(七苗家)とよばれた。七名家は本家を中心として，杭全神社の宮座を結成して祭祀をになう一方，近世以降に，平野郷7町の惣年寄として町政を支配した。

　中世後期，平野郷は大坂本願寺の寺内町や堺と奈良とを結ぶ交通と流通の拠点としての発展にともない，本願寺との結びつきを強めた。戦国時代，平野は年寄衆が自治をにない，堺と並ぶ自治都市であった。当時，京都や堺・寺内町の多くが，集落の周囲を堀や土塁で囲むと惣構としたように，平野郷も環濠を形成して自衛した。

大念佛寺 ⓑ　〈M▶P. 83, 102〉大阪市平野区平野上町1-7
06-6791-0026　　　JR関西本線平野駅 大 7分

　馬場口地蔵前の道は馬場門筋にあたり，大念佛寺の門前に出る。大念佛寺は，日本13宗の1つ融通念仏宗の総本山である。本堂(国登録)は，1938(昭和13)年の建立で，大阪府内で最大規模の木造建築物である。融通念仏とは，1人の念仏がすべての人(一切人)にお

大念佛寺

よび，ともどもに念仏を唱和するなかに，阿弥陀如来の本願力と自分と一切人との念仏の功徳が，たがいに融通して絶大な力となる，と教えるものである。念仏を僧とともに，民衆にも広く唱えさせ，同志同行の結縁にしたため，信者が急増した。

融通念仏宗の総本山
万部おねりは極楽浄土の世界

この地に大念佛寺を創建したのは，宗祖の良忍上人である。天台僧であった良忍は，1117（永久5）年に，阿弥陀如来から融通念仏を授かり，1127（大治2）年，鳥羽上皇の勅願により，坂上広野麻呂の菩提所修楽寺別院跡に念仏の根本道場を創建したのが，その前身と伝えられる。本尊は画像十一尊天得如来である。

法明上人が1321（元亨元）年に中興したが，たびたびの兵火で荒廃していたのを，1688（元禄元）年，大通上人が復興した。

寺宝に，菅原道真が中国の毛詩（詩経）を写したとされる<u>毛詩鄭箋残巻1巻</u>（国宝），良忍自筆の外題がある<u>浄土論2巻・後小松天皇宸翰融通念仏勧進帳1巻・明徳版本融通念仏縁起2巻</u>（いずれも国重文）のほか，鳥羽上皇の鏡で鋳造した亀鉦などがある。

また，毎年5月1日から5日まで行われる<u>阿弥陀経万部会菩薩来迎練供養</u>（「平野のおねり」）も有名で，多数の人出で賑わう。

毎年8月第4日曜日には，境内の瑞翔閣で幽霊博物館が開かれる。地獄から極楽浄土への供養を願い，巡礼者に手渡したとされる「亡女の片袖」や，迫力のある幽霊画掛け軸12点が公開される。

平野町ぐるみ博物館 ⓮
06-6791-2683
（平野の町づくりを考える会）

〈M▶P.83, 102〉大阪市平野区平野宮町・平野上町・平野本町を中心とする一帯
JR関西本線平野駅・加美駅，または市営地下鉄谷町線平野駅

町そのものが博物館
事務局は全興寺内

1974（昭和49）年7月，平野区の誕生後，周辺地域がベッドタウン化しても，平野郷の景観は，古き良き風情をよく残していた。しかし，1980年，阪神高速道路大阪松原線や市営地下鉄谷町線開通の影

平野町ぐるみ博物館

響で、南海平野線が廃線となり、通勤客の利用が減って町の繁栄に陰りがみえてきた。危機感を抱いた人びとが、伝統文化の保存と活性化のシンボルとして、大正時代初期からの南海平野駅舎の保存運動を始めた。それをきっかけに、「平野の町づくりを考える会」が発足した。計画をもたず、成果を求めず、やりたい人がやりたいことをやり、遊び心を大切にする、という型破りな手法が、21世紀の町づくりのモデルと、海外でも評価された。

1993(平成5)年には、とくに顕著な活動である、ミニ博物館運動の「平野町ぐるみ博物館」が始まった。博物館として自宅や職場などを開放し、住民自身が運営者となり、来訪者とのコミュニケーションを通じて、地域への愛着を深めるのが目的である。2013年8月現在、常設館は、映像・幽霊・鎮守の森・平野の音・自転車・新聞屋・和菓子屋・郵便局・珈琲屋・駄菓子屋・へっついさん・くらし・パズル・ちっこいだんじり・かたな、を扱う15館で、一部をのぞき、開館日は毎月第4日曜日。また、毎年8月第4日曜日には、特別展として「お宝発見スペシャル町ぐるみ博芸・博物館」が開かれる。博芸とは、伝承遊び・昔話・講談などや大道芸の技を指す。また、大阪市と住民とが協力して、提灯が似合う町並みの歴史的景観の保全などを行う「平野郷HOPEゾーン計画」事業でも、成果をあげている。

長寶寺・全興寺 ⑮
06-6791-4416/06-6791-2680

〈M▶P.83, 102〉大阪市平野区平野本町3-4-23／4-12-21
JR関西本線平野駅🚉近鉄大阪線近鉄八尾駅前行平野宮町2丁目🚶7分

閻魔参りと証判押し野堂といわれた蛸薬師

大念佛寺南門から馬場門筋を南へ600mほど向かい、つぎの辻を東へ、町屋が続く中小路へ入る。600mほど進み、つぎの辻で西脇

全興寺

門筋を越え、右手に町家博物館の今川家をみながら金屋小路を右折し、2つ目の辻を左折すると、王舎山長生院長寶寺(真言宗)がある。本尊の十一面観音像は、坂上田村麻呂の守護仏と伝えられ、開基の慈心大姉は、坂上広野麻呂の妹春子で、桓武天皇の妃となり、天皇亡き後尼となり、大同年間(806～810)に、父が建てたこの尼寺で、天皇の冥福を祈った。また、坂上家の邸宅が寺の北西角にあった。寺には、絹本著色仏涅槃図と銅鐘(ともに国重文)があり、5月18日に閻魔大王の開帳の日に「閻魔さんの証判押し」、7月14日に神輿渡御の神事がある。

長寶寺から東へ向かい、つぎの辻を南進すると、東西に延びる平野本通商店街に出る。ここは樋尻口門筋にあたり、まっすぐ東へ向かえば、樋尻口の地蔵堂へと至る。途中、小林新聞舗(国登録)を過ぎて右手へ折れると、全興寺(真言宗)の境内である。開基は聖徳太子で、野の中にこの薬師堂だけがあったので、野堂とよばれた。本尊は太子自作と伝わる薬師如来像で、本堂にあがる階段上の蟇股にタコの彫刻があるため、蛸薬師とよばれる。また、杭全神社の奥之院と仰がれ、7月14日には神輿渡御の神事がある。1611(慶長16)年、野堂町会所がおかれ、1614年の大坂冬の陣では、徳川秀忠の陣所となった。本堂に首の地蔵尊が安置されており、1月8日の初薬師と9月の観月会には、本尊とともに公開される。

平野郷樋尻口門跡 ⑯ 〈M▶P.83,102〉大阪市平野区平野東2-11 平野公園 JR関西本線平野駅🚇近鉄八尾駅前行平野宮町2丁目🚶7分

平野宮町2丁目バス停から南へ約150m向かい、平野本通商店街と交わる信号を東へ折れて約250m進むと、平野公園北入口に、平野郷樋尻口門跡の碑と交番西隣に、樋尻口地蔵堂が立っている。樋尻口門は、環濠集落であった平野の13の木戸の1つで、八尾久宝

大坂の陣の遺構 公園内に環濠と土居の名残り

町ぐるみが博物館の平野区

平野郷樋尻口門跡の碑

寺村(現，八尾市久宝寺)への出入口となっていた。門は，1883(明治16)年頃に撤去された。また，樋尻口地蔵尊には，1615(元和元)年の大坂夏の陣で，真田幸村がここに地雷を仕掛け，徳川家康を爆死の寸前まで追い込んだとき，地雷が爆発して地蔵の首が約400m西の全興寺まで飛んで行き，寺では首の地蔵尊として，本堂でまつったという伝説がある。

樋尻口地蔵堂と道を隔てて向かいあう形で，安藤正次の墓がある。正次は大坂夏の陣で徳川方に属して重傷を負った。徳川秀忠に働きをほめられたが，傷が重く，治らないので自刃した。

樋尻口門跡から平野公園の西側沿いに南へ進むと，大きな石灯籠がみえる。ここから赤留比売命神社の境内に入る。三十歩神社ともよばれ，新羅の神，赤留比売命をまつる『延喜式』式内社であった。三十歩の名は，応永年間(1394～1428)の旱魃のとき，僧覚証が雨乞いのために，法華経30部を読経して霊験があったからとも伝えられ，また，境内地が，30町歩の広さしかなかったことに由来するともいわれる。

平野公園は，盆踊りの河内音頭が，大正時代末期から昭和時代初期に，今風の音頭として演じられ育った所で，西隅に，河内音頭宗家初音家礎の地の碑が立つ。

含翠堂跡 ⑰ 〈M ► P. 83, 102〉大阪市平野区平野宮町2-9
JR関西本線平野駅🚌近鉄八尾駅前行平野宮町2丁目🚶1分

大阪府内最古の私塾 懐徳堂より7年早い創立

樋尻口門跡からもときた商店街の方へ300mほど戻り，和菓子屋さん博物館の手前の辻を北へ向かう。ここは田端門筋で，国道25号線の交差点を越えてまっすぐ50mほど行くと，河骨池口である。交差点を渡って左手へ歩道沿いに歩くと，道路脇に含翠堂跡の碑がある。

含翠堂は，坂上七名家の土橋友直・土橋宗信・成安栄信・徳田宗

含翠堂跡の碑

雪・間宗好・井上正臣の6人が、興立生員（発起人）となり、1717（享保2）年に井上邸の一部を借りて開校した。町人の学校として有名な懐徳堂（現、中央区今橋）創立より7年早く、大坂最初の町人の私塾といわれる。初め、庭に老松があったので「老松堂」と称したが、のち懐徳堂から迎えられた三宅万年が、「含翠堂」と改めた。

　1872（明治5）年の学制頒布で閉鎖するまで、平野郷中の子弟の育成にあたり、貴賎を問わず、教派も一派を固守せず、国学・儒学・算学・医学・天文学や俳句・連歌などにおよんだ。また、経営はすべて同志の寄金とその運用で維持され、飢饉救済金を積み立てて、たびたび窮民を救済したことは、ほかの学塾にみられない特徴である。杭全神社に設けられた連歌所とともに、平野郷の文化的水準の高さがうかがえる。

　平野宮町2丁目バス停から東へ約50m進むと、歩道の左手に地蔵堂がある。ここは市ノ口門跡で、両側に石灯籠があり、「享保二十一（1736）丙辰年二月廿四日」の文字がみえる。古くから奈良街道への出入口として重要視され、現在でも国道25号線沿いの要地であり、交通量の多い所として知られている。

杭全神社 ⑱　〈M▶P.83, 102〉大阪市平野区平野宮町2-1-67
06-6791-0208　JR関西本線平野駅🚶10分、または平野駅🚌近鉄八尾駅前行平野宮前🚶5分

平野七名家の宮座連歌所と夏の地車

　含翠堂跡の碑から北西へ歩道に沿って約250m進むと、平野小学校前に古河藩陣屋跡の碑がある。平野庄は、豊臣秀吉の正室北政所（高台院）の領地で、1624（寛永元）年の死去後は、江戸幕府の直轄領として代官がおかれた。1694（元禄7）年からはおもに大名領で、とくに1713（正徳3）年に、下総国古河藩（現、茨城県）主本多忠良に与えられて以来、1869（明治2）年の版籍奉還までの156年間は、松平・土井と大名はかわっても、古河藩領であった。とくに、こ

杭全神社

の小学校地は，1762（宝暦12）年，下総国古河城主土井利里が領主となって，その陣屋をおいた場所で，現在，その陣屋門は，大念佛寺南門として保存されている。

　平野宮前バス停の北側から杭全神社の参道に入り，鎌倉時代に建てられた大門をくぐって拝殿へと進む。杭全神社は，平安時代初めの862（貞観4）年，坂上広野麻呂の子当道が，素戔嗚尊を氏神としてまつったのが起源である（第一殿，国重文）。その後，熊野信仰が流行して，1190（建久元）年に熊野権現を勧請した（第三殿，国重文）。さらに，1321（元亨元）年，後醍醐天皇の勅命により，熊野三所権現をまつった（第二殿，国重文）。その名はかつて，牛頭天王社あるいは熊野三所権現とよばれ，神主平野殿坂上家と一族の七名家が，管理・運営にあたった。明治時代初期の神仏分離令で，寺院関係のものは長寳寺へ移され，1870（明治3）年，杭全神社と改称された。1708（宝永5）年再建の連歌所は，全国で唯一ここに残っている。神社の年中行事で有名なものは，1190年から伝わる4月13日の御田植神事と，「けんか祭り」といわれる勇壮な7月11〜14日の夏祭りで，平野各町から地車9台が出る。

平野環濠跡 ⓳　〈M▶P.83,102〉大阪市平野区平野宮町2-1
JR関西本線平野駅🚶10分，または平野駅🚌近鉄八尾駅前行平野宮前🚶5分

　杭全神社境内のお茶池橋の北側に，平野環濠跡の碑がある。神社東側にある杓子型の池と平野公園内の松山池は，その環濠跡と伝えられ，埋め立てられた市街地も含め，埋蔵文化財包蔵地に指定されている。1763（宝暦13）年作製の「摂州平野大絵図」に描かれた杭全神社は，環濠により聖域として完全に独立している。

　杭全公園を平野川に沿って余慶橋まで進むと，約150m南方向に河骨池口地蔵堂がある。そこから東側は，環濠と平野川とが通じる

古き平野郷の名残り坂上公園に広野麻呂の墳墓

108　大阪市南部

平野環濠跡の碑

所で、船入りあるいは市の浜といわれ、1636(寛永13)年から1907(明治40)年まで、柏原船の船着場であった。

1635(寛永12)年に海外渡航禁止令が出るまで、海外貿易を行っていた代官末吉孫左衛門長方が、幕府に許可を得て、旧大和川の洪水によって被害を受けた柏原の復興策として、20石積み船40隻で柏原船を発足させた。経路は、大和川堤青地樋(現、柏原市)から、元和年間(1615～24)以前に八尾久宝寺村の安井了意によって開かれた了意川を通り、竹淵川から平野川を経て、大坂天満に荷物を運んだ。大坂の発展とともに、30隻の追加建造を許され、合計70隻が酒・飴・茶柄杓・繰綿・コンニャク・荷馬の鞍などの平野の産物を市中に送り、平野へは、米や干鰯などの綿作用肥料を運んだ。

平野川に架かる余慶橋を渡る。橋の命名は、郷学含翠堂の講師によるもので、関西本線北側に架かる積善橋と対をなす。余慶橋の北にある坂上公園一帯は、古い地名を鹿内といい、坂上広野麻呂が創建した坂上家の氏寺修楽寺があった所で、現在は、平野の開発領主の坂上広野麿墳墓の碑が公園内に立つ。

畠山政長墓所 ⑳　〈M▶P.83, 102〉 大阪市平野区加美正覚寺2-6
JR関西本線平野駅🚇地下鉄南巽駅行加美正覚寺2丁目🚶7分

室町幕府の管領
応仁の乱の正覚寺合戦で敗死

加美正覚寺2丁目バス停東側の信号を北へ入り、突き当りを右折して奥まで行くと、畠山政長墓所がひっそりとある。畠山氏は、室町幕府三管領(将軍の補佐役)である畠山・斯波・細川氏の一家として、代々尾張守に任じられ、山城(現、京都府)・河内・紀伊(現、和歌山県)・越中(現、富山県)の守護もかねていた。管領畠山持国のとき、持国の実子義就と甥政長との間に家督相続争いがおこり、応仁の乱(1467～77年)の一因となった。乱後も、政長・義就の確執は続き、畿内各地で争ったが、政長は将軍足利義稙とともに、正

畠山政長墓所

覚寺に本拠をおいて、南河内の誉田城(現、羽曳野市)の義就と対陣した。義就の死後、河内の平定に乗り出したが、1493(明応2)年、義就の子義豊の逆襲に遭って敗れ、自刃した。世にいう正覚寺の合戦で、このため壮大さを誇っていた正覚寺の伽藍も焼失してしまった。現在の正覚寺(日蓮正宗)は、旧正覚寺とは無関係で、旧正覚寺跡は政長墓所から西へ約150m向かった東之坊境内で、その門前に正覚寺遺蹟の碑があり、さらに約350m西の加美正覚寺にある旭神社境内には、正覚寺城跡の碑が立っている。ちなみに正覚寺は、室町幕府によって諸国に建てられた、安国寺の1つと伝えられている。

　旭神社の創建は古く、733(天平5)年といわれ、祭神は旭大神(素戔嗚尊)である。もと渋川若江15カ村(現、東大阪市南部の渋川町から若江本町辺り)の総社で、また祈雨祈願社としても有名である。境内には、1577(天正5)年、織田信長が本願寺攻めのおりに、本陣を構えたと伝えられている若宮八幡宮や、大クスと大イチョウ・大ムク(いずれも府天然)がある。

奥田邸 ㉑

06-6792-2695　〈M▶P.83, 102〉大阪市平野区加美鞍作1-8
JR関西本線加美駅🚶2分

江戸時代初期の大庄屋屋敷くらしの博物館は飲食店

　加美駅の南口を出て、国道25号線沿いに出ると、くらしの博物館がある。ここは、豪農で庄屋だった辻元家の屋敷を利用して、飲食店のがんこ平野郷屋敷が営業している。入口には長屋門があり、江戸時代初期の建造とされる主屋が飲食店に利用され、旧衣裳蔵には、茶器や掛け軸などの調度品が展示されている。食後には、草花や樹木で覆われた庭園を散策でき、往年の庄屋の暮らしぶりを偲ぶことができる。

　国道を渡り、看板に従って南側の路地に入ると、約30mの所に奥田邸(国重文)がある。奥田家は、中世の楠木氏の流れを汲み、江

奥田邸

戸時代、幕府が元和年間（1615〜24）に庄屋制度を設けてから、1872（明治5）年に村方三役制度が廃止されるまで、鞍作村（現、平野区加美鞍作）の庄屋を代々つとめ、付近10カ村の大庄屋として苗字帯刀が許された家柄である。

　現在の奥田邸は、手法から江戸時代初期のものと推定される。当時の大庄屋・豪農の家として、約1000坪（3300m²）の敷地に約170坪の建物があり、主屋・座敷・蔵・長屋門・納屋などが残されている。江戸時代には鞍作村の郷蔵と番屋も設けられていた。見学は第1・第3日曜日のみ可能で、事前の予約が必要である。

　この付近の地名は加美鞍作というが、そのおこりは、5世紀の雄略天皇の頃まで遡る。当時この地は、渡来人の鞍作部（馬の鞍作りの技術者集団）が定住し、その子孫で仏教を私伝したといわれる司馬達等が鞍作の氏を賜った。また法隆寺の釈迦三尊像や飛鳥寺の釈迦如来像（飛鳥大仏）など、中国北魏様式の仏像の作者鞍作鳥はその孫である。関連する鞍作廃寺については、現在鞍作寺（加美鞍作2丁目）に礎石が現存するが、発掘調査は行われていない。

長原古墳群 ㉒　〈M▶P.83〉大阪市平野区長吉長原西1-1
市営地下鉄谷町線出戸駅 🚶 1分

近畿地方最古級の長原遺跡古墳は古市古墳群と深い関係

　平野区には遺跡が集中し、長原遺跡・瓜破遺跡・瓜破北遺跡・亀井遺跡などは平野遺跡群と総称される。これらは、地下鉄工事や道路建設・住宅建築などのときに偶然発見されたものが多く、とくに長原遺跡や瓜破遺跡では、重要文化財に指定された遺物も多く出土している。遺跡の多くは、河内湾（潟）が河内湖となり、やがては大阪平野になる過程で、この地域に拡大したと考えられる。

　長原遺跡は、河内台地の北東部に位置する旧石器時代から室町時代にかけての大複合遺跡で、埋蔵文化財包蔵地に指定され、長期間にわたり広範囲に調査された。その結果、朝鮮3国の影響を受けた

長原古墳群の碑

韓式系土器や陶質土器が多く出土した。平野区の長吉川辺地域や長吉六反地域では，約3万年前に遡ることができ，現在，近畿地方で最古級である。

　大阪市顕彰史跡として，地下鉄出戸駅南側のスーパー前に，長原古墳群の碑がある。この古墳群は，長原遺跡の南部および北西部に，古墳時代前期末〜後期前半に形成されたと考えられる。現在までに200基以上が調査されたが，大半の古墳は墳丘が後世に破壊されたため，地上には痕跡をほとんど残していない。

　長原古墳群は，大王の墳墓と考えられる巨大古墳を含む古市古墳群（羽曳野市・藤井寺市）と立地も形成時期も近いため，両者の深い関わりが注目される。とくに古墳時代初期の4世紀後半〜5世紀初頭に築かれた古墳は，やや大型で，塚ノ本古墳（直径55mの円墳），小さな造出しのある一ケ塚古墳（直径47mの円墳），船形埴輪・甲冑形埴輪など，多種多様の形象埴輪を出土した高廻り1号墳（1辺15mの方墳）と同2号墳（直径21mの円墳）があり，長原40号墳も盾形埴輪の特徴から，この時期に属する。

Ōsakashi Hokubu 大阪市北部

堂島川から梅田を望む

ユニバーサル・スタジオ・ジャパン

①福沢諭吉誕生地
②野田の藤跡
③八州軒の跡
④鶴乃茶屋跡
⑤鶴満寺
⑥都島神社
⑦関目神社
⑧京街道の碑
⑨青湾
⑩香具波志神社
⑪野里住吉神社
⑫大願寺
⑬崇禅寺
⑭中島大水道跡
⑮定専坊
⑯乳牛牧跡

◎大阪市北部散歩モデルコース

水都の面影コース　1. JR大阪環状線野田駅_2_野田城跡_4_野田の藤跡_4_JR野田駅_1_JR大阪環状線福島駅_5_福沢諭吉誕生地_2_逆櫓の松跡_3_旧川崎貯蓄銀行福島出張所（ミナミ株式会社）_1_JR東西線新福島駅_2_JR東西線海老江駅_7_海老江八坂神社_7_JR海老江駅_5_JR東西線加島駅_10_香具波志神社_10_JR加島駅

2. 市営地下鉄谷町線・堺筋線，阪急千里線天神橋筋六丁目駅_5_長柄国分寺_2_鶴満寺_9_大阪市水道発祥の地_2_都島神社_2_母恩寺_10_渡辺綱駒つなぎの樟_10_農業用水門_3_鵺塚_3_市営地下鉄谷町線都島駅_2_市営地下鉄谷町線野江内代駅_3_榎並猿楽発祥の地・榎並城跡伝承地_3_市営地下鉄野江内代駅_2_市営地下鉄谷町線関目高殿駅_3_関目神社_7_京阪本線関目駅_5_京阪本線京橋駅_3_京街道の碑_8_大長寺_3_青湾_8_JR大阪環状線・東西線・学研都市線（片町線）・京阪本線京橋駅

川の景色に彩られた史跡コース　JR東海道本線東淀川駅_4_大願寺_4_JR東淀川駅_1_JR東海道本線新大阪駅_5_中島惣社_2_崇禅寺_8_法華寺_4_阪急京都線崇禅寺駅_2_阪急京都線・千里線淡路駅_4_中島大水道跡_4_阪急淡路駅_2_阪急京都線上新庄駅_8_定専坊_5_雪鯨橋（瑞光寺）_2_乳牛牧跡_5_阪急上新庄駅

水都の面影

大川，すなわち旧淀川沿いには，古代から近代までの大阪の歴史を象徴する史跡が，数多く点在する。

福沢諭吉誕生地 ❶ 〈M ▶ P. 114, 118〉大阪市福島区福島1-1
JR大阪環状線福島駅🚶5分，またはJR東西線新福島駅・阪神電車阪神本線福島駅🚶3分

中津藩蔵屋敷で誕生
水都大阪の象徴

　JR福島駅から南北に続く大通り（なにわ筋）を南に約200m歩き，上天神南交差点を西に曲がると，すぐの所にあるマンション前の植え込みの中に，逆櫓の松跡の石碑が立っている。『平家物語』の「逆櫓」の段にちなんだ史跡である。1185（文治元）年2月に，源義経は，平氏を討つため京都を出発し，摂津国（現，大阪府）の渡辺・福島から，讃岐国屋島（現，香川県高松市）を船で急襲しようとした。そのとき，義経と参謀役の梶原景時が，「今度の合戦には舟に逆櫓を立て候はばや」と，船での戦法について論争した所と伝えられている。

　江戸時代の『摂津名所図会』には，樹齢1000年を超えるヘビのような形をしたマツが生えており，このマツを「逆櫓の松」とよんでいたという。しかし，明治時代初めには，根を残すだけになっていたといわれ，それも1909（明治42）年のキタの大火で焼失した。

　逆櫓の松跡からなにわ筋に戻り，さらに100mほど南に歩くと，堂島川に架かる玉江橋に着く。この橋の北詰の堂島川畔に，福沢諭吉誕生地を示す石碑が立つ。諭吉は1834（天保5）年に，当地にあった中津藩（現，大分県）蔵屋敷で生まれた。1836年，父百助の急死のため，母と兄姉4人とともに中津に帰郷したが，その後，1854（安政元）年に，長崎遊学を経て江戸にのぼる途中，大坂の蔵屋敷に立ち寄った。兄のすすめで翌年には，緒方洪庵の適塾に入門し蘭学

福沢諭吉誕生地の石碑と豊前国中津藩蔵屋舗之跡の石碑

116　大阪市北部

旧川崎貯蓄銀行福島出張所(現, ミナミ株式会社)

を学び, のちに塾頭になった。

3度にわたる江戸幕府の遣外使節にも随行し, 1868(慶応4)年には慶應義塾を開設した。また『学問のすゝめ』を発刊するなど, 明治時代を代表する啓蒙思想家として活躍したことは有名である。

諭吉誕生地の石碑と並んで, 豊前国中津藩蔵屋舗之跡の石碑も建立されている。

石碑の立つ一帯は, 大阪大学医学部附属病院の跡地であるが, 堂島川を挟んだ対岸は, 大阪大学医・理学部跡地で, 大阪市が近代美術館設立を計画しており, 2004(平成16)年には, 国立国際美術館も開館した。そして, 堂島川に面した当地域に, 劇場や水辺をいかした広場などの「にぎわい・文化集客機能」を整備し, 水都大阪を象徴する空間をつくる計画が進められている。

また, JR福島駅のすぐ西側に, 隣り合うようにしてJR東西線新福島駅があるが, その北側すぐの所, 国道2号線に面して, 1934(昭和9)年に建てられた旧川崎貯蓄銀行福島出張所(現, ミナミ株式会社, 国登録)がある。鉄筋コンクリート造りで, 地上2階・地下1階建て, 正面は4本の円柱(イオニア式)が取りつけられ, 凸面のようにゆるやかなカーブを描いている。

野田の藤跡 ❷ 〈M▶P. 114, 118〉 大阪市福島区玉川2-2-7
市営地下鉄千日前線玉川駅🚶1分, またはJR大阪環状線野田駅🚶2分

吉野のサクラと並び称されるフジの名所

市営地下鉄玉川駅の2番出口を出ると, 駅前東側の道路を挟んだ植え込みの中に, 野田城跡の石碑が立っている。字名を城之内といったこの辺りが, その中心地と考えられている。野田城は1531(享禄4)年, 細川晴元と三好元長が対立した際, 三好方の浦上掃部が城を築いたことに始まる。その後, 1570(元亀元)年, 畿内での勢力回復を目指した三好三人衆(三好長逸・政康, 岩成友通)によ

水都の面影

野田の藤跡の石碑

って、増強・修築された。1576(天正4)年、織田信長の攻撃により落城し、それ以降は、織田勢の重要拠点となった。また、ここから南東へ100mほど行き、玉川4丁目南の信号手前の道を左に入ってしばらく行くと、野田御坊の別名で知られる極楽寺(浄土真宗)がある。その門前にも、野田城址の石碑がある。

玉川駅に戻り、東に約200m行くと、新なにわ筋に面して玉川南公園がある。東側に春日神社があり、境内に野田の藤跡の石碑がある。古来この付近には、フジが群生していたが、1364(貞治3)年、室町幕府2代将軍足利義詮が来遊して以来、有名となり、1594(文禄3)年には豊臣秀吉も花見に訪れ、「吉野の桜、野田の藤」と謳われた。一般のヤマフジは蔓が左巻きなのに対し、野田藤は右巻きが特徴である。明治時代以降、絶滅し

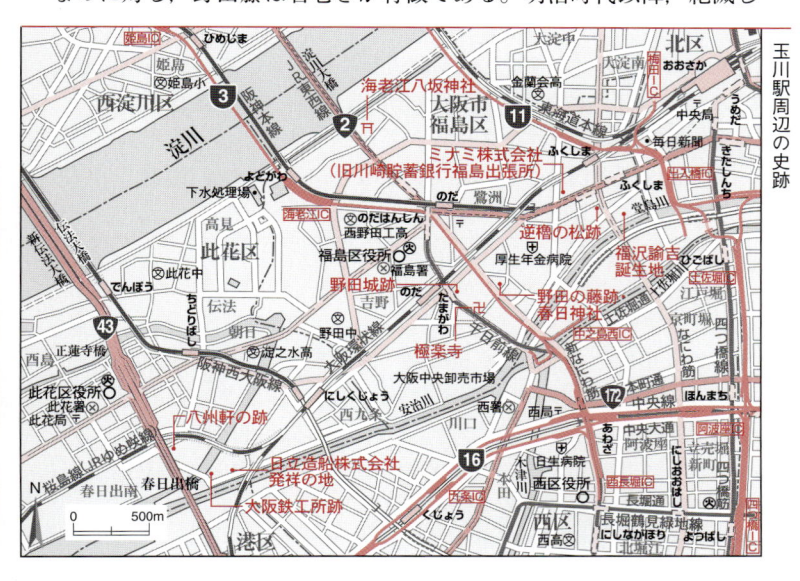

玉川駅周辺の史跡

大阪にハリウッドがやってきた

コラム

ハリウッド映画を実体験できるテーマパーク

　世界を代表する娯楽施設「ユニバーサル・スタジオ」が、2001(平成13)年3月、大阪市此花区の此花西部臨海地区にオープンした。
　ユニバーサル・スタジオ・ジャパン(USJ)は、最先端の技術を駆使したアトラクションやショーで、アメリカ・ハリウッド映画を実体験できるテーマパークである。
　総面積39haにおよぶ広大な敷地は、9つのエリアに分かれている。活気あふれる映画の都ハリウッドを体感できるハリウッド・エリア、西部劇の世界に浸れるウエスタン・エリア、スヌーピーとその仲間に会えるスヌーピー・スタジオ、映画「ジョーズ」の舞台となったアミティ・ビレッジ。
　海上に浮かぶ近未来都市をイメージしたウォーターワールドでは、映画の世界そのままの迫力を楽しめ、ジュラシック・パークに一歩足を踏み入れると、現代によみがえった恐竜とともに、スリルを味わうことができる。さらに、石造りの建物や古びた窓ガラスなど、1930年代のニューヨークを再現したニューヨーク・エリアや、アメリカ随一の港町サンフランシスコを再現したサンフランシスコ・エリアでは、古き良きアメリカを堪能できる。
　そして、パークのほぼ中央に位置するラグーン沿いは、園内随一の美しい景色をみることができ、夜には、華麗なラグーンショー「ハリウッド・マジック」が楽しめる。
　まさに、大阪が世界に誇る一大プレイスポットの誕生である。

かけていたが、地元の有志によって野田藤の再生運動が行われ、今では福島区内各所でみることができるようになり、「福島区の花」にも指定された。
　また、市営地下鉄玉川駅前から赤バス(コミュニティバス)の福島ループに乗り、中海老江バス停で降り、北へ200mほど歩くと、海老江八坂神社(祭神素盞嗚命)に着く。境内に、「天治(1124〜26)」とも「大治(1126〜31)」とも読める灯籠があり、1570年、織田信長が野田城の三好三人衆を攻撃した際、戦勝を祈念して奉納したという太刀も残る。当社には、頭屋行事(府民俗)とよばれる年中行事がある。12月15日の日没後、一定の資格を有する氏子の男子で構成される宮座の中から頭屋(一年神主)を選び、12カ月の収穫をあらわす供物をつくり、神前に献じる祭事である。

水都の面影

八州軒の跡 ❸

〈M▶P.114, 118〉大阪市此花区春日出南1-3
JR大阪環状線西九条駅🚌北港二丁目・北港ヨットハーバー行ほか此花区役所前🚶7分

大阪屈指の名園跡地
春日出新田の会所

　此花区役所前バス停から、国道43号線を南へ曲がり、JR桜島線に向かって500mほど進むと、左手に春日出公園がみえてくる。この公園内の南東隅に、八州軒の跡の石碑が立っている。大坂の新田開発は、江戸時代の元禄年間(1688〜1704)頃から盛んになった。この付近も1698(元禄11)年に、当地の開発者である雑賀屋七兵衛によって開かれた春日出新田である。1722(享保7)年、井原西鶴の『日本永代蔵』にも登場する泉佐野(現、泉佐野市)の豪商食野家の所有となった。

　農民から小作料を徴収し、新田の維持・管理を行う事務所として会所が建設されたが、八州軒はその会所の庭園で、摂津(現、大阪府・兵庫県)・河内・和泉(ともに現、大阪府)・紀伊(現、和歌山県)・淡路・播磨(ともに現、兵庫県)・山城(現、京都府)・大和(現、奈良県)の八州を一望できたところから名づけられた。津守新田会所(西成区)の向月庭とともに、大阪屈指の名園として名高かったが、第二次世界大戦の戦災に遭って焼失した。建物は1906(明治39)年、神奈川県横浜市の三渓園内に移築され、臨春閣として重要文化財に指定されている。

　春日出公園から南東へ約300m行くと、六軒家川に架かる春日出橋南東隅に大阪鉄工所跡の碑があり、近くの関西電力春日出開閉所北東隅には、日立造船株式会社発祥の地の碑が立つ。大阪における洋式造船業発展の基礎となった大阪鉄工所は、1879(明治12)年にキルビー商会支配人のイギリス人E. H. ハンターによって創設された。約1万m²の敷地をもつ工場であったが、急増する需

八州軒跡の石碑

120　　大阪市北部

要にこたえるため,1898年,海に近い大阪市此花区桜島に移転し,現在の日立造船所へと発展した。

鶴乃茶屋跡 ❹

〈M▶P. 114, 122〉大阪市北区茶屋町8-8
市営地下鉄御堂筋線梅田駅,阪急電鉄神戸本線・宝塚本線・京都本線梅田駅,JR大阪駅 🚶 4分

中国街道に面したかつての大阪市民の行楽地

阪急電鉄梅田駅北口から高架沿いに歩き,駅ビルのはずれにある信号を渡る。そこから東に100mほど進み,最初の十字路を毎日放送のビルに向かって北に20mほど行くと,道路の右側に鶴乃茶屋跡の石碑が立つ。この付近は明治時代中頃まで,菜の花畑が続く大阪市民の行楽地で,鶴乃茶屋・萩乃茶屋・車乃茶屋という茶屋が並び賑わっていた。また,碑の前の道は中国街道(高麗橋から淀川区を通過して山口県下関市へ続く)で,屈曲した道筋が,かつての面影をわずかにとどめている。

ここから毎日放送のビルまで出て,その東側にある国道423号線を,北に100mほど進むと,鶴野町北交差点に出る。右折して150mほど東に進むと,左手に源光寺(浄土宗)がある。747(天平19)年,行基の開基になり,1209(承元3)年に法然上人が源光寺と改め,復興したと伝える。

源光寺から北へ約500m歩くと,城北公園通りに出る。豊崎4丁目交差点を右に曲がり,100mほど進むと,豊崎4丁目東交差点に出る。信号を渡り,北へ進むとすぐの所に豊崎神社がある。正暦年間(990~995)の創建と伝えられ,祭神として孝徳天皇ほかをまつる。

鶴乃茶屋跡の石碑

鶴満寺 ❺
06-6351-0675

〈M▶P. 114, 122〉大阪市北区長柄東1-3-12 Ⓟ
市営地下鉄谷町線・堺筋線,阪急電鉄千里線天神橋筋六丁目駅
🚶 7分

天神橋筋六丁目駅の1・2番出口から都島通りを東へ向かって約400m進むと,左手に国分寺公園がみえる。公園前の道を北に入

水都の面影　121

鶴満寺

国重要文化財の銅鐘　鎌倉時代末期の千手観音立像

ると、すぐ長柄国分寺(真言宗)がある。741(天平13)年、聖武天皇の命により全国に建立された国分寺の1つで、寺伝によれば、前身は孝徳天皇の菩提を弔うための長柄寺であったという。

　長柄国分寺から公園を挟んで100mほど東側に、鶴満寺(天台宗)がある。奈良時代に創建されたという由緒ある寺院で、もとは河内国にあったが、1753(宝暦3)年、長柄の地に移ったという。上方落語「鶴満寺」は、題名そのままに当寺が舞台となっており、境内はサクラの名所としても有名であった。本堂横の銅鐘(国重文)には、「太平十年」(中国遼の年号で1030年にあたる)の鋳銘があり、高麗時代初期の鋳造になるすぐれた作品である。もとは、山口県宇部市普済寺(現、宗隣寺)にあったが、同寺が荒廃した後、長らく土中に埋もれていたのを、元文年間(1736〜41)に、萩藩による堤防工事で発見され、当寺に寄進された。

　鐘楼のそばには俳人鬼貫の墓がある。大坂の俳人田原菊翁によって、1812(文化9)年に建てられた。なお、当寺所蔵の木造千手観音立像(府文化)は、42臂の全身を金泥で塗り、衣に切金文様を施したもので、鎌倉時代末期の作といわれている。

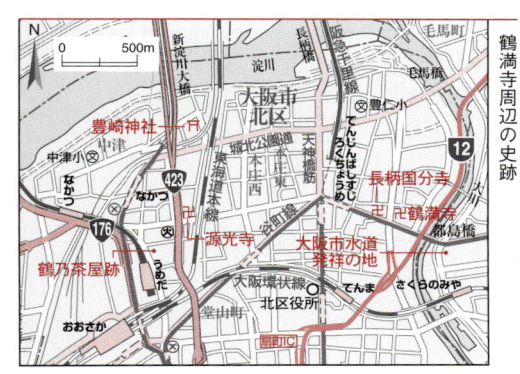

　鶴満寺から都島通りに出て、大川に架かる都島橋を渡る。大川の左岸一帯は、桜の宮公園として整備されており、サイクリングロードも設

鶴満寺周辺の史跡

けられている。都島橋から公園におりると、橋のすぐ下に、大阪市水道発祥の地の石碑がある。大阪市の上水道敷設70周年を記念して、1965(昭和40)年に建てられたもので、取水口の一部が保存されている。完成当時、この取水口から取り入れた水は、浄化されたのち、送水ポンプで大阪城内の配水池に運び上げられ、市内に給水されたという。しかし、急増する水道の需要に対応できず、1909(明治42)年に柴島浄水場が完成すると、取水口は、1915(大正4)年に閉鎖された。

みやこじまじんじゃ
都島神社 ❻
06-6921-5496

〈M ▶ P. 114, 123〉 大阪市都島区都島本通1-5-5　Ｐ

市営地下鉄谷町線都島駅 ⧖ 3分

大阪市内最古の石造遺物 十五神社という別名

都島駅を出て、都島通りを西へ約200m進み、都島本通1丁目の信号を北に折れ、住宅街へ続く脇道を右に入ると、都島神社がある。天照大神を主神に15の神をまつるので、十五神社ともいわれている。淀川の洪水防止を願う後白河法皇の勅願で、近隣農民が協力して、1160(永暦元)年に建立された。境内には、鎌倉時代の石造三重宝篋印塔(府文化)がある。四隅に飾突起のついた屋根を、3層に積み重ねた珍しい形式で、「嘉元二(1304)年」の銘をもつ、市内最古の石造遺物である。

神社から北へ100mほど行くと、左手に母恩寺(浄土宗)がある。1168(仁安3)年、後白河法皇が生母待賢門院を弔うために創建した。創建当時は、数ヵ所の荘園を有する大伽

都島神社周辺の史跡

水都の面影

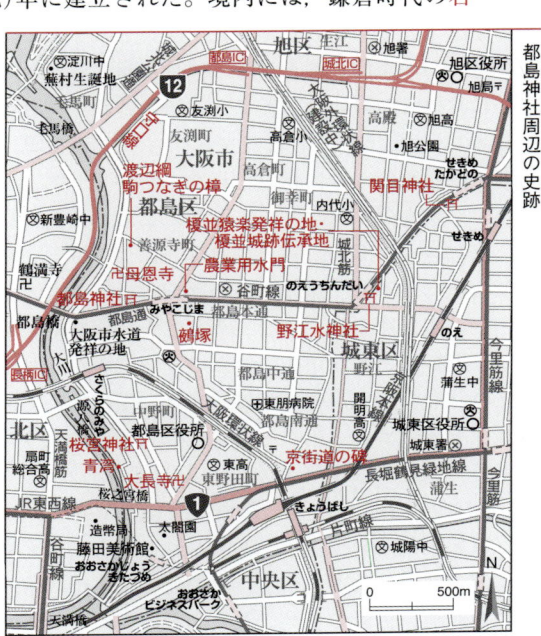

都島神社　　　　　　　　　　　　　　　　　　　　渡辺綱駒つなぎの樟

藍で，寺中に12の坊舎があったという。

　寺を出て，もときた道へ戻り，北に向かって100mほど進むと，右手の道路脇に枯死状態の大きなクスノキがみえる。渡辺綱駒つなぎの樟である。この周辺は，かつて大江山の鬼退治で有名な源頼光の領地であった。長徳年間（995〜999），頼光は一族の武神八幡大神をまつり，産土神社を創建した。そのとき，頼光がこのクスノキを植えたといわれる。頼光の四天王の1人で，この地の管理をまかされていた渡辺綱が，この神社に詣でるとき，いつもこのクスノキにウマをつないだことから，この名がついたという。

　樹齢約900年と推定されるクスノキは，1938（昭和13）年，大阪府の天然記念物第1号に指定された。しかし，第二次世界大戦の戦災に遭い，現在は枯死してしまった。なお，産土神社は1909（明治42）年，都島区中野町の桜宮神社に合祀された。

　都島駅に戻ると，駅の東側の都島本通交差点の北東隅に，小さな水門が植木に囲まれて，ひっそりとたたずんでいる。この交差点周辺は，旧淀川と寝屋川の合流点の北側にあたり，澤上江とよばれ，大正時代まで，淀川の水利に恵まれた田園地帯であった。当時の田園風景を象徴するこの農業用水門は，その名残りをとどめるために再建されたものである。水門のある都島通りから南へ約200m行くと，商店街へ通じる小さな路地に面して鵺塚がある。1153（仁平3）年，宮中に鵺という怪物があらわれ，毎夜近衛天皇を苦しめたという。源頼政がこれを退治し，その死骸を小舟に乗せて淀川に流したところ，河口付近の都島に漂着した。祟りを恐れた周辺の村人の手

によって埋葬され，弔われた所とされている。

関目神社 ❼
せきめじんじゃ
06-6931-6844
〈M ▶ P. 115, 123〉 大阪市城東区成育5-15-20 　P
市営地下鉄谷町線関目高殿駅 🚶 3分

関目という地名の発祥地 大坂城の鬼門除け

　関目高殿駅の1つ東梅田方面寄りの野江内代駅の1号出口を出て左折すると，榎並小学校がある。小学校の敷地に沿って南西に歩くと，すぐの所に野江水神社がある。1533（天文2）年，三好政長が榎並城の守護神として，水火除難の神をまつったのが始まりといわれ，水波女大神をまつる。

　野江4丁目交差点を東に進み，1つ目の信号の手前の路地を左に曲がる。榎並小学校の敷地に沿って進むと，小学校の東門前に，榎並猿楽発祥の地の碑と榎並城跡伝承地の石碑が立つ。

　現在の城東区から都島区にかけての地域は，古くは榎並庄とよばれ，摂関家の広大な荘園があった。鎌倉時代末期に，丹波猿楽の新座として榎並猿楽の座（榎並座）が生まれ，住吉神社（現，住吉大社）の御田植神事に奉仕するなどの特権が与えられ，おおいに栄えた。

　また，16世紀に三好政長が築いた榎並城は，小城ながら，淀川・旧大和川などに三方を囲まれた天然の要害であり，息子政勝とともに居城したと伝えられている。

　関目高殿駅の5号出口を出ると信号がある。これを渡って西に曲がり，道なりにしばらく進むと，左手に関目神社（祭神素盞嗚尊）がある。創建年代は不詳だが，豊臣秀吉が大坂城築城のときに，鬼門除けとして小さな社を建てたのが始まりともいう。

　関目神社境内には，関目発祥之地の石碑が立っている。関目という地名は，平安時代後期の榎並庄の時代からあったもので，この地に見張り所（目でみる関所）があったことからおこったといわれる。

関目神社

水都の面影　　125

関目神社の前を走る都島通りを，道なりに南へ100mほど歩き，最初の信号を東に曲がる。そのまま約400m進むと，京阪電鉄関目駅に着く。

京街道の碑 ❽

〈M▶P. 115, 123〉 大阪市都島区東野田町5-7
JR大阪環状線・京阪本線 京橋駅 🚶3分

豊臣秀吉の造営商店街の中に立地する碑

京街道の碑

京橋駅から北へ約100m行き，JR線の高架をくぐってすぐの所にある京橋の信号を渡ると，京橋中央商店街の入口がある。この商店街の中を200mほど進むと，右手に京街道の碑がある。京街道は，豊臣秀吉が文禄年間(1592～96)に，大坂と京都・伏見を結ぶため，淀川左岸の堤防を改修し，堤防上に陸路を開いたものといわれる。大坂城の京橋口を起点として，京都の鳥羽口と伏見の京橋を終点とする政治・軍事上の幹線で，江戸時代に入り，大坂が江戸幕府の直轄地となると，東海道が大坂まで延長され，京街道は東海道と公認された。現在は商店街となっている街道筋の要所に，説明碑や道標が設置されている。

青湾 ❾

〈M▶P. 114, 123〉 大阪市都島区中野町1-10
JR大阪環状線 桜ノ宮駅 🚶10分

かつては清澄な淀川茶人大江青湾

桜ノ宮駅で降り，大川に沿って桜宮公園を南に500mほど進むと，桜宮神社(祭神天照大神)に着く。もとは東成郡野田村(現，大阪市都島区)にあったが，1620(元和6)年の大和川の洪水で社殿が流され，1756(宝暦6)年に現在地に移築された。桜宮神社からさらに公園内を200mほど南に進むと，左手道路下に青湾の碑が立っている。茶の湯を愛好した豊臣秀吉が，この辺りの淀川の水がとくに清らかだったことから，小湾を設け，大江青湾という茶人にちなんで「青湾」と名づけた。この碑は，1862(文久2)年，湾の近くに

比翼塚(左)と鯉塚

住み幕末南画の振興に尽くした田能村直入が建てたものである。

青湾の碑を過ぎ、約200m進むと桜宮橋(通称銀橋)に着く。ここから国道1号線を東に行くと、東野田交差点に出る。ここを左折し、バス通りを約200mまっすぐ行くと、大長寺(浄土宗)がある。大長寺はもと網島(現、藤田美術館敷地内)にあったが、1909(明治42)年に現在地へ移転した。

1720(享保5)年10月14日の十夜まつりの夜、天満(現、北区)の紙屋治兵衛と曽根崎新地(現、北区)の遊女小春が、大長寺で心中した。近松門左衛門がこの事件を浄瑠璃に仕立てたのが名作「心中天網島」で、境内には2人を供養するために建てられた紙治・小春比翼塚がある。

また、比翼塚の隣に鯉塚がある。1668(寛文8)年、淀川で捕らえられた巴の紋のついた大きなコイが、見世物にされて死んだところ、大長寺の住職の夢枕に、大坂夏の陣(1614年)で討死した武士の霊があらわれたことから、弔ったものと伝えられている。

水都の面影

② 川の景色に彩られた史跡

大阪の母なる川，淀川に沿って広がる当地には，数々の伝説に彩られた，水にかかわる史跡が点在する。

香具波志神社⑩　〈M ▶ P. 114, 128〉大阪市淀川区加島4-4-20　P
JR東西線加島駅🚶10分

加島鋳銭所跡・上田秋成ゆかりの神社

　加島駅で降りて，駅のすぐ東側にある加島駅前交差点を北へまっすぐ延びる道を約800m進むと，香具波志神社に着く。別名加島稲荷ともよばれ，樹齢約800年というクスノキの古木を始め，大樹が多く，静かで落ち着いたたたずまいをみせる。959（天徳3）年創建という古い歴史をもつ神社で，安土・桃山時代から江戸時代にかけては，稲荷信仰の中心地であった。

　社前に上田秋成寓居・加島鋳銭所跡の碑がある。『雨月物語』の作者上田秋成は，1734（享保19）年大坂の曽根崎に生まれ，和漢の古典を学び，和歌・茶道に親しんだといわれる。1773（安永2）年から75年まで当地に居住した。また，「酒は灘，銭は加島」と称された加島銭の鋳造所が，香具波志神社の北方にあった。操業期間は，1738（元文3）年から3カ年にすぎないが，良質の銅銭・鉄銭を鋳造した。

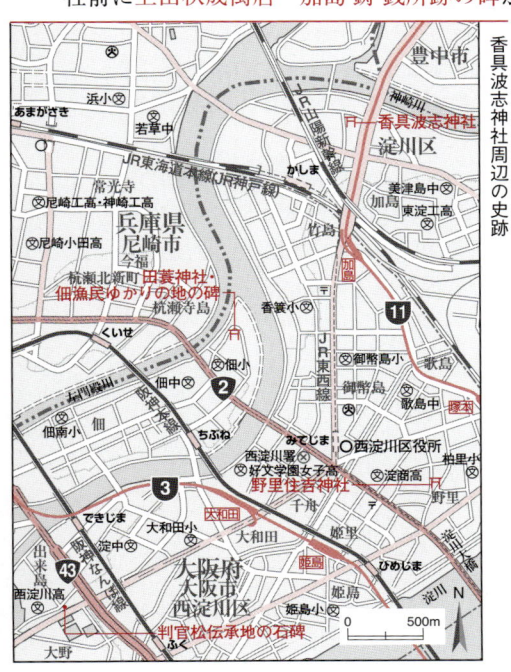

香具波志神社周辺の史跡

野里住吉神社 ⓫
06-6471-0277

〈M▶P.114, 128〉大阪市西淀川区野里1-15-12 [P]
市営地下鉄千日前線野田阪神駅🚌歌島橋バスターミナル行野里🚶6分

足利義満の勧請
野里の一夜官女

　香具波志神社から，もときた道を400mほど戻ると，加島交差点があり，その西側に，市バスの加島バス停がある。そこから，十三方面行きの市バスに乗り，十三バス停で西九条方面行きに乗り換える。野里バス停で降りると，国道2号線の野里交差点がある。ここから北へ一筋入った道を，北に向かって住宅街の中を300mほど進むと，野里住吉神社がある。1382（永徳2）年に足利義満が勧請したといわれ，住吉（筒男）3神と神功皇后をまつる。野里一帯は，1910（明治43）年に完了した新淀川開削までは，旧中津川の右岸に沿って開けた村落で，野里住吉神社の石垣は，旧中津川の堤防の名残りといわれるものである。また，境内には乙女塚が建てられており，龍の池跡地という。

　野里住吉神社には，野里の一夜官女（府民俗）という珍しい神事が伝えられる。毎年2月20日，氏子の中から選ばれた7人の少女が，美しく飾られた桶7台とともに神前に進みでるもので，旧淀川（現，中津川）の災害消除を祈念する神事である。神の名をかたるサル，狒々神に対する人身御供の作法が神事になったといわれ，岩見重太郎の狒々退治にまつわる伝説が残されている。神事に使用される道具には，「元禄十五（1702）年」の墨書があり，古い神事であることがわかる。

　野里から市バスに乗り，歌島橋バスターミナルで出来島駅前行きのバスに乗り換え，佃バス停で下車する。佃交差点から北東に延びる道を，左手に佃小学校をみながら住宅街の中を300mほど進むと，東佃公園の南側にある田蓑神社に着く。神功皇后と住吉（筒

野里の一夜官女

川の景色に彩られた史跡　　129

男)3神をまつる。社前に佃漁民ゆかりの地の碑が立つが、佃は古来、漁業の盛んな所で、慶長年間(1596〜1615)頃、徳川家康に奉仕をした恩賞として各種の特権を受けた。1630(寛永7)年に一部の漁民が江戸鉄砲洲町(現、東京都中央区)への移住を許可されたが、かつての住地にちなんで、その地は佃島と名づけられた。この佃島に建立された佃島神社に、白魚の煮物を供えたことに由来する保存食が、やがて「佃煮」とよばれるようになった。

また、野里から赤バス(コミュニティバス)の西淀川ループに乗り、大和田橋バス停で下車し、国道43号線の大和田西交差点を渡り、南西に約200m行くと、大野下水処理場に着く。その正門前に、判官松伝承地の石碑が立つ。1185(文治元)年源平合戦のとき、讃岐国屋島(現、香川県高松市)に向けて船出した源義経一行は、大波のため当地へ押し戻された。そのとき休息した老松と伝える大樹が、1877(明治10)年の落雷で焼失するまであったという伝承地である。

大願寺 ⑫
06-6391-2489　〈M▶P.114, 131〉大阪市淀川区東三国1-4-5
JR東海道本線 東淀川駅 ⧍ 4分

長柄人柱伝説　推古天皇勅願寺

野里から大阪駅前行きの市バスに乗り、終点の大阪駅前で降り、JR東海道本線に乗り換える。東淀川駅西口を出て、線路沿いの道を北へ80mほど歩き、左に入る小道を進むと、大願寺(法華宗)がある。大願寺は623年、推古天皇の勅願により、長柄人柱となった巌氏の菩提を弔うために建立されたと伝えられる。現在の大願寺は、1709(宝永6)年、大坂の豪商天王寺屋弥右衛門の寄進を受け、貫首日慶上人によって再興された。

「ものいわじ　父は長柄の　橋柱　鳴かずば雉子も　射られざらまし」の歌で有名な長柄人柱伝説とは、長柄橋の架設工事を成功させるため人柱となった巌氏

大願寺

大願寺周辺の史跡

の死後、娘照日はものをいわなくなり、「ものいわぬ女は家に置けぬ」と婚家から離縁されたが、里に帰る途中、キジが撃たれたのをみて、先の歌を詠んだというものである。当寺には、人柱ゆかりの寺宝として、巌氏の肖像画・釈迦如来像・不動明王像・地蔵菩薩像・橋杭の残木などがある。

なかでも地蔵菩薩像は、1019（寛仁3）年3月に長柄橋を再建し、大願寺を再興した後一条天皇が仏師定朝に命じ、橋杭の残木を使って地蔵菩薩を彫らせたものという。開眼供養の際、歌人藤原公任が地蔵菩薩像に向かって合掌し、「長柄江や　藻に埋もれし　橋柱　また道かえて　人渡すなり」との和歌を詠進すると、地蔵菩薩像は微笑したと伝えられ、以来、「浪速の笑い地蔵」として親しまれている。

なお、寺の北東側に隣接する光明ヶ池跡地（飛地境内地）は、人柱埋没の地とされ、巌氏の顕彰碑が立つ。

さて、阪急宝塚線三国駅を下車して北東にのびる道を500mほど進んだところにかつて渡辺邸があった。渡辺家は、源頼光の四天王渡辺綱の子孫といわれ、古くから土地の有力者であった。渡辺邸は主屋の大部分は後世の改造を受けたといわれるが、土間がきわめて広いことや、ほかに例を見ない間取り、柱や梁の太さなど、民家としては特異な存在であり、建築年代も17世紀初頭を下らないものと推定されていた。しかし、2012（平成24）年に解体されてしまった。母屋や土蔵に収められていた掛軸や生活用具などの一部は大阪市に預けられており、一般公開に向けた活用が検討されている。

川の景色に彩られた史跡

崇禅寺 ⓭

06-6322-9309

〈M▶P. 114, 131〉 大阪市東淀川区東中島5-27-44 Ⓟ
阪急電鉄京都線崇禅寺駅 4分

足利義教の菩提寺
細川ガラシャの墓

　三国駅バス停の近くにある阪急電鉄宝塚線三国駅から十三駅まで行き、阪急電鉄京都線に乗り換える。崇禅寺駅で下車し、駅前から北に行くと交番があり、十字路を越えてそのまま北へ約300m進むと、郵便局の斜め前に崇禅寺（曹洞宗）がある。天平年間(729～749)に行基が開いたとも、聖徳太子の創建であるとも伝えられている。1441(嘉吉元)年、室町幕府6代将軍足利義教が赤松満祐に殺され(嘉吉の変)、赤松の一党が逃げ落ちる途中に、その首級を当寺に葬ったことから、翌42年に管領細川持賢が、義教ならびに細川家の菩提寺として建立した。かつては、広大な寺域と豪壮な伽藍を誇る大寺であったが、1483(文明15)年以来、しばしば兵火に遭い、その多くを失った。現在の本堂は、1985(昭和60)年からの復興工事により、1989(平成元)年に、旧本堂と同規模に再建されたものである。

　寺には足利義教の首塚と並んで、細川ガラシャの墓がある。細川ガラシャが1600(慶長5)年の関ヶ原の戦いに際して、夫細川忠興の意を汲み、命を落とした話は有名である。このとき、宣教師オルガンチノが、細川家の焼け跡からガラシャと殉死者の遺骨を拾い、細川家ゆかりの当寺に埋葬したものという。また、敵討ちをして返り討ちに遭った数少ない例として有名な、崇禅寺馬場敵討ちの遠城・安藤兄弟の墓もある。

　寺宝として「細川勝元安堵状」、1461(寛正2)年の「中嶋崇禅寺領目録」などを蔵し、寺領目録の末尾に付載されている「茶年貢目録」は、日本最古のものである。本尊は最澄作とされる木造釈迦如来坐像で、納骨堂には、聖徳太子作と伝える木造十一面観

足利義教の首塚と細川ガラシャの墓

音立像を安置する。境内の足立地蔵尊は、「寛政十一(1799)年」の銘を有し、第二次世界大戦後に復興された茶席庭園は、茶の古木を植え込んだ珍しいものである。

なお、当寺周辺からは、1927(昭和2)年に弥生式土器の壺などが出土し、崇禅寺遺跡として埋蔵文化財包蔵地に指定されている。

山門前に摂津県・豊崎県・県庁所在地跡の碑(府史跡)がある。1869(明治2)年1月に、大阪府から分立した北司農局が摂津県(のち豊崎県)になったとき、同年3月4日から8月2日まで、当寺の伽藍の1つが県庁舎にあてられた。

崇禅寺からすぐ西の所に、中島惣社(祭神宇賀御魂神ほか)がある。645(大化元)年、孝徳天皇が長柄豊碕宮に遷都した際、五穀豊穣を当社に祈り、田地多数を与えて神領にしたといわれ、1908(明治41)～09年にかけて、中島郷48カ村の氏神を合祀した。社殿の多くは、第二次世界大戦の戦災で焼失したが、現在は復興された新しい社殿が目を引く。「建武二(1335)年」「中島惣社」と記された木製額が残されている。

崇禅寺駅の北側を淀川に向かって延びる道を、東に曲がり250mほど進むと、阪急電鉄千里線の線路に出る。そこから線路沿いの道を右折して、南に200mほど進むと、柴島駅に着く。東へ曲がり少し歩くと、柴島中学校の北に面して法華寺(曹洞宗)がある。741(天平13)年、聖武天皇の勅願で創建された摂津国分尼寺が前身であると考えられている。もともとは、大阪市東淀川区柴島辺りにあった寺院で、1406(応永13)年に僧了庵慧明が再興し、禅宗としたものである。1909(明治42)年の柴島浄水場設置にともなって、現在地に移転した。本堂前に塔心礎と伝えられる礎石と、円形の柱座をもつ礎石3個が保存されている。

また、柴島駅から北東へ200mほど行った路地の角に、柴島城跡の碑がひっそりと立っている。西国から京都へ至るための重要拠点であった当地は、軍事上も重視され、1549(天文18)年細川晴賢・三好政長らが拠った城跡として知られている。

川の景色に彩られた史跡

中島大水道跡 ⑭

〈M ▶ P. 114, 131〉 大阪市東淀川区西淡路5-15
JR・市営地下鉄御堂筋線新大阪駅🚌西淡路行淡路四丁目🚶2分

水害防止の水路 復元された憩いの広場

整備された中島大水道跡

淡路四丁目バス停から東海道新幹線の高架に沿って、北東に200mほど進むと、高架の北側の道路沿いに、憩いの広場がある。1988（昭和63）年に、歴史を偲ぶ散策ができるように、緑地帯や照明灯を設けて整備されたもので、中島大水道跡の顕彰碑が立っている。大道村（現、東淀川区）の庄屋沢田久左衛門らを中心とする農民たちの手で、1678（延宝6）年に完成した中島大水道は、1899（明治32）年の淀川改修に至るまでその機能を失わなかった。水害防止のために、東淀川区淡路から西淀川区福町にかけて開削された水路（長さ9.5km・幅19m）であるが、明治時代以降の下水道整備にともない、つぎつぎに埋め立てられた。現在は、水利組合によって、中島大水道の起点を示した新太郎松樋の復元模型と顕彰碑、そして樋門の一部が残されているにすぎない。

定専坊 ⑮
06-6329-1462

〈M ▶ P. 115, 135〉 大阪市東淀川区豊里6-14-25
阪急電鉄京都線上新庄駅🚌豊里回り北淀高校前🚶2分

石山本願寺ゆかりの寺 楠木一族の墓

バス通りから北東へ50mほど小道を進み、住宅街を抜けると、北西に続く道に出る。この道を左に100mほど進むと、定専坊（浄土真宗）がある。行基が開いた寺と伝えられ、初めは西光寺（真言宗）といったが、楠木正勝の孫、掃部助が出家して浄賢を名乗り、浄土真宗に改宗した。石山本願寺ゆかりの寺で、浄土真宗中興の祖蓮如上人も立ち寄ったと伝えられている。境内の鐘楼の鐘は、もと石山本願寺にあったもので、石山合戦（1570～80年）のおりには、早鐘として用いられた。

室町時代の建築様式を今に伝える諸堂は、楠木正成の3男正儀の子正勝が隠棲したことがきっかけとなり、一門が檀家と協力して造営したという。そのため、寺紋には楠木氏の紋である「菊水」が用いられている。鐘楼前には、楠木正勝を始めとする楠木一族の墓が並んでいる。

　上新庄駅まで戻り、都島方面あるいは守口車庫方面行きの市バスに乗り、豊里バス停で下車する。内環状線(国道479号線)を東に約400m進むと、淀川に架かる豊里大橋にたどり着く。この橋の袂の堤防上に、平田の渡し跡の碑が立つ。この地は丹波地方(現、兵庫県)や大和地方(現、奈良県)への交通の要所で、淀川両岸は渡し船で結ばれていた。しかし、1970(昭和45)年3月、日本万国博覧会のときに豊里大橋が完成して廃止された。

定専坊周辺の史跡

定専坊鐘楼と楠木一族の墓

乳牛牧跡 ⓰　〈M▶P. 115, 135〉大阪市東淀川区大桐5-1
　　　　　　　　阪急電鉄京都線上新庄駅🚌井高野車庫行瑞光四丁目🚶10分

平安時代のせせらぎの水路　牛牧

　内環状線(国道479号線)が東海道新幹線の高架と交わる辺り、瑞光二丁目バス停前に、瑞光寺(臨済宗)がある。寺伝によれば、聖徳太子の開基とされ、1643(寛永20)年、僧天然が復興し、白隠禅師を座主とした。境内にクジラの骨を用いた雪鯨橋があることで知られる。現在の橋は6代目のもので、2006(平成18)年秋に完成した。

川の景色に彩られた史跡　　135

乳牛牧跡の碑とせせらぎの水路

　瑞光四丁目バス停で下車し，道路を東に200mほど行くと三差路に出る。ここを南に折れてしばらく進むと，大桐5丁目交差点がある。道路の反対側，市営北大桐住宅の入口付近に「歴史の散歩道」の看板があり，そこから南へ「せせらぎの水路」が続いている。この水路に沿って歩いて行くと，やがて右手に逆巻の地蔵尊があらわれる。淀川での犠牲者を弔うため，1846（弘化3）年に豊里大橋付近の逆巻村（現，淀川河川敷）に建立されたもので，1923（大正12）年現在地に移転されたものである。さらに200mほど進んだ所に，大桐中学校と隣りあうような形で，乳牛牧跡の碑と説明板が立っている。東淀川区の淀川流域一帯は，ウシを放牧・飼育するのに適した土地柄で，平安時代には典薬寮の牛牧となり，乳牛牧あるいは味原牧とよばれた。しかし，しだいに開発が進み，荘園化が進むにつれて，牛牧としての性格は薄れ，室町時代には守護領となった。

Toyono 豊能

箕面の滝

大塚古墳出土武器・武具類

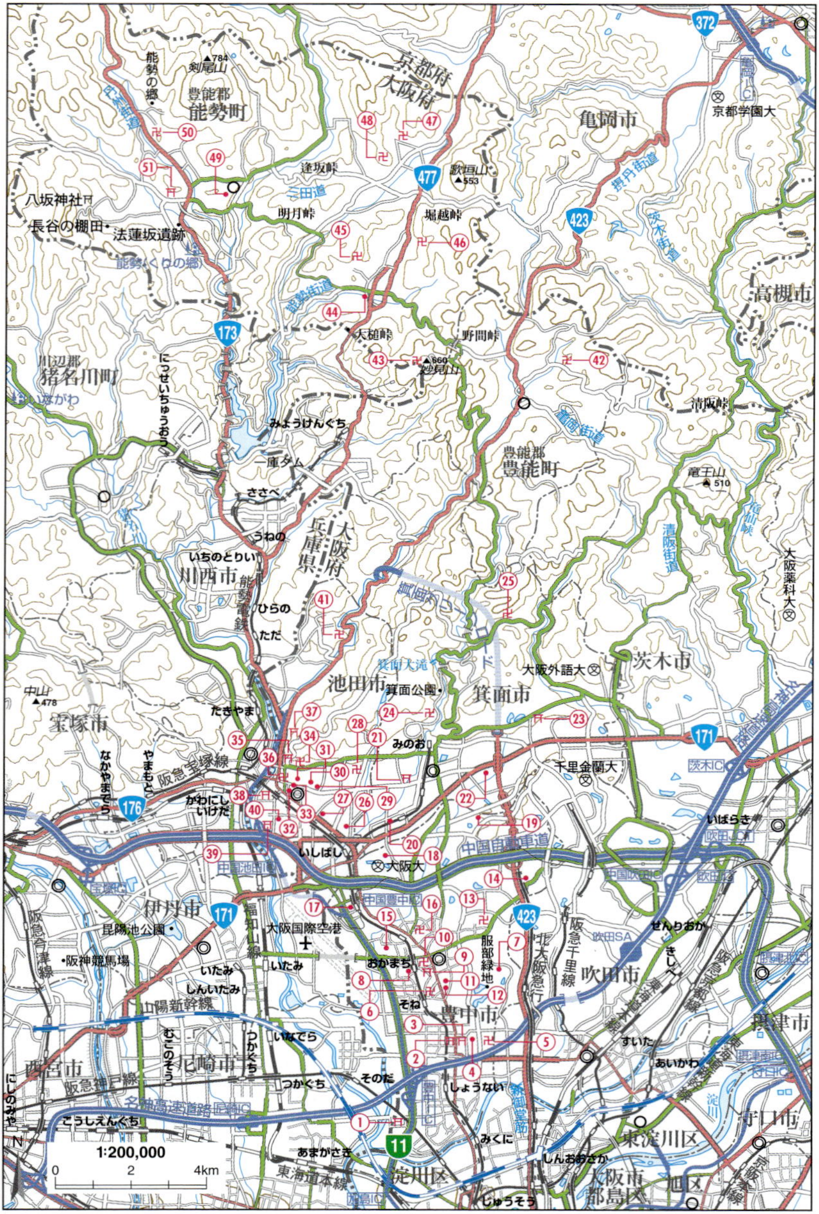

1:200,000
0
2
4km
N
京都府
大阪府
豊能郡
能勢町
剣尾山
▲784
能勢の郷
亀岡市
京都学園大
逢坂峠
明月峠
歌垣山
▲553
堀越峠
摂丹街道
茨木街道
八坂神社
長谷の棚田
法蓮坂遺跡
能勢くりの郷
高槻市
大槌峠
妙見山
▲660
野間峠
清阪峠
川辺郡
猪名川町
にっせいちゅうおう
みょうけんぐち
一庫ダム
ささべ
うねの
豊能郡
豊能町
竜王山
▲510
いちのとりい
川西市
ひらの
ただ
大阪府
兵庫県
清阪街道
大阪薬科大
箕面大滝
池田市
箕面公園
箕面市
大阪外語大
茨木市
中山
▲478
宝塚市
たきやま
みのお
千里金蘭大
茨木IC
なかやまでら
やまもと
阪急宝塚線
かわにし
いけだ
いばらき
吹田JCT
中国自動車道
いしばし
大阪大
中国池田IC
中国吹田IC
中国豊中IC
伊丹市
昆陽池公園
大阪国際空港
阪急今津線
阪神競馬場
いたみ
しんいたみ
おかまち
服部緑地
北大阪急行
阪急千里線
吹田SA
せんりおか
きしべ
吹田市
そね
豊中市
山陽新幹線
いなでら
すいた
摂津市
西宮市
尼崎市
阪急神戸線
むこのそう
つかぐち
そのだ
しょうない
あいかわ
にしのみや
こうしえんぐち
名神高速道路
みくに
守口市
東淀川区
あまがさき
しんおおさか
東海道本線
淀川区
大阪市
都島区
旭区
じゅうそう
372
477
423
173
176
171
11

◎豊能散歩モデルコース

1. 阪急宝塚線服部駅_3_服部天神宮_3_住吉神社_5_今西家屋敷_7_西福寺_17_阪急服部駅_2_阪急宝塚線曽根駅_5_東光院_20_日本民家集落博物館_10_北大阪急行緑地公園駅

2. 阪急宝塚線岡町駅_2_大石塚・小石塚古墳_5_原田神社_2_瑞輪寺_10_御獅子塚古墳_1_大塚古墳_30_熊野田八坂神社_2_宝珠寺_20_旧新田小学校校舎_10_北大阪急行千里中央駅

3. 阪急宝塚線豊中駅_5_高校野球メモリアルパーク_15_豊中稲荷神社_2_金禅寺_10_阪急豊中駅_5_阪急宝塚線蛍池駅_2_麻田藩陣屋跡_2_阪急蛍池駅

4. 阪急箕面線桜井駅_10_半町本陣跡_15_阿比太神社_30_教学寺_3_萱野三平旧邸跡_10_為那都比古神社_15_阪急箕面線箕面駅_20_瀧安寺(箕面寺)_20_箕面の滝_30_勝尾寺_30_北大阪急行千里中央駅

5. 阪急宝塚線石橋駅_5_稲荷山古墳_8_釈迦院_5_鉢塚古墳(五社神社)_20_池田市立歴史民俗資料館_10_池田茶臼山古墳_10_阪急宝塚線池田駅

6. 阪急宝塚線池田駅_5_インスタントラーメン発明記念館_10_呉服神社_15_本養寺_5_伊居太神社_5_大広寺_6_逸翁美術館_2_池田文庫_2_池田城跡_10_阪急池田駅

7. 能勢電鉄妙見線妙見口駅_15_ケーブル前_20_能勢妙見堂_20_ケーブル前_10_野間の大ケヤキ_10_今養寺_5_野神社_15_真如寺_15_清普寺_20_能勢電鉄妙見口駅

①椋橋総社
②服部天神宮
③住吉神社
④今西家屋敷
⑤西福寺
⑥東光院
⑦日本民家集落博物館
⑧大石塚・小石塚古墳
⑨原田神社
⑩瑞輪寺
⑪大塚古墳
⑫御獅子塚古墳
⑬宝珠寺
⑭旧新田小学校校舎
⑮高校野球メモリアルパーク
⑯金禅寺
⑰麻田藩陣屋跡
⑱大阪大学総合学術博物館
⑲桜井谷須恵器窯跡群
⑳半町本陣跡・瀬川宿駅
㉑阿比太神社
㉒萱野三平旧邸跡
㉓為那都比古神社
㉔瀧安寺(箕面寺)
㉕勝尾寺
㉖稲荷山古墳
㉗鉢塚古墳(五社神社)
㉘仏日寺
㉙池田市立歴史民俗資料館
㉚池田茶臼山古墳
㉛小林一三記念館・逸翁美術館
㉜池田文庫
㉝池田城跡
㉞大広寺
㉟伊居太神社
㊱本養寺
㊲愛宕神社
㊳呉服神社
㊴八坂神社
㊵インスタントラーメン発明記念館
㊶久安寺
㊷法住寺
㊸能勢妙見堂
㊹野間の大ケヤキ
㊺今養寺
㊻真如寺
㊼涌泉寺
㊽安穏寺
㊾淨るりシアター
㊿玉泉寺
51岐尼神社

豊中の史跡を訪ねる

1

豊島郡の中央部にあたることから、豊中と命名された豊中市。
国史跡桜塚古墳群など、住宅地の中に史跡が点在する。

椋橋総社 ❶
06-6332-3110
〈M▶P.138〉豊中市庄本町1-2-4
阪急電鉄宝塚線庄内駅🚌上津島経由江坂行庄本🚶3分

承久の乱の原因となった倉橋庄の総産土神

椋橋総社

庄本バス停から阪急電鉄神戸線の踏切を南西に越えた猪名川堤防付近に、椋橋総社(祭神素戔嗚尊・神功皇后)は位置する。

鎌倉時代、後鳥羽上皇は、寵愛していた白拍子の亀菊(伊賀局)に摂津長江庄・倉橋庄(現、尼崎市東部・豊中市南部・大阪市淀川区)を与えたが、地頭がこれを押領したため、上皇は地頭罷免を2度も要求して幕府と対立し、討幕を計画して、1221(承久3)年に承久の乱をおこすことになった。倉橋庄は、猪名川を境にして西を倉橋西庄、東を倉橋東庄とよび、あわせて倉橋庄(椋橋庄)とよんだ。椋橋総社は、創建年代などは定かではないが、倉橋庄の総産土神であったとされる。現在の本殿は、1917(大正6)年に再建されたものである。

2003(平成15)年、この神社近辺が発掘調査され、中世の湊跡がみつかり、注目された。

服部天神宮 ❷
06-6862-5022
〈M▶P.138, 141〉豊中市服部元町1-2-17 🅿
阪急電鉄宝塚線服部駅🚶3分

菅原道真の足を治した「足の神様」

服部駅東口から国道176号線へ向かう途中に、服部天神宮がある。社伝によると、901(昌泰4)年、菅原道真が大宰府(現、福岡県太宰府市)に左遷される途中、この地で脚気に悩まされ、歩けなくなった。村人たちに、医薬の祖神である少彦名命をまつる祠に詣でて祈願するようすすめられ、祈願したところ、足の痛みがなくな

140　豊能

服部駅周辺の史跡

ったという。道真の死後、天神信仰が全国に広まり、花山天皇が985(寛和元)年に、この祠に道真の霊を勧請し、服部天神宮を創建したとされている。こうした言い伝えから「足の神様」と信仰され、江戸時代中期から末期にかけては、この地を通る能勢街道の人馬往来数の増加とともに、おおいに賑わった。上方落語の「池田の猪買い」の話のなかでも、大坂から池田(現、池田市)に向かう途中、服部天神宮が登場する。

現在も足の神として信仰を集めるほか、1951(昭和26)年に、兵庫県川西市花屋敷にあった繁昌稲荷の社殿を境内に移築して、そこに西宮神社(兵庫県西宮市)の分霊を勧請してつくられた豊中戎社も、1月10日の服部戎祭ではおおいに賑わう。そのほか境内には、江戸時代の伊丹(現、兵庫県伊丹市)の俳人上島鬼貫や、大伴大江丸の句碑がある。

住吉神社 ❸
06-6864-0761

〈M ▶ P.138, 141〉豊中市服部南町2-3-31 P
阪急電鉄宝塚線服部駅 5分

服部天神宮から国道176号線に出て、北側の信号を天竺川へ向かって東へ進むと、住吉神社(祭神息長足姫命)の入口が右手にみえてくる。創建については不明であるが、1152(仁平2)年に社殿が再建されたとの伝承がある。現在の社殿は、1961(昭和36)年に、大阪城内に移転した豊国神社の旧社殿を移築したものである。また、社殿の東側にある総ヒノキ造りの能舞台(国登録)は、1898(明治

住吉神社能舞台

豊中の史跡を訪ねる

31)年に大阪博物場(現,大阪商工会議所)に建てられ,その後,1927(昭和2)年に大阪天満宮(大阪市北区)境内に移築され,1981年に当神社が譲り受けたものである。大阪府内では,現存する最古の能舞台である。

総ヒノキ造りの能舞台

壮大な中世荘官の屋敷

今西家屋敷 ❹

〈M ▶ P.138, 141〉豊中市浜1-8-23
阪急電鉄宝塚線服部駅 🚶15分

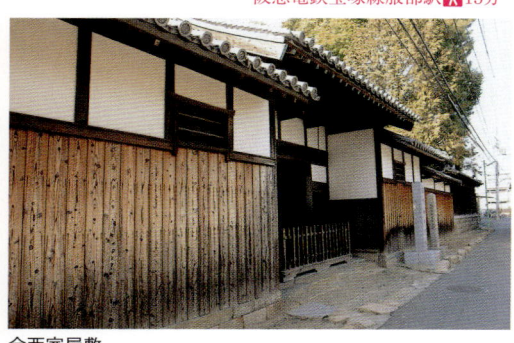

今西家屋敷

住吉神社から東に接する天竺川を越えてすぐの信号を南に入ると,今西家屋敷(府史跡)の木塀がみえてくる。今西家は,中世に春日大社領垂水西牧の南郷目代をつとめていた。当家には,中世の「大田文」(土地台帳)や江戸時代の「今西家文書」など,貴重な文書が多数残されている。当家所蔵の絵図などによると,家の周囲は幅3～4間(約5.4～7.2m)の堀で囲まれており,さらにその周りに2町(約218m)四方におよぶ外堀をめぐらせた,壮大な中世荘官の屋敷であったことがわかる。現在は,内堀に囲まれた部分を屋敷地として残しており,建物は江戸時代中期のものである。屋敷内の春日社本殿は,奈良の春日大社旧社殿を移築したものである。なお,現在も今西家の住宅であり,一般には公開されていない。屋敷の外側から,迷惑にならないように見学していただきたい。

西側の天竺川堤防沿いにある松林寺(臨済宗)に,今西家代々の墓地がある。このなかには,鎌倉時代の墓塔もあり,この寺が建立される以前から,この地に墓地が営まれていたことが想像できる。

西福寺 ❺
06-6332-9669

〈M ▶ P.138, 141〉豊中市小曽根1-6-38
阪急電鉄宝塚線服部駅 🚶18分

今西家屋敷から信号へ戻り,東へ約200mの小曽根信号を越えて

紙本金地著色仙人掌群鶏図(伊藤若冲画)

200mのつぎの小さな信号を南へ100mほど歩くと，西福寺(浄土真宗)がある。1308(延慶元)年に乗雲により，天台宗寺院として開創されたが，この頃荘園内の新名主層の台頭により，浄土真宗がこの辺りにも広まった。これを受けて1318(文保2)年に，覚如により浄土真宗に改宗されたと伝えられている。火災後，1718(享保3)年に再建された。本堂内陣の須弥壇を挟んだ両側に，3面ずつの襖絵紙本金地著色仙人掌群鶏図(国重文)がある。筆者は，江戸時代中期に京都画壇で活躍した狩野派の流れを汲む伊藤若冲で，75歳のときの作品である。

本堂の襖絵は伊藤若冲の代表作

若冲は多くの鶏図を残しているが，この図はそのなかでも，筆力の豪快さ・配色・サボテンの配置などにおいてもっともすぐれたものといわれている。この図は，西福寺檀家であった大坂の薬種問屋吉野寛斎が，親しかった若冲に依頼し，西福寺に寄進したものである。襖の裏面に描かれた水墨画の紙本墨画蓮池図(国重文)も，若冲の秀作である。なお，西福寺境内には，南北朝時代頃のものと考えられる，花崗岩製の石造宝篋印塔の基礎が残されている。

東光院 ❻
06-6852-3002

〈M▶P.138, 145〉豊中市南桜塚1-12-7
阪急電鉄宝塚線曽根駅🚶5分

小さな釈迦如来坐像がある「萩の寺」

曽根駅から高架下の線路沿いの道を岡町駅側に少し歩くと，「萩の寺」と書かれた看板が目に入る。ここを右折すると，東光院(曹洞宗)の山門前に出る。もともと大阪市北区中津付近にあったが，1914(大正3)年にこの地に移った。毎年9月15〜25日には「萩まつり」が開催され，見事なハギの花が咲き揃う。正岡子規もこの寺のハギを好み，その句碑がある。行基の建立と伝えられる本堂には，本尊の十一面観音立像が安置されている。1985(昭和60)年の解体修理で，捻で編んだ紙衣で覆い，その上から漆と金箔が施された，珍しい仏像であることが判明した。この捻は，後醍醐天皇を弔

豊中の史跡を訪ねる　143

木造釈迦如来坐像(東光院)

うため,女官たちが写経した紙でつくったと伝えられている。本堂にはこのほかに,像高わずか7.3cmの小さな木造釈迦如来坐像(国重文)が安置されている。本体と台座が共木で彫り出されており,蓮華座も小さいことから,光背などに取りつけてあった化仏であろうと考えられる。衣文を強調した翻波式の手法が残されていることから,平安時代後期の作と考えられる。駐車スペースはほとんどないので徒歩で行くのが望ましい。

日本民家集落博物館 ❼
06-6882-3137
〈M ▶ P. 138, 145〉 豊中市服部緑地1-2 P
北大阪急行電鉄緑地公園駅🚶10分,または阪急電鉄宝塚線曽根駅🚶30分

全国各地の民家を移築した野外博物館

大阪府北部の憩いの場である服部緑地公園内に,日本民家集落博物館がある。全国各地の民家を移築した,野外博物館である。1956(昭和31)年に飛騨白川郷(岐阜県)の合掌造民家(国重文)が移築されたのをきっかけに,豊中市立民俗館として開館し,1960年に財団法人日本民家集落博物館となり,その後,拡充してきた。白川郷の民家のほか,摂津能勢(現,大阪府)の民家(旧泉家住宅)・信濃秋山(現,長野県)の民家(旧山田家住宅)・日向椎葉(現,宮崎県)の民家(旧椎葉家住宅,いずれも国重文),南部(現,岩手県)の曲家(旧藤原家住宅)・越前敦賀(現,福井県)の民家(旧山下家住宅)・

日本民家集落博物館

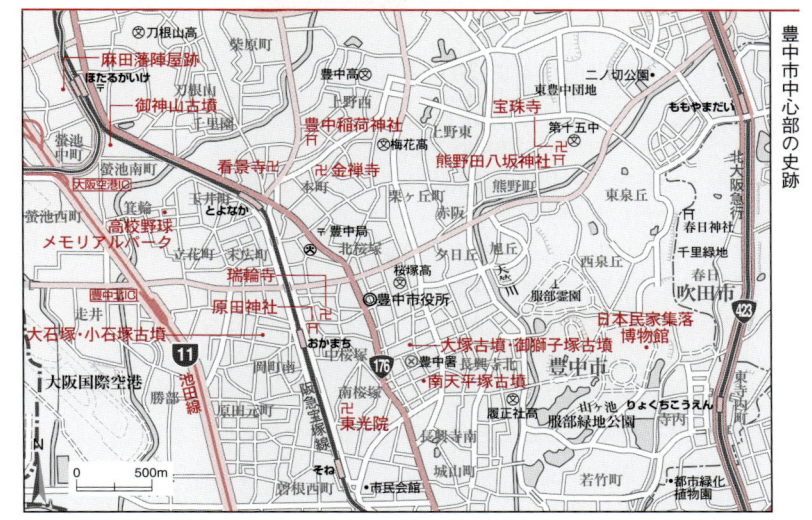

大和十津川(現,奈良県)の民家(旧丸田家住宅)・奄美大島(鹿児島県)の高倉(旧重光家高倉,いずれも府文化),小豆島(香川県)の旧吉田の農村歌舞伎舞台(府民俗)などが立ち並んでいる。

大石塚・小石塚古墳 ❽

〈M ▶ P. 138, 145〉豊中市岡町北1-6
阪急電鉄宝塚線岡町駅🚶2分

桜塚古墳群中、最大・最古の古墳

　岡町駅の西側ロータリーの派出所前から西側に入ると,すぐに森がみえてくる。南北に並んだ2つの前方後円墳が,大石塚・小石塚古墳である。岡町から桜塚一帯には,阪神間(大阪市～神戸市間)でも有数の中期古墳群である桜塚古墳群(国史跡)がある。明治時代の絵図によると,かつて36基の古墳が存在したが,現在は,大石塚・小石塚・大塚・御獅子塚・南天平塚の5基を残すのみとなっている。

　大石塚・小石塚古墳は,そのなかでもっとも古く,4世紀末頃の築造と推定される。南側の大石塚古墳は,3段に築成され,全長80m以上,後円部径48mで,古墳群中,最大の古墳である。墳丘には葺石がみられ,墳丘平坦面には円筒埴輪と朝顔形埴輪が,3本1組で配置されていた。北側の小石塚古墳は,2段築成で,全長49m,後円部径29mを測り,円筒埴輪や壺形埴輪が,墳丘と周濠外側に並んでいた。大石塚・小石塚古墳の東に隣接する豊中郷土館ロビー

には，大石塚古墳出土の埴輪が陳列されている。

原田神社 ❾　〈M ► P. 138, 145〉豊中市中桜塚1-2-18
06-6852-4732　　阪急電鉄宝塚線岡町駅 🚶 2分

悪疫を退散させる獅子神事の総産土神

　大石塚・小石塚から住宅地を南に行けば原田城がある。北城と南城の一対になった中世城館で，「ヨ」の字状の外堀と土塁の残る北城には，和洋折衷の昭和モダンを残す旧羽室家住宅（国登録）がある。土日のみ見学ができる。岡町駅西側は昭和初期に分譲された岡町住宅地で，西山家住宅（国登録）などの名建築が残る。

　岡町駅東側の岡町商店街に入ると，「履物とタマゴの店」と書かれたおもしろい看板が目に入ってくる。第二次世界大戦後，配給で履物と卵を売っていたとのことで，現在は履物のみの店になっている。さらに商店街を歩くと，店の中にケヤキの大木が生えている，奇妙な薬局が右側にみえてくる。このケヤキは，商店街に隣接する原田神社の神木で，参道沿いの店舗がやがて商店街になり，店内に取り込まれてしまったというわけである。

　商店街中央を右に曲がると，原田神社（原田大明神社，祭神素戔鳴尊・大日孁尊〈天照大神〉・月読命ほか）の境内に入る。創建は明らかでないが，社伝では，684年天武天皇が悪疫祓いのため詔勅をくだし，神宝や獅子頭をこの地に納めて祈願した。その後，中世には西牧総社といわれ，榎坂村（現，吹田市江坂）から富松村（現，尼崎市）まで，72ヵ村の産土神として崇敬を集め，悪疫が流行すると，氏子が獅子頭を奉じて，各地を渡御（渡り歩くこと）した。

原田神社本殿

外縁付鈕式流水文銅鐸

1579(天正7)年,荒木村重の乱による兵火で,社殿・宝物は焼失したが,獅子頭・神鏡は無事であった。

現在の本殿(国重文)は,1652(慶安5)年に再建されたものである。五間社流造で,正面に千鳥破風と軒唐破風がみられる。屋根は檜皮葺きである。1688(貞享5)年,京都吉田家から原田大明神の神号が贈られ,現在の社号となり,1868(慶応4)年,有栖川宮家の祈禱所となった。現在でも秋の大祭は,獅子神事祭とよばれ,近隣の12地区が,10月9日の宵宮を中心に御輿を繰り出し,獅子が舞い踊る。

なお,1781(天明元)年,原田神社の山林から2口の銅鐸が出土し,その1つが,現在も神社で保管されている。弥生時代中期前半の外縁付鈕式流水文銅鐸(府文化)で,茨木市東奈良遺跡で出土した,銅鐸鋳型で製造されたものであることが判明している。

瑞輪寺 ⑩
06-6857-5192 〈M ▶ P. 138, 145〉豊中市中桜塚2-2-24
阪急電鉄宝塚線岡町駅 🚶 5分

一休宗純が暮らした禅寺

原田神社から商店街のアーケードに戻り,東に通り抜け,つぎの四つ角を北に曲がると,すぐに瑞輪寺(黄檗宗)がある。瑞輪寺を南に行き,桜塚公園を左に折れ,次の路地を右折すると,江戸時代の建物を残す奥野家住宅(国登録)がある。一般公開はしていない。瑞輪寺は真言宗の桜墳山善光寺という寺で,原田神社の神宮寺だったが,1579(天正7)年荒木村重の乱の兵火で焼失した。元禄年間(1688～1704)に再興し,黄檗宗総本山万福寺の末寺として,現在の寺号になった。本殿には焼失を免れた,平安時代後期作と推定される寄木造の漆箔薬師如来坐像,木彫彩色持国天・増長天像が安置されている。

室町時代には一休宗純が,1417(応永24)年から20年余り滞在したと伝えられ,境内には,子の紹偵の墓と伝えられる僧塚がある。

大塚古墳・御獅子塚古墳 ⑪⑫
〈M ▶ P. 138, 145〉豊中市中桜塚4-15／南桜塚2-2
阪急電鉄宝塚線岡町駅 🚶 12分

瑞輪寺から商店街を東に抜け,国道176号線の豊中市役所前信号を渡り,そのまま東に約100m歩くと,府立桜塚高校がある。北側

豊中の史跡を訪ねる

147

御獅子塚古墳

復元された巨大円墳と前方後円墳

道路に面した，煉瓦と三ヶ所の桜花形の透かし穴があいたコンクリートパネルを交互に組み合わせた趣のある桜塚高等学校塀（国登録）は，旧豊中高等女学校開校以来の塀で，昭和初期のモダニズムを今に残す。園内の大塚古墳は，桜塚古墳群のうちの1基で，3段築成，直径56m，周囲に幅12mもの周濠がめぐっている，阪神間でも最大級の円墳である。5世紀初めの古墳と推定され，大石塚・小石塚古墳についで古い。1983（昭和58）年，史跡整備にともない調査され，3つの埋葬施設が確認された。中央のものは，中世に盗掘され，墓壙の両端のみが残っていた。その両横にある墓は盗掘を免れ，割竹形木棺にガラス・石製の玉類，鉄刀，鉄鏃，短甲，冑，方格規矩獣文鏡，刀剣類，槍，刀子，櫛，石製把付短剣，斧，鎌，鉄製農工具など，豊富な副葬品（いずれも国重文）が発見された。武器類の質と量の多さが特徴的で，ヤマト政権下の武人が被葬者であったと考えられる。

大塚公園の南に隣接する御獅子塚古墳は，2段築成で全長55m，周濠を含めると70mの前方後円墳である。葺石と円筒埴輪・朝顔形埴輪がめぐっており，築造時の姿に復元されている。後円部頂に，長さ5.2mの木棺が残存しており，棺の内外から，鏡・甲冑・刀剣・鉄鏃・農工具・玉類・馬具・革製の楯などが出土した。築造年代は，5世紀中頃と考えられている。

御獅子塚古墳の南にある豊中警察署裏すぐの南桜塚3丁目に，南天平塚古墳がある。現在は，墳丘が崩れて一見して古墳にみえないが，全長28mの前方部がきわめて短い帆立貝式の前方後円墳だったとされている。第二次世界大戦前に発掘調査が行われ，2つの割竹形木棺から，鏡・刀剣・鉄鏃・短甲・三環鈴・馬具・楯などが出土した。また，この木棺の1つは腐らずに残っていたため，初めて割竹形木棺の構造が判明した古墳として著名である。5世紀後半

石造宝篋印塔（宝珠寺）

の築造と考えられ，桜塚古墳群中最後の首長級の古墳である。

　なお，1998（平成10）年，阪急電鉄曽根駅近くの宅地で，墳丘が完全に削平された古墳の周濠がみつかった。円墳か前方後円墳かははっきりしないが，5世紀末の埴輪がみつかっており，桜塚古墳群が曽根駅周辺にまで広がっていたことが判明した。

宝珠寺（ほうしゅじ）⓭
06-6849-9228

〈M ▶ P. 138, 145〉豊中市熊野町（くまのちょう）3-10-1
阪急電鉄宝塚線豊中駅🚌桃山台（ももやまだい）駅前行熊野町東（ひがし）🚶2分

小高い墓地に並ぶ石造宝篋印塔

　豊中駅から桃山台駅前行きバスに乗り，熊野町東バス停で降りてすぐ北側に入ると，熊野田八坂神社（くまのだやさか）(祭神素戔嗚尊)がみえてくる。八坂神社も原田神社と同様の獅子神事祭を行っており，こちらは，1078（承暦2）年に，熊野三社（現，和歌山県）の獅子頭と同様の2体を制作したのが始まりと伝えられている。

　境内の北側の狭い階段をのぼると，宝珠寺（浄土宗）とその墓地が丘の上に広がる。かつては真言宗の寺院で，小さな本堂の西側に，東西2基の石造宝篋印塔（ほうきょういんとう）(旧国重要美術品)が並んでいる。当寺を営んだ花山天皇（かざん）と開基した仏眼上人（ぶつげんしょうにん）の墓塔といわれる。東塔は，相輪（そうりん）頂部の一部が欠損しており，高さは2.15mである。西塔もほぼ同じ高さで，やや新しい。いずれも南北朝時代のものと考えられる。

旧新田小学校校舎（きゅうしんでんしょうがっこうこうしゃ）⓮
06-6858-2581（豊中市地域教育振興課）

〈M ▶ P. 138〉豊中市上新田（かみしんでん）3-3-1
阪急電鉄宝塚線豊中駅🚌津雲台（つくもだい）七丁目行新田幼稚園前（しんでん）🚶1分

　宝珠寺から熊野町東バス停に戻り，東へ約1km行

旧新田小学校校舎

豊中の史跡を訪ねる　149

くと新御堂筋に出る。高架下をそのまま横切り、1本目の道を右に曲がると、木造平屋建ての小さな小学校の建物がみえてくる。旧新田小学校校舎(府文化)である。新田小学校は、1873(明治6)年、上新田村真覚寺(現, 豊中市)に島下郡片山村(現, 吹田市)一番小学校の分校として創立され、1881年に同村字分銅に移転、さらに1900年に当地に新築移転した。建造当時の図面では、中央に玄関・応接室・教員室が並び、東西両翼に第1・第2教室があり、その前に土間の廊下がある。東には物入れと用務員室があり、西には教員住宅が設けられている。明治時代のものとしては珍しい、和風建築の小学校校舎である。

1973(昭和48)年に新築・移転するまで、この校舎は使われ続け、現在は教育資料館として保存されている。毎年秋に一般公開を行っており、明治時代の教室風景を再現し、明治〜昭和時代初期の教科書などの教育資料を展示している。また、市民から寄贈された農耕具などの民俗資料も紹介している。見学は、豊中市教育委員会地域教育振興課に問い合わせるとよい。

和風建築の明治時代の小学校

高校野球メモリアルパーク ⓯

〈M ▶ P. 138, 145〉豊中市玉井町3-2
阪急電鉄宝塚線豊中駅★5分

豊中駅から西に5分ほど歩くと、住宅地の中角地に、高校野球メモリアルパークと書かれたレリーフがみえてくる。今はまったく面影はないが、「夏の甲子園」(全国高校野球選手権大会)の前身にあたる、第1回全国中等学校優勝野球大会が開催された、豊中グラウンドの正門跡地である。第1回大会は朝日新聞社の主催で、1915(大正4)年、東北・東海・京津・関東・兵庫・山陽・山陰・四国・九州の9地区代表と、春の東京都下大会優勝校の早稲田実業学校を

第1回全国中等学校優勝野球大会開催の豊中グラウンド跡

高校野球メモリアルパーク

加えた10代表校で行われ，京都第二中学校が優勝した。この頃は，まだ野球規則が完全に整っていなかったため，急遽，11カ条の大会規則を決定したという。その後，野球審判協議会は，翌年の第2回大会に間に合わせ，野球規則を完成させた。

　豊中グラウンドは，1913(大正2)年，箕面有馬電気軌道(現，阪急電鉄)によって建設され，同時に豊中停留所(豊中駅)も設けられた。1・3塁側には，それぞれ木製の観覧席が設けられ，ほかに応援団席もあった。1917年の第3回大会から，会場は阪神電鉄が建設した兵庫県西宮市の鳴尾球場に移され，1924年の第10回大会からは，この年に完成した同県同市の阪神甲子園球場で行われた。

金禅寺 ⑯
06-6849-5005
〈M ▶ P. 138, 145〉豊中市本町5-3-64
阪急電鉄宝塚線豊中駅 🚶 6分

南北朝時代の三重宝篋印塔がある黄檗宗の寺

　豊中駅から，国道176号線の陸橋を越えて商店街の途中の狭い路地を左に曲がり，さらに少し進んで右に曲がると，**看景寺**(浄土真宗)がある。ここから北東約500mの本町8丁目辺りには，飛鳥時代後期に創建されたと伝えられる，金寺(山)廃寺(新免廃寺)があった。この金寺廃寺の**塔刹柱礎石**(府文化)が，看景寺に移築され，保存されている。

　商店街まで戻り，さらに北東に向かうと，二差路になっている信号に出る。これを，右斜め方向の豊中高校方面に250mほど歩くと，左手に**豊中稲荷神社**(祭神天照大神ほか)を中

金寺廃寺塔刹柱礎石

三重宝篋印塔(金禅寺)

豊中の史跡を訪ねる　　151

心とした稲荷山公園がみえてくる。稲荷神社は，金寺が近衛家から寺領を寄進されたとき，領地の五穀豊穣・住民の家計繁栄の守護神としてまつられたという。1579(天正7)年の荒木村重の乱の兵火で金寺とともに焼失し，1651(慶安4)年に再建された。この地は新免宮山古墳群の稲荷山古墳があった場所でもあり，須恵器棺が出土している。

　稲荷山公園から豊中駅側に少し戻り，写真館正面の細い路地を東へ入って行くと，大応山金禅寺(黄檗宗)の山門がみえてくる。もとは金寺の支院で，これも村重の乱の兵火で焼失したが，1682(天和2)年に黄檗宗の鉄眼上人により再建され，黄檗宗総本山万福寺の末寺となった。金禅寺の本堂右前には，三重宝篋印塔(府文化)がある。花崗岩製で，現在失われている相輪の部分をあわせて，6個の部材からできており，笠が3重になった珍しい形式である。基礎の1面には刻銘があり，「貞和五(1349)年」の年号が記されている。この年号は南北朝時代の北朝年号で，南朝の年号の正平4年にあたる。本尊は木造釈迦三尊坐像だが，このほか木造十一面観音立像(府文化)がある。十一面観音立像は，本堂中央の厨子の内部に，秘仏として安置されている(非公開)。像高145.8cmで，ヒノキの寄木造である。また，胎内の左太股の辺りに，鎌倉時代末期の年号である「正安二(1300)年」の墨書がある。

麻田藩陣屋跡 ❶

〈M ▶ P.138, 145〉豊中市 蛍池中町3-9-20
阪急電鉄宝塚線蛍池駅 🚶 1分

豊能唯一の大名、青木氏1万石の麻田藩

　豊中駅から阪急電鉄でつぎの蛍池駅に向かうと，蛍池駅手前に急なカーブがあり，車窓から西側にこんもりした丘と池がみえてくる。これは，古墳時代前期の前方後円墳御神山古墳で，国道176号線と箕面有馬電気軌道(現，阪急電鉄)の工事の際，一

麻田藩陣屋跡の碑

部削平された。現在は個人宅の敷地で、詳しい調査は行われていない。

蛍池駅改札口を出て西側に行くと、再開発ビル（ルシオーレ）の西裏手に、とよなかインキュベーションセンター（起業家支援施設）がある。この辺りが、麻田藩1万石の陣屋跡である。現在はまったく面影はなく、インキュベーションセンターにわずかに碑が残されているのみである。

1863（文久3）年の記録によると、家臣数110人余りの小藩である。初代藩主青木一重の父重直は、美濃（現、岐阜県）の出身で、初め美濃国守護大名土岐頼芸に仕え、のち斎藤道三・織田信長・豊臣秀吉へと主君をかえていった。一重も初めは今川氏真、一時徳川家康に仕え、その後、丹羽長秀・豊臣秀吉に従った。1614（慶長19）年、大坂冬の陣の際、豊臣秀頼の礼謝の使者として、駿府（現、静岡市）に下向したが、帰途、京都で拘禁され、家康に再び仕えることになった。所領として豊島郡15カ村、川辺郡3カ村、ほかに備中（現、岡山県西部）をあわせて1万2000石余りの外様大名となり、2000石を弟の可直に分け、1615（元和元）年、麻田に陣屋を構えた。幕末まで14代の藩主を数えた。

青木氏の子孫に伝えられる「麻田藩陣屋之図」から、当時の陣屋の規模を推定すると、南北約250m・東西約190mで、鉤形をなしていたと考えられる。東・北2面を内堀に囲まれた本丸に該当する部分には、御殿・会議所・柔剣道場などが立ち並ぶ。外堀の内側（二の丸部分）には、家臣の邸宅が並んでいた。明治時代になり、廃藩置県とともに陣屋は解体されたが、屋敷の表玄関は、豊中市春日町2丁目の報恩寺（浄土真宗）に移築され、現存する。また、同市刀根山元町の上西家にも、陣屋の西の門と伝えられる門が移築されているが、家臣の邸宅の門である可能性もある。青木氏の領地は、現在の池田市南部も含まれており、その菩提寺は、池田市の仏日寺（黄檗宗）である。

大阪大学総合学術博物館 ⓲
06-6850-6715

〈M ▶ P.138〉豊中市待兼山1-20
阪急電鉄宝塚線石橋駅 🚶 15分

石橋駅西口前の商店街を南に50mほど行き、高架下を左折して、

日本にもワニがいた マチカネワニの化石がみられる博物館

大阪大学共通教育本館

国道176号線の阪大下(した)交差点から道なりに坂をのぼると、左手に大阪大学総合学術博物館がある。この建物は、待兼山修学館(国登録)といい、1931(昭和6)年、旧大阪医科大学(現大阪大学医学部)附属病院石橋分院として建てられた。湯川秀樹(ゆかわひでき)ら大阪大学で活躍した研究者の業績や、大学構内で発見された古墳の出土遺物・化石や旧制浪速(なにわ)高等学校時代に収集された、鉱物・岩石標本などの資料が公開されている。

待兼山古墳出土品

博物館横の大阪大学入口を入ると、正面に白い大きな建物が見える。共通教育本館(イ号館、国登録)である。1929(昭和4)年に竣工された旧制浪速高等学校校舎で、鉄筋コンクリート造、四階建の南棟と三階建の北棟が階段でつながりL字型となっている。四階窓の上部は三角形で、階段棟の前面や南棟の窓間には手前に尖った付柱を直線に通すなど、ゴシック建築のようなデザインが特徴的である。

この辺りには、かつて4世紀(古墳時代前期)に築かれた前方後円墳の待兼山古墳が所在した。1916(大正5)年、宅地開発される際に、後円部と考えられる場所から、仿製唐草文四神四獣鏡(ぼうせいからくさもんししんしじゅうきょう)1面、車輪石(しゃりんせき)3点、石釧片(いしくしろへん)1点、鍬形石片(くわがたいし)1点などが出土した(豊中市所蔵、出土品一括は国重文)。直径14.4cmの鏡は平縁(ひらぶち)で、周囲には唐草文をめぐらし、神像と獣形を交互に各4つずつ、放射状に配している。

豊能

車輪石・石釧・鍬形石は腕飾りで、いずれも碧玉製である。博物館には、近年の調査で出土した円筒埴輪などの遺物が展示されている。この地域の最初の首長の墳墓と考えられるこの古墳は、待兼山丘陵北縁の尾根上で、山陽道を望む位置に、前方部を南に向けて立地していた。また、構内にある約40万年前の大阪層群の地層からは、1964(昭和39)年にワニの化石が出土した。この化石は、地名から「マチカネワニ」と命名された。豊中市のマンホールには、「マチカネワニ」にちなんで、かわいいワニが描かれている。

桜井谷の須恵器窯跡群 ⑲

〈M▶P.138〉豊中市北緑丘2
阪急電鉄宝塚線豊中駅🚌千里中央行豊島高校前🚶2分

千里丘陵に分布する大規模な須恵器の窯跡群

桜井谷は、豊中市北部に位置する幅約500mの大きな谷で、この谷の両岸約3kmにわたって、古墳時代の大規模な須恵器窯跡群がある。北緑丘団地や西緑丘の住宅地造成によって、ほとんどの窯跡は消滅した。しかし、最後に造成された府立豊島高校西側の北緑丘2丁目の団地開発でみつかった2基の窯跡は、豊中市の文化財に指定され、緑地帯として保存された。

豊島高校前バス停から西へ約100mにある2-19・2-24窯跡と命名された2基の窯跡は、桜井谷須恵器窯跡群内でも北部の標高65m前後の段丘上に位置する。構造は半地下式で、天井部を粘土により架設している。焚口から燃焼部・焼成部そして煙道部へと、上方に傾斜しながら幅を狭めている。保存状態のよい2-24窯跡は、焚口から後端まで9.5m、最大幅2mを測り、焚口の前面には、幅14mの範囲に焼けた須恵器と灰を取り出した灰原が分布している。灰原には焼成に失敗したり、割れた須恵器の破片が多く残されており、こうした須恵器から、この窯の操業期間が、古墳時代の後期から末期にかけてのものであることがわかる。

桜井谷2-19窯跡

豊中の史跡を訪ねる

2 箕面の史跡を訪ねる

古来,「聖のすみか」とされ,宗派を超えた信仰を集める箕面の滝と,西国街道沿いの史跡など,見どころが多い。

半町本陣跡と瀬川宿駅 ⑳

〈M ▶ P. 138, 157〉箕面市半町2-8
阪急電鉄箕面線桜井駅 🚶 5分

西国街道の宿駅と脇本陣跡

　桜井駅北から西へ向かう道が,京から西国へ通じる西国街道(山崎通)である。寛永年間(1624〜44)には,瀬川宿駅が設けられており,のちに隣接する半町村との「立会駅」になった。駅から500mほど西へ行くと,自動車教習所入口前に,脇本陣であった半町本陣跡がある。1970年代までは長屋門が残っていた。今の梶山邸が,かつての脇本陣の一部である。西隣には,瀬川本陣が明治時代まで残っていたという。西国大名の参勤交代の増加により,瀬川・半町村の人びとにとっては,公用人馬の継立てが大きな負担となった。また,馬借(運送業者)も公用継立てでは負担が大きいため,酒・炭・木材・銅などの民間物資の輸送を行ってきた西に隣接する池田に対して,仕事をまわすように要求し,たびたび争ったが,敗れて衰退していった。

　瀬川付近は,『太平記』や『梅松論』に記される古戦場跡として知られる。1333(元弘3)年,隠岐(現,島根県)を脱出した後醍醐天皇の命に応じて挙兵し,摂津(現,大阪府・兵庫県)に進出した播磨(現,兵庫県)の赤松則村(円心)と,これを防ごうとした六波羅探題勢が戦った瀬川合戦は,箕面市瀬川の箕面川付近で行われた。『太平記』によると,小勢の赤松勢から戦端が開かれ,瀬川宿に陣を構えていた六波羅探題勢を夜襲し,打ち破ったとある。勝利した赤松勢は京へ迫り,激戦が続いた。このとき,鎌倉幕府方の追討軍を率いた足利高氏(尊氏)は,丹波(現,京都府)で幕府に叛旗を翻して六波羅探題を滅ぼした。これにより,後醍醐天皇方の勝利が決定的となり,幕府は滅んで建武の新政が実現した。

　2年後,反乱をおこした足利尊氏は,鎌倉から京都へ攻め入ったが,新田義貞・楠木正成らの軍と激戦の末,西走した。兵庫で態勢を整えた尊氏に対して,新田義貞・北畠顕家軍が京都から向かい,1336(建武3)年2月,両軍が箕面川で激突したのが豊島河原合

豊能

阿比太神社周辺の史跡

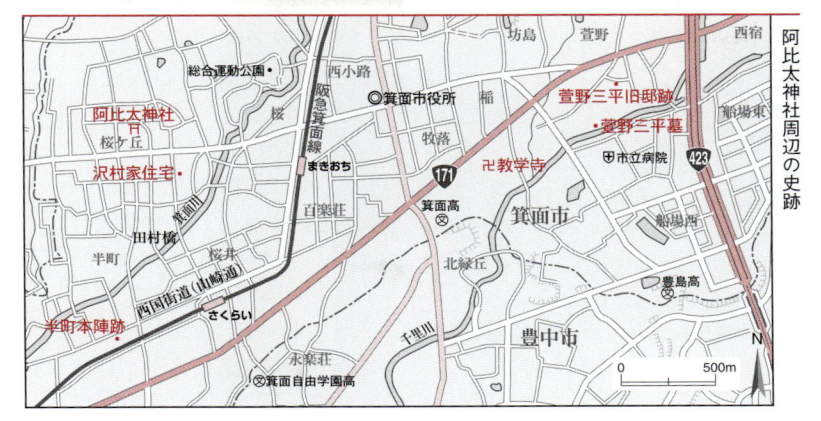

戦である。このとき，尊氏は敗れて再び西走した。『梅松論』に「瀬川の河原にて」と記されていることから，豊島河原合戦の戦場も，箕面市瀬川付近だと考えられる。

阿比太神社 ㉑
あびたじんじゃ
072-721-2096

〈M ▶ P. 138, 157〉箕面市 桜ヶ丘1-8
阪急電鉄箕面線桜井駅 🚶15分

箕面西部の『延喜式』式内社

桜井駅から北へ向かう道を進み，箕面川に架かる田村橋を越えると，閑静な桜ヶ丘住宅街となる。1922（大正11）年，ここで日本初の「住宅改造博覧会」（日本建築協会主催）が開催された。実物の住宅25棟が展示され，博覧会終了後，そのまま分譲されることになった。このときの洋風住宅が現在でも8棟残り，4棟は国の登録文化財となっている。背の高いアーチ型の窓が印象的な沢村家住宅（国登録）を中心とする桜ヶ丘住宅地は，1997（平成9）年，大阪都市景観建築賞特別賞を受賞した。なお，8棟の家は，現在も居住されているので，見学の際には留意されたい。

さらに北へ住宅街を行くと，阿比太神社（祭神素戔嗚尊）がある。『延喜式』神名帳によると，豊島郡には2つの大社と3つの小社の計5社があるが，阿比

沢村家住宅

箕面の史跡を訪ねる

阿比太神社

太神社は、大社の1つである。中世には牧野庄（現、箕面市）の総社と称した。阿比太とは、物部氏の一族ともいわれている阿比太連に由来する。付近には、明治時代にお雇い外国人のゴーランドが調査し、横穴式石室を「日本のドルメン」と称した桜古墳・中尾塚古墳など、古墳時代後期の古墳も数基ある。

萱野三平旧邸跡 ㉒
072-724-7201

〈M ▶ P. 138, 157〉箕面市萱野3-10-4
阪急電鉄箕面線箕面駅🚌粟生団地行萱野三平前🚶
3分

浅野内匠頭刃傷の知らせを赤穂に伝えた悲劇の赤穂藩士

萱野三平前バス停から、国道171号線萱野2丁目信号を南へ入ると、萱野三平旧邸跡（府史跡）がある。この辺りは、古代の豊島郡駅家郷の中心地で、『延喜式』諸国駅伝馬（条）に記載されている「草野駅」に比定されている。

萱野氏は、中世の在地領主と考えられ、戦国時代末期に荒木村重に仕えたが、村重が織田信長に滅ぼされたため領地を失い、慶長年間（1596～1615）に、旗本大嶋氏に仕えるようになった。

萱野三平重実は、大嶋義近の推挙により、赤穂藩（現、兵庫県）主浅野内匠頭長矩に中小姓として仕えた。1701（元禄14）年、江戸城城中刃傷事件のとき、江戸から赤穂への急報の使者となり、途中、萱野村の自宅門前にさしかかったとき、母親の葬式に遭った。しかし、そのまま赤穂へ向かい、城中評議が赤穂城の開城を決定した後に、帰郷して喪に服したという。その後、大石内蔵助良雄らとともに、吉良上野介義央に対する仇討を企てるが、父重利が大嶋家との関係から許さなかった。1702年、主君への忠義と父親との板ばさみに苦しみ、大石に書を送り、自室で自刃した。「晴ゆくや　日ころ心の　花曇り」は辞世の句である。三平は涓泉という俳号をもち、江戸の俳壇でも活躍し、高く評価された。のち、1748（寛延元）年、

萱野三平旧邸跡

竹田出雲らによって脚色された「仮名手本忠臣蔵」が大坂竹本座で初演されて以来，三平をモデルにした登場人物の早野勘平の行為が，実在の萱野三平の事績として錯覚されるようになった。なお，三平の墓は，500mほど南の萱野家墓地内にある。

　萱野三平旧邸跡前の整備された道路が，西国街道である。この道を西へ500mほど行くと，教学寺（浄土真宗）がある。境内に大きな石碑が立っており，カルピスを創業した三島海雲の業績が記されている。海雲は，この寺の住職の子として生まれ，1902(明治35)年中国大陸へ渡り，モンゴルで酸乳に着目した。その後，1917(大正6)年，ラクトー会社（現，カルピス会社）を設立し，2年後に乳酸菌飲料の商品名を「カルピス」として発売した。

為那都比古神社 ㉓
072-729-7045
〈M ▶ P. 138, 161〉箕面市石丸2-10　P
北大阪急行電鉄千里中央駅🚌粟生団地行青松園前
🚶1分

　萱野三平旧邸跡から国道171号線を東へ約1.4km行き，今宮交差点を左折，萱野東小学校を通り越し，200mほど北上すると，右側に為那都比古神社がある。『延喜式』神名帳の豊島郡条にみえる，為那都比古神社2座のうちの1座にあたるものである。もう1座は，西約2kmの新御堂筋辺りの白島に江戸時代まであった大宮神社（明治時代に廃され，現在は，薬師堂と階段のみが残っている）と考えられる。祭神の為那都比古大神は，『日本書紀』仁徳天皇38年

為那都比古神社

箕面の史跡を訪ねる

条にみえる、河辺・豊島両郡にわたる猪名県を支配した古代豪族猪名部氏の氏神と推定され、箕面市稲という地名や猪名川もこれに由来している。

新御堂筋西側の山腹からは、弥生時代後期の如意谷銅鐸が出土している。突線鈕式6区袈裟襷文銅鐸とよばれる形式のものである。銅鐸は、山腹などで偶然発見される場合が多く、出土状況が確認されているものが少ないが、この銅鐸は、発見後すぐに専門家により、長径約1mの長楕円形の穴に横たえられた埋納状況が確認された。出土した遺構(埋納確認型)は、樹脂でかためて剝ぎ取られ、銅鐸とともに、阪急電鉄箕面駅前の箕面市立郷土資料館に展示されている。

瀧安寺(箕面寺) ㉔
072-721-3003
〈M ▶ P. 138, 161〉箕面市箕面公園2-23
阪急電鉄箕面線箕面駅 🚶15分

箕面駅から北の滝道(自動車進入不可)へ入ると、そこは箕面山(国名勝)である。古来、箕面山は箕面の滝を中心に、修験道の中心地として宗派を超えた信仰を集めた。モミジの天ぷらを揚げるみやげ物店が並ぶ滝道をのぼって行くと、右手に聖天宮西江寺(真言宗)への登り口がある。寺の縁起では、聖武天皇の勅願で建立されたと伝える。本堂(聖天堂)に役小角(役行者)作と伝える秘仏大聖歓喜天(聖天)をまつる。

滝道に戻り、500mほど行くと箕面公園昆虫館がある。それを過ぎると箕面川を挟んで箕面山瀧安寺(天台宗)の諸堂がみえる。鳥居から参道をのぼると山門がある。この山門は、光格天皇が1809(文化6)年に、京都御所から移築したものである。山門をくぐると観音堂がある。本尊の木造如意輪観音坐像(国重文)を中心に、弘法大師空海・智証大師円珍、念仏聖として有名な千観上人の諸像

瀧安寺弁財天本堂

古代豪族猪名部氏にかかわる『延喜式』式内社

聖のすみか、箕面寺

が並ぶ。観音堂裏の石段をのぼると弁財天本堂がみえる。後水尾上皇の勅命により，1656（明暦2）年に建立されたもので，日本四弁財天に数えられる本尊の弁財天尊像は，60年に1度公開される。滝道に面した鳳凰閣（国登録）は，昭和時代初期に建てられた重厚な建物である。

箕面山周辺の史跡

　瀧安寺は，役小角が滝の下に堂を建て，弁財天尊像を彫刻して安置し，箕面寺と名づけたのが始まりと伝えられている。平安時代末期，後白河法皇が編纂した『梁塵秘抄』には，「聖のすみかは何処何処ぞ，箕面よ勝尾よ，播磨なる書写の山，出雲の鰐渕や日の御碕，南は熊野の那智とかや」と歌われ，修験道の行者の中心寺院として知られていた。もと，36坊の講堂が滝道に並び，行基・空海・円珍・日蓮・法然・蓮如らの各宗派の高僧も訪れ，また天皇の祈禱所でもあった。後醍醐天皇が隠岐（現，島根県）へ流されたとき，その帰還祈禱を護良親王が当寺に依頼し，その後，後醍醐天皇から瀧安寺という寺号を下賜されたのが寺名の由来である。

　また，当寺には1575（天正3）年に始まるとされる，富会という行事が明治まで続いた。宝くじの始まりとする説もあるが，定かではない。正月7日の修正会の最後の夜に参詣した人が，署名した木札を唐櫃に入れ，法師がそれを引き，当り札に御守・福杖・鏡餅・長命箸などを授けるもので，「寛延元(1748)年」銘の富籤箱（府民俗）が保存されている。現在でも，正月や秋祭りにはその富籤箱を使って，くじ引きが行われている。

　瀧安寺から滝道をのぼると，現在は企業の保養所となっている

箕面の史跡を訪ねる　　161

「琴の家」と、山の上に野口英世像がある。1915（大正4）年、アメリカ留学から帰国後、野口英世が母親を連れて来遊した際、料理旅館「琴の家」に立ち寄った。英世が年老いた母親に、みずから食事を食べさせたことを聞いた女将の妹南川光枝が、市民の募金と私費で、1955（昭和30）年に建てたものである。

ここから約30分滝道をのぼると、箕面の滝に至る。高さ33mで、秋の紅葉の時期はとくに美しい。滝周辺にかけて、サル（国天然）がたくさんあらわれる。食べ物をみせるとおそってくるので、注意が必要である。

勝尾寺 ㉕
072-721-7010

〈M ▶ P.138, 161〉箕面市粟生間谷2914-1 P
北大阪急行電鉄千里中央駅🚌北摂霊園行勝尾寺🚶1分

中世には僧兵を擁した北摂の名刹

箕面の滝の上にのぼり、車道をさらに北へ30分ほど歩くと、勝尾寺（真言宗）がみえてくる。楼門から南へのぼる急な坂は旧参道で、国道171号線の勝尾寺口バス停付近の大石鳥居まで続いている。この旧参道には、8基の町石塔婆（国史跡）があり、1247（宝治元）年建立の日本最古の町石である。

応頂山勝尾寺は、光仁天皇の皇子開成王が、727（神亀4）年に開基し、善仲・善算法印を開山と伝える。初め、弥勒菩提院とよばれたが、同寺に深く帰依した清和天皇が、寺号を勝尾寺と改めさせた。こうした由緒により、朝廷の保護のみならず、清和源氏の流れを汲む、鎌倉・室町幕府の将軍家からも保護を受けることになり、勢力の拡大につながった。しかし、周辺の土豪との争いは絶えず、僧兵を多く擁して対抗した。1333（元弘3）年の瀬川合戦においては、後醍醐天皇方の赤松則村に味方して勝利に導き、室町時代には荘園領主として多くの荘園をもつに至った。

真新しい楼門から

勝尾寺本堂

162　豊能

石段をのぼると，宝物庫が右手にある。平安時代初期の木造薬師如来坐像及び脇侍像（いずれも国重文），木造千手観音立像，木造男神立像，室町時代の絹本著色阿弥陀三尊像（いずれも府文化）のほか，1193点におよぶ勝尾寺文書（府文化），法華経巻第四（国重文）などが所蔵されている。境内の伽藍は，近年建て替えられた本堂や楼門など以外は，豊臣秀頼の命により，片桐且元が修築したものである。また，寺背後の山頂には，開成王の墓塔があり，積石塚の中央に「元亨四（1324）年」銘の宝篋印塔が立っている。さらに境内の石造五輪塔（府文化）は，鎌倉時代初期のものである。

　1962（昭和37）～63年の発掘調査で，勝尾寺周囲の山中から旧境内牓示八天石蔵（国史跡）が8基発見された。石蔵からは，陶製容器に収められた青銅製の四天王・四大明王像（出土品一括，国重文）が出土し，石蔵は山論（山林の入会権をめぐる紛議）に際して，1230（寛喜2）年に建てられたものと推定されている。

③ 石橋から池田へ

近世,北摂の商業都市として栄えた池田は,古墳と穴織・呉織の縫工女伝説にまつわる史跡が多く残されている。

稲荷山古墳 ㉖ 〈M▶P. 138, 165〉池田市井口堂1-5
阪急電鉄宝塚線石橋駅 🚶10分

古墳時代後期の前方後円墳

石橋駅西口から石橋商店街を西に通り抜け,突き当りの道路を北へ50mほど行くと,国道176号線交差点に出る。さらに国道を横断して,阪急バス井口堂車庫内の市道を北へ200mほど進むと,古墳時代後期古墳と考えられる稲荷山古墳(二子塚古墳)がある。

丘の頂上に稲荷の祠があり,石室が開口している。全長約70m・高さ約10mの前方後円墳で,東西に2つの石室をもっている。東側の石室は破壊されているが,西側の石室は完存しており,羨道の長さ約1.5m・高さ約70cm・幅約90cm,玄室の長さ約4m・高さ約1.8m・幅約1.5mの両袖式の横穴式石室である。なお,現在は墳丘が崩れてきたため,周囲に柵が設けられ,危険なので,立入禁止である。

鉢塚古墳(五社神社) ㉗
072-761-7200(五社神社)

〈M▶P. 138, 165〉池田市鉢塚2-4
阪急電鉄宝塚線石橋駅 🚌池田行尊鉢 🚶5分

日本最大級の横穴式石室

稲荷山古墳から北へ20mほど歩くと,「右大坂」と書かれた道標がある。これを左に曲がり,100mほど道なりに進むと,大きなバス通りに出る。信号を渡り,そのまま西へ進むと,中国風の門がある水月公園がみえてくる。池田市の姉妹都市である中国の蘇州市から寄贈された門で,北側の丘上の花菖蒲園にも寄贈された建物がある。水月公園を過ぎてしばらく歩くと,釈迦院(尊鉢厄神,真言宗)がある。釈迦院の西に五社神社があり,その境内の森が鉢塚古墳(府史跡)である。

石造宝篋印塔(釈迦院)

池田市中心部の史跡

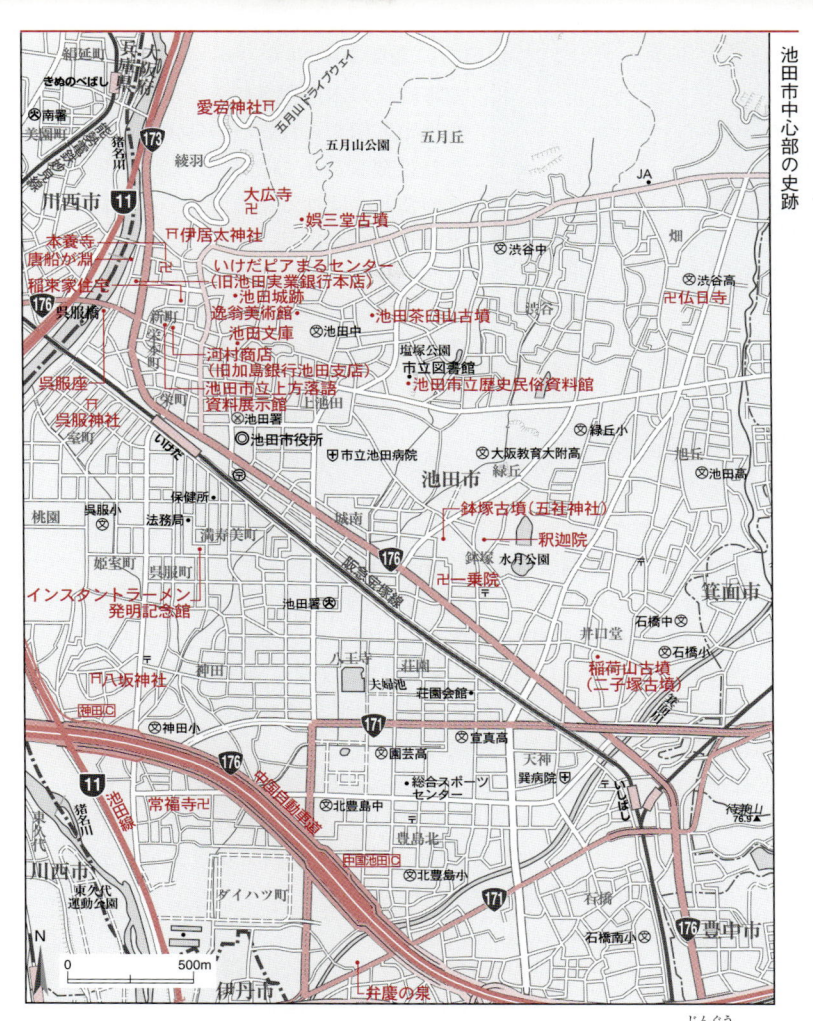

　この三者は，きわめて関係が深い。釈迦院の寺伝によると，神功皇后が，大陸からもたらされたという釈迦の仏舎利を収めた多羅宝鉢を，石窟を築いて収めたのが鉢塚で，その後，奈良時代に行基が霊夢をみて，この石窟を掘って仏舎利を得，聖武天皇の勅により鉢多羅山若王寺釈迦院を建立したという。釈迦院は，高野山西禅寺末寺で，1589（天正17）年，僧伝誉により再建された。本尊は

石橋から池田へ　　165

石造十三重塔(鉢塚古墳玄室内)

室町時代の木造釈迦如来坐像で、鉢塚出土と伝えられる石の鉢があるが、これは後世のものである。藤原景正の墓とよばれる花崗岩製の高さ約1mの宝篋印塔には、「正安元(1299)年」の銘が刻まれており、池田市では最古の金石文である。また、釈迦院には、尊鉢厄神もまつられ、毎年1月18・19日には「厄神さん」の大護摩が焚かれる。

鉢塚古墳は、古墳時代後期の1辺が約40mの上円下方墳で、全長約14m・玄室の長さ6.5m・高さ約5mの日本屈指の規模をもつ横穴式石室がある。北側には幅約3mの周濠が残っている。玄室内には、鎌倉時代の石造十三重塔(国重文)があり、左右に不動明王をあらわす板碑と石造地蔵菩薩像を安置している。上円部からは、1964(昭和39)年、鎌倉時代の経塚が発掘された。鉢塚古墳は、五社神社が管理しており、見学前には予約しておくとよい。経塚出土遺物(府文化)も、五社神社が所蔵している。

五社神社の約100m南の一乗院(真言宗)は多羅山と号し、行基開創の寺伝がある。本尊の木造聖観音立像と木造多聞天立像は、平安時代後期の作でヒノキの一木造、木造春日竜神立像・木造雨宝童子立像は、室町時代の作と考えられている。

仏日寺 ㉘　〈M ▶ P. 138, 165〉池田市畑1-18-17　P
072-753-2567　　阪急電鉄宝塚線石橋駅🚍 東 畑経由池田行石澄🚶 3分

麻田藩1万石の菩提寺

石澄バス停から府立渋谷高校正門前を進み、突き当りを左折し、すぐにまた左折すると仏日寺(黄檗宗)がある。黄檗宗総本山万福寺末寺で、釈迦如来像を本尊とする。この像は、万福寺の本尊をつくった中国明代の范道生の作である。

1630(寛永7)年、麻田藩(現、豊中市)2代藩主青木重兼が、天王山(現、豊中市蛍池東町)に、松隣院という寺を建立したが、1654(承応3)年に現在地へ移転した。1658(万治元)年、来日した

麻田藩主累代の墓(仏日寺南林墓地)

黄檗宗祖隠元を招いて開山とし、観光山摩耶寺と号したが、すぐに摩耶山仏日寺と改称した。麻田藩の菩提寺として寺領200石を与えられ、大伽藍を構えたが、明治時代の廃藩置県後、寺勢は衰えた。

近年まで、中国風の山門と本堂があったが、1995(平成7)年の阪神・淡路大震災により傷み、新しい門と本堂に建て替えられた。約20m南方の南林墓地には、14代重義をのぞく麻田藩主累代の墓塔が並ぶ。無制無縫塔とよばれる形式で、池田市内では珍しいものである。

池田市立歴史民俗資料館 ㉙
072-751-3019

〈M▶P.138,165〉池田市五月丘1-10-12
P
阪急電鉄宝塚線池田駅🚉池田市内線辻が池公園前🚶5分

池田の歴史・民俗の研究施設

鉢塚古墳北側の能勢街道を北西へ進み、大阪教育大学附属小・中・高校の正門前を通り、約500m歩くと辻が池公園に出る。公園北側の交差点から北側斜めに坂道をのぼって行くと、池田市立図書館と池田市立歴史民俗資料館が並んで立っている。辻が池公園前バス停からは、東へ50mほど行くと着く。

資料館には、旧武呂家樽桶作り用具一式(府民俗)が、常設展示されている。武呂家は、「樽巳」の屋号で、池田や川西・伊丹(現、兵庫県)など、各地の酒造用仕込桶などの製造修理に携わった、池田で最後の桶・樽職人の家だった。江戸時代初期、清酒発祥の地である伊丹とともに、おおいに栄えた池田の酒造業の伝統を実感できる。また、池田茶臼山古墳など、池田市内の古墳・遺跡の遺物も展示されている。

資料館裏には、後期古墳の五月丘古墳があり、横穴式石室に陶棺がおかれていた状況が復元されている。

石橋から池田へ　　167

池田茶臼山古墳 ❸⓪

池田最古の前方後円墳

〈M ▶ P. 138, 165〉池田市五月丘1-42
阪急電鉄宝塚線池田駅🚌池田市内線五月丘1丁目
🚶3分

　歴史民俗資料館から北へ，五月山へ向かう途中にある五月丘1丁目バス停を左折すると，池田茶臼山古墳(府史跡)がみえてくる。丘陵鞍部を利用した，全長約62m・後円部径約33m・前方部幅約18m・後円部の高さ約6.5m・前方部の高さ約33.5mの大きな前方後円墳である。4世紀後半の前期古墳で，さらに北側にある円墳の娯三堂古墳とともに，豊能では最古の古墳である。後円部頂上の石碑横には，竪穴式石室の天井石が露出している。1958(昭和33)年，発掘調査が行われ，長さ約6.4mの竪穴式石室が発見された。

　石室は何度も盗掘されたようで，遺物は少量であったが，石室と割竹形木棺の構造が把握された。遺物は，鉄剣・ガラス製小玉89個・碧玉製釧・碧玉製管玉6個・土師器脚付椀(出土品一括，府文化)が出土した。また，埴輪円筒棺が前方部・後円部の境と，後円部の北側からそれぞれ出土した。遺物は，池田市立歴史民俗資料館で展示されている。古墳から南方を見渡すと，西摂平野が一望でき，支配者の墓として相応しい立地である。

池田茶臼山古墳

小林一三記念館・逸翁美術館・池田文庫 ❸①❸②

阪急電鉄創業者小林一三(逸翁)の邸宅

072-751-3865／072-751-3185

〈M ▶ P. 138, 165〉池田市建石町7-17／栄本町12-1
阪急電鉄宝塚線池田駅🚶10分

　池田茶臼山古墳から，市立池田中学校の北側の道を西へ向かうと，小林一三記念館がある。1910(明治43)年に開業した箕面有馬電気軌道(現，阪急電鉄)の創業者の1人で，3代社長小林一三(雅号逸翁)

の旧邸雅俗山荘(がぞくさんそう)(茶室即庵・費隠(ひいん)、長屋門、塀も含めて国登録)である。1957(昭和32)年以来美術館であったが、美術館新築に伴い、小林一三の事績を紹介する施設として、2010年に開館した。

記念館から西南に約50m下ると、逸翁美術館と池田文庫がある。逸翁美術館は、小林が収集した古筆・古経・絵巻・中近世の日本絵画、世界各地の陶磁器、日本・中国の漆芸品など約5000点に及ぶ。この中には、紙本著色佐竹本三十六歌仙切(しほんちゃくしょくさたけぼんさんじゅうろっかせんぎれ)(伝藤原信実筆(のぶざね))、紙本著色豊臣秀吉像画稿(とよとみひでよし)(伝狩野光信筆(かのうみつのぶ))、紙本淡彩奥の細道画巻(たんさいおくほそみち)(蕪村筆(ぶそん))・紙本墨画淡彩白梅図屛風(ぼくがはくばいずびょうぶ)(呉春筆(ごしゅん))など重要文化財15点、古今和歌集(こきん)(伝藤原為家筆(ためいえ))など国の重要美術品20点が含まれている。

池田文庫は、1932(昭和7)年、演劇専門の図書館として宝塚新温泉内に設立された宝塚文芸図書館を前身とする。1949(昭和24)年映画・演劇書、役者絵・絵看板・番付(ばんづけ)などの歌舞伎関係資料などの蔵書が池田に移され、池田文庫として開館した。上方(かみがた)役者絵の所蔵数は世界一で、さらに宝塚歌劇・阪急電鉄創業以来の経営・演劇・交通などすべての資料が揃っている。入館は中学生以上が可能で、貴重図書・資料の閲覧には紹介状が必要である。

池田城跡(いけだじょうあと) ㉝ 〈M ▶ P. 138, 165〉池田市城山(しろやまちょう)町3-46
阪急電鉄宝塚線池田駅🚶12分

池田文庫前の道を約100m北へ進むと、池田城跡公園の入口があり、池田城跡がある。池田城は1319(文保(ぶんぽう)3)年、池田教依(のりより)により築かれたと伝えられる。五月山の丘陵先端を掘削して独立丘陵としたもので、現在は、本丸(ほんまる)跡と堀が残っているのみである。東西約330m・南北約550mの中世城郭(じょうかく)で、隣の池田市立城山勤労者センター1階ロビーに、池田城についての展示があり、復元模型もある。

池田氏の出自については不明な点が多く、年代の判

池田城跡公園

石橋から池田へ

明する史料の初見は、1364(貞治3)年の池田親政である。室町時代中期には、摂津国守護細川氏の代官として勢力を強め、高利貸も行っていた。池田充政(充正)は、奈良春日大社所有の桜井郷(現、箕面市桜井)を入質させ、大田庄(現、茨木市)も公卿・学者として著名な一条兼良から購入している。1469(文明元)年、充政のとき、応仁の乱(1467～77年)で西軍大内氏の攻撃により池田城は陥落するが、大内軍が去ったため、充政は城を奪回した。しかし、充政の子の貞正のとき、細川氏の内紛で細川澄元方についたため、細川高国に攻められ、1508(永正5)年に池田城は再び陥落した。この戦いの最中に、高国方へ寝返った池田正盛が城主となったが、1519年、池田城を脱出していた貞正の子の久宗が城を奪い返した。この後も細川氏の内紛に翻弄され、池田長正のとき、三好長慶の下に屈従を余儀なくされた。

　1568(永禄11)年、織田信長の上洛により、摂津攻めが始まった。三好三人衆は戦わずして逃亡し、降伏しなかったのは、池田勝正の守る池田城のみとなった。信長の池田城攻撃に、池田氏は激しく抵抗するが、城下に火を放たれたため、ついに勝正も降伏した。池田城の発掘調査で、このときの火災の跡が確認された。

　池田氏の家臣で、三好方の池田二十一人衆の荒木村重は、勝正を追放し、弟の知正を城主とした。1571(元亀2)年、信長の命により、細川藤孝が池田城を攻撃してきた。村重はこの攻撃に耐えたが、2年後には信長の家臣になり、摂津守に任じられ、池田氏もその支配下に入った。村重は池田城を三の丸を備えた近世城郭として整備したが、伊丹氏を倒し有岡城(現、兵庫県伊丹市)を築くと、1574(天正2)年、池田城は破却された。その後1579年、村重の謀反で有岡城が陥落すると、池田は豊臣秀吉の領地となった。

荒木村重の主君、国人領主池田氏の居城

大広寺 34
072-751-3433

〈M ▶ P.138, 165〉池田市綾羽2-5-16 P
阪急電鉄宝塚線池田駅|池田市内線大広寺 2分

歌人肖柏が住んだ池田氏の菩提寺

　池田城跡から北に約100m向かい、五月山体育館の横を通ると、バス通りに出る。大広寺と書かれた看板を北に入り、陽春寺(曹洞宗)駐車場横の階段をのぼると、塩増山大広寺(曹洞宗)である。山号は、山上にあった池の水が、海の干満に応じて増減したことから

牡丹花隠君遺愛碑(大広寺)

ついたという。室町時代中期,応仁の乱(1467～77年)で細川勝元の家臣だった池田充政(充正)が創建したもので,本堂左手にある墓地には,かつて池田氏累代の墓が並んでいたが,今は２基を残すのみである。最上段の西側に,最後の城主池田知正,知正の甥で養子になった池田三九郎の墓塔が並ぶ。ともに五輪塔で,それぞれの法号が刻まれている。

充政は,寺の裏手の五月山に望海亭を設けた。大広寺の祥山禅師が,五山文学僧の横川景三禅師に依頼して書かれた580字の書が『望海亭記』で,この地が文人墨客の来遊する景勝地であったことを示している。望海亭跡には,1841(天保12)年に池田の国学者で,歌人でもあった山川正宣が建てた碑が残されている。

本堂・開山堂・書院・庫裏(府有形)の建物前には,牡丹花隠君遺愛碑が立っている。1804(文化元)年,池田の儒学者田中桐江が,室町時代に当寺に住んだ歌人牡丹花肖柏の風流韻事を慕って建てたものである。肖柏は和歌を飛鳥井宗雅に,連歌を宗祇に学んだ。宗祇とともにしばしば摂津の諸将と連歌の興行をもち,池田正盛の庇護を受け,大広寺内の泉福院に隠棲し,風流を楽しみ,夢庵と号する草庵を結んだ。肖柏が夢庵でつくった「笹の葉の　音も便りの霜夜かな」の句がある。1518(永正15)年,戦乱の池田から堺(現,堺市)に移ったが,池田在住中,正盛以下,正能・長正・正郷・正棟らに和歌・連歌を教えた。

本堂の東側の駐車場に隣接する西側の山の中に,前期古墳の娯三堂古墳(４世紀後半)がある。直径約30m・高さ約５mの円墳で,1897(明治30)年に竪穴式石室から半円方格帯放射式神獣鏡１面,碧玉製石釧１個,碧玉製管玉４個,鉄斧４本,直刀６本,小刀２本,鉄器１個(出土品一括,府文化)が出土した。遺物は池田市立歴史民俗資料館が所蔵・展示している。

石橋から池田へ

伊居太神社 ㉟
072-751-4652

〈M ▶ P.138, 165〉 池田市綾羽2-4-5 P
阪急電鉄宝塚線池田駅 大 15分

池田に伝わる縫工女伝説

大広寺墓地から五月山ドライブウェイ沿いの歩道をくだり，公園に出ると，五月山動物園の下に『延喜式』式内社の伊居太神社（祭神応神天皇・仁徳天皇・穴織大明神ほか）がある。祭神の穴織大明神については，約900m南にある呉服神社の呉織（服）大明神とともに，多くの伝承が残されている。

『日本書紀』によると，「応神天皇37年，阿知使主らを呉の国へ派遣して縫工女を求めた。阿知使主は，4年後，兄媛・弟媛・呉織媛・穴織媛の4人の工女を伴って帰国し，筑紫の宗像の神に兄媛を献じ，ほかの3人を連れて，住吉津・武庫津（現，兵庫県西宮市）に戻ってきたが，天皇は亡くなっていた。そこで天皇の第4皇子の大鷦鷯尊に献上した」とある。

機織り技術を日本に伝えた4人の縫工女のうち，穴織媛（綾羽）を秦上社（伊居太神社），呉織媛を秦下社（呉服神社）の祭神としたのであるが，なぜ，中央の伝承である縫工女伝承が，池田にもたらされたのであろうか。

もともと池田は，渡来系氏族秦氏の拠点の1つで，今も秦野・畑の地名が残っている。阿知使主に始まる渡来系の東漢氏に連なる坂上氏の一族土師正任が，平安時代中期に土着し，呉庭と名づけた。その子孫正友が，1165（長寛3）年，後白河法皇の法華堂に荘園として寄進し，呉庭庄とよばれた。こうしたなかで，中央の伝承である阿知使主と，縫工女の伝承が池田にもたらされたと考えられる。

中世の呉庭庄は，土師正季が呉庭総社に牛頭天王をまつり，みずから神主となって，祭政一致の支配を行ったが，室町時

伊居太神社社殿

代中期には領主の系統が絶え、国人領主池田氏の支配下に入る。池田氏は、川辺郡小坂田(現、兵庫県伊丹市小阪田)から『延喜式』式内社の伊居太神社を現在地に移して秦上社とし、さらに秦下社(呉服神社)を建てて、穴織媛・呉織媛をまつった。

天正年間(1573〜92)に焼失したが、1604(慶長9)年、豊臣秀頼の代官片桐且元により、社殿が再建された。江戸時代中期にも修築が行われている。

本養寺 ㊱
072-751-2661

〈M ▶ P. 138, 165〉池田市綾羽2-2
阪急電鉄宝塚線池田駅 🚶10分

京都四条派の祖、呉春ゆかりの寺

伊居太神社の階段をくだり、右手に入ると端光山本養寺(日蓮宗)がみえてくる。本堂は1995(平成7)年の阪神・淡路大震災後、建て替えられたが、池田に8年間居住した四条派の祖、呉春(松村月渓)作の屏風絵などが残されている。

本養寺から南の栄町商店街へ向かう道には、18世紀中頃の古い格子戸のある稲束家住宅(国登録)や、呉春にちなんだ清酒呉春の酒蔵がある。与謝蕪村に師事した松村月渓は、1781(天明元)年、蕪村のすすめで池田に転居し、翌年の春、池田の古名である呉服里にちなんで姓を呉、名を春と改名した。江戸時代前期には、伊丹と並び清酒の産地として栄えた酒造業も、今日ではこの呉春と緑一(吉田酒造)を残すのみとなった。

栄町商店街入口を右折すると、すぐ右手に、赤レンガと石積みの河村商店(旧加島銀行池田支店、国登録)がある。1918(大正7)年、東京駅・日本銀行本店(ともに東京都)・大阪中央公会堂などを手掛けた辰野金吾の設計事務所が設計した建物で、木造モルタル造りではあるが、重厚なレンガ造りにみえるようにつくられている。

河村商店から西へ交差点手前の路地を右折すると吉

旧加島銀行池田支店(河村商店)

石橋から池田へ

旧池田実業銀行本店（いけだピアまるセンター）

田酒造がある。1697（元禄10）年創業の「緑一」で知られる酒造会社である。吉田酒造の建物（国登録）の主屋は本瓦葺きで，むくり屋根を持つ。1877（明治10）年の火災後に再建された。

さらに西へ，猪名川に向かうと呉服橋がある。橋の手前に，呉服座（国重文）という明治時代の芝居小屋が，1969（昭和44）年に愛知県犬山市の明治村に移築されるまであった。猪名川堤防沿いの跡地には石碑が建てられている。1868（明治元）年池田の別の場所に建てられ，当初戎座とよばれていたが，明治20年代に，呉服橋の袂に移築され，名称も呉服座と改められた。歌舞伎や壮士芝居，新派，落語などのほか，演説会場にも使われていた。構造は木造2階建てで，正面の切妻には太鼓櫓が突き出している。奈落は舞台の袖から降りて廻り舞台の下を通り抜け，花道伝いに入口付近の楽屋下まで達している。

呉服橋から阪神高速道路の猪名川に架かる橋（通称ビッグハープ）辺りにかけては，古来，唐船が淵とよばれ，中国からの船が来航した湊であったと言い伝えられている。

呉服橋から北へ国道173号線に戻り，1つ北の信号の所に，いけだピアまるセンター（旧池田実業銀行本店，国登録）と書かれた四角い建物がある。1980年代まで図書館だったこの建物は，1925（大正14）年に建造された。

栄町商店街へ戻ると，池田市立上方落語資料展示館（愛称落語みゅーじあむ）がある。「池田の猪買い」「池田の牛ほめ」など，上方古典落語の舞台となったことにちなんで，平成19（2007）年4月に開館した。前述の呉服屋の説明コーナーもある。

愛宕神社 ㊲
あたごじんじゃ
072-751-1019

〈M ▶ P. 138, 165〉池田市綾羽2-20
阪急電鉄宝塚線池田駅🚌池田市内線大広寺🚶25分

夏の池田の風物詩、ガンガラ火祭り

　伊居太神社から五月山ドライブウェイ沿いの歩道を約600mのぼると，愛宕神社（祭神加具土神・武甕槌命・佐伯部祖神）である。京都の愛宕神社を勧請したもので，毎年8月24日の夜，愛宕火（府無形民俗）とよばれる火祭り（ガンガラ火祭り）が行われている。加具土神は火の神で，当日は，猪名川沿いの五月山公園展望台下の中腹に「大一」，五月山東方に「大」の火文字が点じられ，その火を大松明に受けて，ガンガラと半鐘や八丁鉦を鳴らして下山し，市中を練り歩く。正保年間（1644～48）から行われており，猪名川花火大会とともに，夏の池田の風物詩となっている。

呉服神社 ㊳
くれはじんじゃ
072-753-2243

〈M ▶ P. 138, 165〉池田市室町7-4
阪急電鉄宝塚線池田駅🚶5分

呉服を伝えた呉服大明神

　阪急電鉄池田駅から線路に沿って，猪名川方面に200mほど向かうと，大鳥居がみえてくる。呉服神社（祭神仁徳天皇・呉織〈服〉大明神）である。もともと秦下社とよばれ，さらに呉服社・呉服大明神と称し，明治時代初期の神仏分離令以後，今の社名となった。室町時代，池田氏により創建され，戦国時代の兵乱で焼失したが，1604（慶長9）年，豊臣秀頼により再建された。祭神の呉織大明神は，伊居太神社の穴織媛とともに，来日した呉の国の縫工女の呉織媛である。

　境内に入ると，本殿の南に姫室塚がある。箕面有馬電気軌道（現，阪急電鉄）が開通するまで，姫室と梅室の2つの塚がこの辺りにあったが，工事の際，姫室塚は呉服神社へ，梅室塚は伊居太神社に移された。縫工女を葬ったものといわれるが，中世の経塚と考えられる。呉服神社周辺の室町という地名も，この姫室塚・梅室塚からつけられた。この辺りの室町住宅地は，阪急電鉄の創業者小林一三が，日本で初めて開発した

姫室塚（呉服神社）

石橋から池田へ

郊外分譲住宅地である。

また、呉服神社は毎年1月には、十日戎で賑わいをみせている。

八坂神社 ㊴　〈M ▶ P.138, 165〉池田市神田4-7-1　P
072-751-3790　阪急電鉄宝塚線池田駅🚌池田市内線早苗の森🚶5分

本殿は桃山文化の重要文化財

阪急電鉄池田駅から南に向かう府道113号伊丹池田線を1.5kmほど南下すると、バス停西側に早苗の森がみえてくる。八坂神社(素戔嗚神社、祭神素戔嗚尊)の社叢である。縁起によると、八坂神社は978(天元元)年の創建と伝えられ、1579(天正7)年の荒木村重の乱で焼失したが、1610(慶長15)年、池田光重の子他紋丸が本殿(国重文)を再建した。1984(昭和59)年から3年間におよぶ解体修理で、再建時の姿によみがえった。檜皮葺き・一間社流造の様式で、桃山文化の様式をよく残している。

毎年10月22日に行われる神田祭では、午後2時頃、神田村(現、池田市神田)の氏子たちが、伊勢音頭を唄いながら幟をもって宮入する。本殿を1周した後、拝殿前に幟を立て祈禱を受ける。夕刻には額灯が宮入する。また、この日には、本殿を囲む瓦葺きの透塀に、平素は取りはずしてある美しい二十四孝透塀欄間が嵌め込まれる。この欄間は、中国の二十四人の親孝行の逸話を透彫りにしたもので、江戸幕府5代将軍徳川綱吉により広められた。この欄間も、元禄から宝暦年間(1688〜1764)につくられたものと考えられる。

八坂神社南東約700mにある常福寺(真言宗)の本尊木造千手観音立像は、頭上で2本の手を組み合わせる珍しいもので、平安時代の作と考えられている。

また、常福寺から中国自動車道沿いに南東へ1kmほど歩き、豊島南1丁目の交差点を右に200mほど行くと、弁慶の

八坂神社本殿

豊能

泉がある。1185(文治元)年、源頼朝は義経追討令を発した。京より西国街道を逃れて尼崎大物浦(現、兵庫県)へ向かう義経一行を、多田行綱や豊島冠者らがおそい、義経・武蔵坊弁慶がこれを撃退した。弁慶は戦いで渇いた喉を、この泉でうるおしたと伝える。こうした伝説を後世に伝えるため、小公園として整備された。

インスタントラーメン発明記念館 ㊵

072-752-0825

〈M ▶ P. 138, 165〉池田市満寿美町8-25
阪急電鉄宝塚線池田駅🚶5分

池田 インスタントラーメン発祥の地

阪急電鉄池田駅から線路沿いに梅田方面に約50m戻り、案内板に従い南へ向かう、通称「麺ロード」を300mほど進むと、インスタントラーメン発明記念館がある。日清食品創業者の安藤百福は、第二次世界大戦後自宅の裏庭に研究小屋を建てて、インスタントラーメンの開発を行っていた。安藤は、この開発のために①おいしい、②安全、③かんたん、④安い、⑤長期保存の5つの目標を設定した。こうして試行錯誤の末、1958(昭和33)年8月25日、世界初のインスタントラーメンである、チキンラーメンが発売された。1999(平成11)年、インスタントラーメン発祥の地を顕彰するため、記念館が開館され、池田の新名所となった。

なお、予約すれば、チキンラーメンを小麦粉をこねるところから手づくりする体験もできる。

1958年発売当時のチキンラーメンのパッケージ

インスタントラーメン発明記念館

石橋から池田へ

④ 池田から余野へ

猪名川支流の余野川沿いには、中世の石仏・石造文化財が多く、キリシタン伝承も残されている。

久安寺 ㊶　〈M ▶ P.138〉池田市伏尾町8 P
072-752-1857　阪急電鉄宝塚線池田駅🚌牧行久安寺🚶1分

室町時代の巨大な楼門

石造宝篋印塔（無二寺）

池田の町並みを離れ、車で能勢街道（国道173号線）を北へ約3km進むと、植木の産地として有名な古江町細河に出る。木部交差点を兵庫県川西市多田方面へ左折し、猪名川支流余野川の古江橋を越え、つぎの信号を右折して集落内に入り、山の麓まで行くと、無二寺（曹洞宗）がある。江戸時代の『摂津名所図会』に和泉式部の墓と記されている、石造宝篋印塔（府民俗）がある。隅飾突起の蓮華座の上に、蕨手文を施した珍しい塔で、基壇には僧俗あわせて13人の名が彫られている。「貞和五（1349）年」の紀年銘があり、南北朝時代を代表する貴重な石造文化財である。

木部交差点へ戻り、国道423号線を亀岡方面へ向かうと、伏尾温泉を過ぎた辺りに、久安寺（真言宗）の楼門（国重文）がみえてくる。久安寺は、725（神亀2）年に、聖武天皇の勅願で行基により開創、天長年間（824〜834）に、弘法大師空海により再興された

久安寺楼門

178　豊能

コラム

お亥子餅献上

神功皇后と皇太子を救った
イノシシに見立てたお亥子餅

　豊能町の木代・切畑では、江戸時代末期まで、毎年旧暦10月にお亥子餅を朝廷に献上する風習があった。江戸時代の『摂津名所図会』によると、「昔、香阪王という無道の人物がいて、朝鮮半島から帰国した神功皇后と皇太子(のちの応神天皇)を殺して国を奪おうとし、木代の山中に追いつめた。ところが、イノシシがたくさん出てきて、香阪王に飛びかかり、王が大木にのぼって逃げると、その大木を根本から倒して、王を食い殺した。それ以来、朝廷では毎年、木代からお亥子餅を献上させるようになった」という。

　お亥子餅の製造は、四方に忌竹を立てて注連を張りめぐらし、家を清め、製造者は袴を着て顔を布で覆う。餅米を洗い、水に浸し、甑に入れて蒸す。つぎに小豆を入れ、練りあげて3本の練り棒を使って数十回搗く。餅は薄紅色になり、これはイノシシの肉をあらわすものといわれる。餅は長さ約20cm・幅12cm・深さ6cmの筐に入れ、小豆の煮汁をその上にかける。さらにクリを方形に切り、6つほど2列に並べ、上にクマザサを2枚載せる。クリはあばら骨、クマザサは牙に見立てている。

　旧暦10月の亥の日の前々日の夜半に里を出発し、現在の亀岡方面に向かい、亀岡からは朝廷の使者が都へ運び、亥の日の前日に届けられた。木代・切畑の13家には、江戸時代に使われていたお亥子餅調整道具(府民俗)が保存されている。

と伝えられ、真言密教の道場安養院を前身とする。

　1145(久安元)年、近衛天皇の勅願により祈願所として再興され、久安寺と号した。豊臣秀吉も参詣し、月見茶会が催された。現存する最古の建物は楼門で、室町時代初期に再建され、その後、江戸時代と明治時代に3〜4回修理された。間口3間(約5.4m)・奥行2間(約3.6m)、和様・唐様の折衷様式で、前面開放の仏堂形式、入母屋造・瓦葺きの高度な技術で建てられている。本尊の千手観音像は秘仏である。このほか、平安時代末期の特徴を示す、サクラの一木造の阿弥陀如来坐像(国重文)などがある。境内はよく整備され、紅葉の季節はとくに美しい。

　久安寺から、さらに国道423号線を約5km亀岡方面に向かうと、北摂霊園方面と書かれた標識のある交差点に出る。これを右に曲がり山道をのぼって行くと、高山の集落がある。キリシタン大名とし

て知られた高槻城(現,高槻市)主高山右近の出身地と伝えられ,マリアの墓とよばれる隠れキリシタンの墓碑4基がある。江戸時代中期のもので,2組の夫婦の墓と伝えられる。また,高山集落内の住吉神社には,オヒョウ(府天然)の木がある。

法性寺 ㊷
072-739-0401
〈M ▶ P.138, 180〉 豊能郡豊能町切畑506
阪急電鉄宝塚線池田駅🚌牧行法性寺前🚶1分

巨岩を刳り抜いた鎌倉時代の石風呂

走落神社社殿

余野バス停から,豊能町役場南交差点を東に曲がり,10分ほど歩くと,左手に走落神社がみえてくる。もともと切畑の大円(現,豊能町)にあり,明治時代末頃に,現在地にあった小玉神社に合祀されたという。大円は,茨木市との境界近くで,古代には摂津国嶋下郡に属していた。走落神社は『延喜式』式内社で,天照大神と素戔嗚尊をまつっていた。

余野バス停に戻り,北東にみえる大阪府立城山高校(2008年廃校予定)のある小高い山が,余野城跡である。中世から近世の能勢の領主能勢氏の支城で,織田信長に謁見したルイス・フロイスが,40日間滞在したとの記録がある。

法性寺周辺の史跡

余野城跡前の道路沿いに,大阪府立城山高校グラウンドがある。このグラウンド裏手の小川あたりに,余野十三仏がある。十三仏というが,高さ約1mの自

法性寺石風呂

然石の表裏に,各20体の仏像が刻まれたもので,「永禄七(1564)年」の銘がある。豊能町は,現在でも黒御影石などの石材の産地で,石仏・板碑など石造物の宝庫である。

　余野城跡前の道路を東に約2km行くと,法性寺(日蓮宗)がある。ここには鎌倉時代につくられた,石風呂(府文化)とよばれる巨岩を刳り抜いた石槽がある。材質は花崗岩で,縦2m・横1.3m,内法は縦1.5m・横0.8m,深さは0.5mである。豊能町には,このほか頂応寺廃寺にも石風呂(府文化)がある。

池田から余野へ

⑤ 妙見口から能勢へ

古来、「三黒(炭・黒牛・栗)三白(寒天・地酒・酒米)」を特産としてきた農林業地域。古代〜中世の仏像が多い。

能勢妙見堂 ㊸
072-739-0329

〈M ▶ P. 138, 183〉 豊能郡能勢町野間中661 P
能勢電鉄妙見線妙見口駅🚌今西行ケーブル前、乗換え妙見ケーブル・妙見リフト妙見山🚶5分

能勢の領主、能勢氏の妙見堂

妙見口駅からバスで約5分、徒歩で行くと吉川小学校前を通り、15分で妙見ケーブル黒川駅に着く。ケーブルカーとリフトを乗り継いで、標高622mの妙見山頂にのぼると能勢妙見堂(日蓮宗)がある。能勢町地黄に所在する関西の日蓮宗本拠地真如寺に属する仏堂である。

ここは、大空寺跡で、1581(天正9)年、能勢頼次が戦乱に備えて為楽山城をこの地に築いた。頼次は、本能寺の変(1582年)で明智光秀方についたため、その後、豊臣秀吉に領地を没収された。頼次は、三宅勘十郎と改名し、岡山県の妙性寺(日蓮宗)に隠れ、関ヶ原の戦い(1600年)や大坂の陣(1614・15年)で奮戦し、徳川家康から旧所領を与えられた。妙性寺滞在中に日蓮宗に帰依した頼次は、甲斐(現、山梨県)身延山の日乾上人を招いて、領内の真言宗寺院などをことごとく改宗させ、北辰妙見大菩薩を奉祀する能勢氏私有の仏堂として、妙見堂を開基した。1885(明治18)年、一般に開放された。

妙見山頂の駐車場から参道の登り口にある鳥居付近には、至る所に能勢氏の定紋の矢筈十文字が目につく。キリシタン大名として著名な高槻城(現、高槻市)主高山右近は、豊能町高山の生まれで、本能寺の変後、信長の後継者や領地分配を協議した清洲会議で、能勢郡3000石を加増され、豊能町域は一時、高山氏の所領となって

能勢妙見堂

いた。こうしたことから、十字架をかたどった矢筈十文字を定紋とする能勢氏は、キリシタンではないかという説もあるが、高山氏との関係を示す史料はなく、定かではない。

妙見山頂の駐車場から北に広がる**ブナ林**(府天然)は、まとまったブナの群生林の南限である。

野間の大ケヤキ ❹
072-737-2121 (けやき資料館)

〈M ▶ P. 138, 183〉 豊能郡能勢町野間稲地266
能勢電鉄妙見線妙見口駅🚌今西行本滝口🚶10分

野間の大ケヤキ

本滝口バス停近くの野間中交差点から、西へ200mほど行くと、ひときわ大きなケヤキの木がみえてくる。能勢のシンボルとして知られる、**野間の大ケヤキ**(国天然)である。樹齢1000年を超えるこの大ケヤキは、もとは蟻無宮という神社の境内にあった神木だった。幹周り1m・高さ30m・枝張45mで、大阪府内ではまれにみる巨木

である。古来，この木の発芽状態によって，農作物の豊凶を占ったという。隣接する**けやき資料館**には，大ケヤキの説明と資料館建設の際に出土した，古代から中世の土器などの遺物が展示されている。

この付近には，古墳時代の竪穴住居や，中世の井戸・墓などがみつかった**野間遺跡**，6世紀の掘立柱建物跡が残る**西ヶ久保遺跡**などがあり，この辺りが早くから開かれていたことを示している。

能勢のシンボル，樹齢1000年の大ケヤキ

今養寺 ㊺
072-737-0105
〈M ▶ P. 138, 183〉 豊能郡能勢町野間西山167
能勢電鉄妙見線妙見口駅🚌今西行地黄局前🚶10分

平安時代の木造仏の宝庫

野間の大ケヤキから北の山へ向かう道を進み，二差路を右手に行くと，山際の野間西山集落の奥に，**今養寺**（日蓮宗）がある。日蓮宗に改宗される前は，**月光寺**（天台宗）とよばれていた。ここには，大阪府でも屈指の保存状態を保つ平安時代の木造仏がある。**木造大日如来坐像**（国重文）は，ヒノキの寄木造という平安時代後期の特徴をよく示している。**木造千手観音立像**（府文化）は，ヒノキの一木造で，10世紀後半の作と考えられている。**木造釈迦如来坐像**（府文化）

木造大日如来坐像（今養寺）

も，平安時代後期の作である。

今養寺から，東の東郷支所方面に1kmほど行くと，**野間神社**がある。『延喜式』式内社で，江戸時代には布留大明神とよばれていた。現在の本殿は，江戸時代のものである。境内の東に，日露戦争（1904〜05年）の忠魂碑がある。忠魂碑は，日露戦争で使われた機雷でつくられ，その周囲に砲弾がおかれた，珍しい形式のものである。

真如寺 ㊻
072-737-0135
〈M ▶ P. 138, 183〉 豊能郡能勢町地黄606 🅿
能勢電鉄妙見線妙見口駅🚌今西行奥の院🚶5分

奥の院バス停横に，町立東中学校の石垣がみえる。能勢頼次以来の**能勢氏の居館跡**である。バス通りから東中学校正門前の道を入っ

真如寺梵鐘

て行くと、無漏山真如寺（日蓮宗）がある。江戸時代初め、頼次は日蓮宗への改宗を領民に強いた。このときに、能勢町内の寺のほとんどが、日蓮宗寺院にかえられた。頼次が日蓮宗の総本山のある甲斐（現、山梨県）身延山から日乾上人を招いて、建立したのが真如寺である。日蓮上人の分骨も行われ、関西の日蓮宗の本拠「関西身延」とよばれるようになった。

関西の日蓮宗の信仰を集める関西身延

真如寺の梵鐘（府文化）には、「元応元(1319)年」の銘がある。もともとは、現在の京都府長岡京市勝竜寺（真言宗）のものであったが、大坂の陣(1614・15年)の際に、金属供出により徴発され、夏の陣後、淀川に捨てられたものを頼次が拾って持ち帰り、能勢の布留大明神（野間神社）に奉納した。その後、神仏分離のため、1890（明治23)年に真如寺に移された。鐘には、真言陀羅尼を29首も記し、漢字と梵字の両方で記した珍しいものである。真如寺から東の山道（車通行不可能）をたどれば、真如寺に属する妙見奥の院がある。

奥の院前バス停から南に少し行き、西へ坂をくだると、山の麓に清普寺（日蓮宗）がある。能勢氏の菩提寺で、山際の地形にあわせて配置された伽藍（府文化）は、配置に規則性のない近世伽藍の典型である。寺に隣接する墓所には、初代能勢頼次から代々の当主の墓が、三方に並んでいる。

清普寺の約50m北東の城山（丸山）麓に、「弘安十一(1288)年造立之」と記された石造九重塔（府文化）がある。隣には、1360（延文5)年の宝篋印塔が並ぶ。九重塔は、相輪が五輪まで残っており、上部は横に転

城山の石造九重塔

妙見口から能勢へ

落している。復元すると，高さ309.4cmを測り，下から基礎・塔身・9層の屋蓋と相輪からなる。大阪府最古の在銘重層塔は，大阪市の法明寺（浄土宗）の1262（弘長2）年のもので，そのつぎに古いのがこの九重塔である。また城山は，丸山というのが本来の呼び名で，この地域を支配していた能勢氏が，戦国時代まで居城としていた丸山城があった。

涌泉寺 ㊼
072-737-1440

〈M ▶ P. 138, 183〉 豊能郡能勢町倉垣1773
能勢電鉄妙見線妙見口駅🚌奥田橋経由今西行七面口🚶5分

平安時代末期の水牛に乗った大威徳明王像

　奥の院前バス停から北へバス通りを1kmほど行くと，倉垣橋交差点に出る。交差点を右に曲がった堀越峠近くの地黄北山遺跡で，1977（昭和52）年に，押型文土器とよばれる縄文時代早期の土器が発見された。大阪府で最古の縄文遺跡の1つである。交差点から西に50mほど進むと，若宮神社跡があり，そこに1本の大きなシイ（府天然）の木がある。倉垣橋交差点に戻り，北へ500mほど進むと，歌垣小学校に隣接して，倉垣天満宮があり，ここにも大きなイチョウ（府天然）の大木がある。

　バス通りに戻り，北西に向かう農道を500mほど歩くと，七面口バス停に出る。バス通りを横切り，西へ入ると，岡崎の集落があり，集落内にある涌泉寺（日蓮宗）には，2つの重要な木像がある。「牛堂」の本尊木造大威徳明王像は，平安時代末期の12世紀の作と考えられ，大阪府でも数少ないものである。大威徳明王は，いっさいの悪毒を消し去る大きな威徳のある明王とされ，水牛に乗っているのが通例である。本尊右の木造多宝如来坐像（府文化）も，12世紀後半の作と考えられる。合掌した手がぎこちない印象を与えているが，これは本来の姿ではなく，江戸時代初期に日蓮宗に改宗されたとき，ほかの如来像から多宝如来像に改変され，合掌手がつけられたためである。「経深」という仏師の銘が，胸部内に墨書で記されており，これは，今養寺の大日如来坐像の作者と同じである。

　涌泉寺から北へ約2kmの吉野集落には吉野薬師堂（国登録）がある。1555（天文24）年に建てられた木造平屋建の茅葺き（鉄板仮葺）屋根の建物で，能勢の景観を今に残している。

伝名月姫の墓

安穏寺 ㊽
あんのんじ
072-737-0604

〈M ▶ P. 138, 183〉 豊能郡能勢町倉垣1170
能勢電鉄妙見線妙見口駅🚌奥田橋経由今西行和田🚶5分

涌泉寺からバス通りに戻り、南へ約500mの和田バス停から西へ進み、山際の奥に入った所に、安穏寺（日蓮宗）がある。本尊の十一面観音立像（府文化）は、観音堂の「東向観音」として信仰されており、不動明王像・毘沙門天像を両脇侍としている。通常十一面観音は、二臂（腕が2本）であるが、これは四臂で珍しい。日本ではこのほかに、わずか6軀しかない。さらに平安時代のものは、滋賀県盛安寺（天台真盛宗）以外になく、きわめて貴重である。

バス通りを府立能勢高校を右手にみながら南へ向かい、下田尻交差点を右折し、名月峠頂上にのぼると、名月姫の墓といわれる宝篋印塔と、その両脇に五輪塔が並んでいる。車道に並行した山道にあり、わかりにくいので注意が必要である。この墓は、平清盛に見初められ、夫の能勢家包と離縁させられた名月姫が、京都へ連れて行かれるときに、この峠で自害したことを人びとが悲しみ、鎌倉時代に建てられたと伝えられている。

名月峠を西へくだると、突き当りの交差点付近に、大里廃寺と記した立札がある。伽藍跡は発見されていないが、この周辺から多くの白鳳期の瓦が出土しているので、この付近に存在したと推定されている。

腕が4本ある珍しい十一面観音立像

浄るりシアター ㊾
じょう
072-734-3241

〈M ▶ P. 138, 190〉 豊能郡能勢町宿野30 Ⓟ
能勢電鉄妙見線・日生線山下駅🚌宿野行能勢町役場前🚶1分

町役場に隣接した浄るりシアター付近は、縄文時代晩期から鎌倉時代にかけての複合集落跡である大里遺跡の中心にあたる。奈良時代に、摂津国河辺郡（現、兵庫県川辺郡）から分離して能勢郡が成立し、能勢郡衙が大里遺跡にあったと考えられている。

現在も地元に根づく能勢浄瑠璃

妙見口から能勢へ　187

久佐々神社本殿

能勢浄瑠璃は、文化年間(1804〜18)、大坂の竹本弥太夫の門人となった神山(現、能勢町)の杉村量輔が義太夫節を修業し、竹本文太夫を名乗り、能勢で多くの門人を育てたことから始まった。同じ頃、能勢浄瑠璃に竹本井筒太夫・竹本中美太夫も登場して3派となり、互いに競い合い、明治時代には、義太夫節を演じる者が400人を超える隆盛期をみた。第二次世界大戦後衰退していったが、1969(昭和44)年、能勢町郷土芸能保存会が発足し、さらに1993(平成5)年、浄るりシアター完成とともに、従来の語りのみの浄瑠璃から人形浄瑠璃まで幅を広げ、毎年地元有志が熱演している。シアターのホールには、大里遺跡出土遺物など、町内の埋蔵文化財の展示もある。

　浄るりシアターの約200m北の信号を右折すると、久佐々神社(『延喜式』式内社)がある。現在は賀茂別雷神をまつっているが、もともとは、『古事記』にも登場する新羅王子天之日矛をまつっていた。この辺りには、天皇が使う食器をつくる土師部とよばれる専業集団が住んでいたといわれ、この久佐々神社にもかかわっていたのではないかと考えられる。

　久佐々神社から信号に戻り、西へ300mほど進むと、能勢森林組合横に月峰寺(真言宗)がみえてくる。もとは、北方約3kmにある剣尾山の頂上にあり、百済僧日羅上人が開山し、聖徳太子が開基したという縁起をもち、七堂伽藍が立ち並ぶ名刹として信仰を集めていた。1545(天文14)年、丹波(現、兵庫県)八上城主波多野氏の兵火により焼失し、1607(慶長12)年に、豊臣秀頼が片桐且元に命じて、現在地に再建した。このときの建物は、阪神・淡路大震災(1995年)で崩壊し、建て直された。剣尾山頂の旧月峰寺跡(府史跡)には、礎石が今も残っている。

木造不動明王像(玉泉寺)

玉泉寺 ㊿
072-734-0844

〈M ► P. 138, 190〉豊能郡能勢町山辺1438 P

能勢電鉄妙見線・日生線山下駅 能勢の郷行山辺 5分

　月峰寺から西へ向かうと、国道173号線の山辺口交差点に出る。交差点を右折し、国道173号線を北西へ進み、縄文時代の中筋遺跡の石標をみながら1kmほど北へ向かい、玉泉寺ユースホステルの看板を右折すると、玉泉寺(真言宗)に着く。明治時代初期の神仏分離により、山辺神社の神宮寺であった宝積院から、当寺に安置された木造釈迦如来坐像(府文化)は、本堂の客仏として、江戸時代につくられた日光・月光菩薩像と十二神将像を従えている。坐像は、腹前で定印を結び、その上に薬壺を載せているので、薬師如来とされているが、元来薬師如来であったかは定かでない。平安時代中頃の作と考えられている。

　本堂にはこのほかに、木造不動明王像(府文化)がある。江戸時代前期の僧であり、すぐれた仏像彫刻で著名な宝山湛海の作。力強く出色の名品である。底板には、1696(元禄9)年に湛海が彫刻し、多田院中之坊尊忍に与えたとある。多田院とは、現在の兵庫県川西市多田神社のことであるが、この像がなぜ玉泉寺に移されたのかは不明である。

湛海作の力強い不動明王像

岐尼神社 ㊿
072-734-0320

〈M ► P. 138, 190〉豊能郡能勢町今西103-3 P

能勢電鉄妙見線・日生線山下駅 能勢町宿野行森上 1分

　森上バス停の前にある池田銀行駐車場裏に、能勢浄瑠璃の顕彰碑が建立されて

岐尼神社

妙見口から能勢へ

能勢町西部の史跡

いる。バス停に戻り、信号を左折すると岐尼神社がある。中臣氏の祖神である天児屋根命をまつる『延喜式』式内社で、野間・久佐々神社とともに、地域でもっとも古い神社である。境内には、銅鉱滓が多く落ちている。この地方の産銅については、『東大寺縁起』に、聖武天皇が大仏建立のため、742(天平14)年に採掘を命じた

銅鉱山で栄えた能勢の式内社

と記されている。能勢町およびその周辺には、現在でも間歩(坑道)が開口している所が多くある。岐尼神社の南約1kmには、奈良時代から平安時代にかけての法蓮坂遺跡があり、「當氏之印」と刻された銅印が出土している。

岐尼神社の西側には、廣栄山蓮華寺(日蓮宗)がある。楼門をくぐると、巨大な石造五輪塔(府文化)がある。鎌倉時代後期のもので、各輪四面に「空」「風」「火」「水」「地」を各々あらわす「キャ」「カ」「ラ」「バ」「ア」の五大梵字が刻まれている。

初代竹本文太夫の墓(慈眼寺)

長谷の棚田

蓮華寺から南へ向かう道を500mほど行き、右折して山際の道を進むと、三草山の麓の神山集落に慈眼寺(日蓮宗)がある。境内の観音堂に向かって左に、「文和三(1354)年」銘の宝篋印塔がある。その奥の墓地には、能勢浄瑠璃の初代竹本文太夫の墓を始め、歴代の文太夫の墓がある。

慈眼寺の東側のササが生い茂った山道を進むと、大きな横穴式石室をもつ岩坪古墳がある。玄室の天井石がすべてなくなっているので、その構造がよくわかる。1951(昭和26)年に調査され、須恵器・土師器、水晶や琥珀などの玉類、武器・馬具など、多様な遺物が出土した。6世紀末の古墳だが、7世紀初めに1人追葬している。

慈眼寺に戻り、西へ約1km進むと、見事な長谷の棚田が広がる。三草山は水量が豊富で、このような高地でも水不足にはならない。長谷集落の八坂神社の御田植祭(府民俗)は、この棚田で行われる。また八坂神社境内には、大きなシイ(府天然)の木がある。

Mishima 三島

太陽の塔（万博記念公園）

今城塚古墳

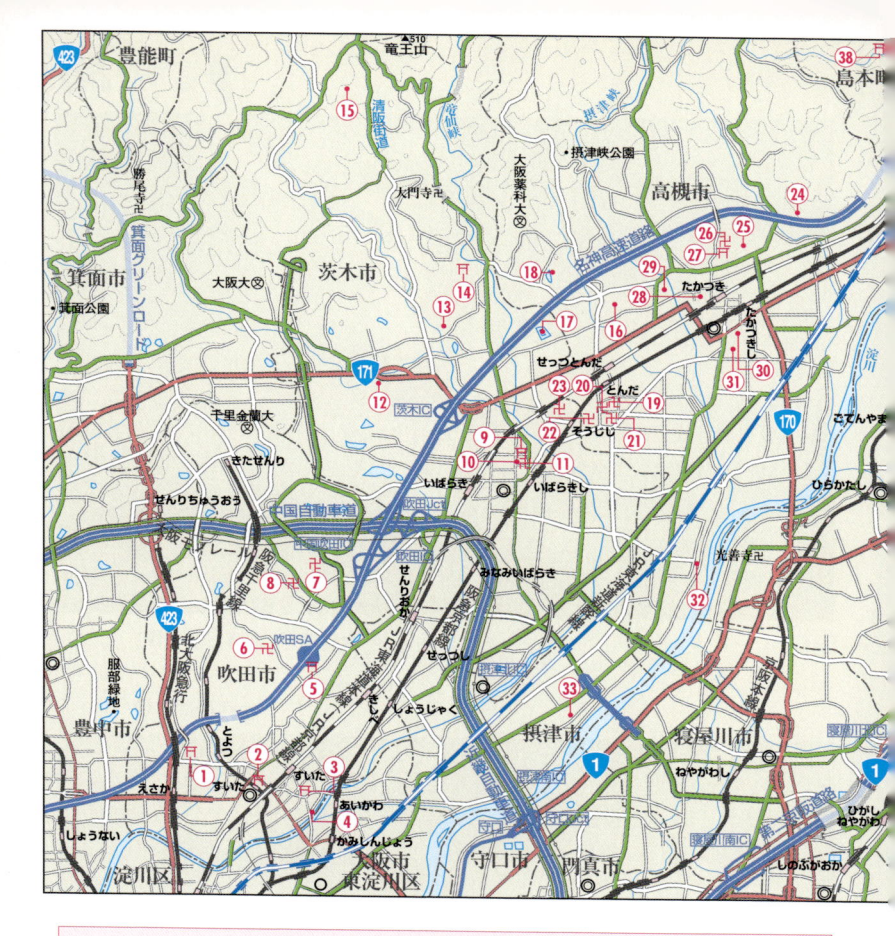

①垂水神社	⑫郡山宿本陣	㉑教行寺	㉛高槻城跡
②泉殿宮	⑬鎌足古廟(将軍山古墳)	㉒慶瑞寺	㉜三島江
③高浜神社	⑭阿為神社	㉓総持寺	㉝鳥飼の牧跡
④吹田の渡跡	⑮隠れキリシタンの里	㉔安満宮山古墳	㉞関戸明神
⑤吉志部神社	⑯今城塚古墳	㉕能因塚	㉟東大寺水無瀬荘園跡
⑥佐井寺	⑰太田茶臼山古墳	㉖伊勢寺	㊱水無瀬神宮
⑦圓照寺	⑱新池埴輪製作遺跡	㉗上宮天満宮	㊲桜井駅跡
⑧紫雲寺	⑲本照寺	㉘芥川宿	㊳若山神社
⑨茨木神社	⑳普門寺	㉙島上郡衙跡	
⑩茨木城跡		㉚高山右近天主教会堂跡	
⑪梅林寺			

◎三島散歩モデルコース

吹田コース　　阪急千里線豊津駅_20_垂水神社_20_阪急豊津駅_3_阪急千里線吹田駅_5_泉殿宮_30_高浜神社_10_吹田の渡跡_20_JR東海道本線吹田駅_5_JR東海道本線岸辺駅_30_紫金山史跡公園・吹田市立博物館_20_佐井寺_10_佐井寺バス停_10_山田宮ノ前バス停_8_圓照寺_10_紫雲寺_5_新小川バス停_5_阪急千里線山田駅

茨木コース　1.JR東海道本線茨木駅_15_茨木神社_2_梅林寺_10_茨木市立川端康成文学館_15_市役所バス停_20_宿川原バス停_2_郡山宿本陣_30_「川端康成先生旧跡」の碑_30_鎌足古廟(将軍山古墳)_20_阿為神社_10_安威バス停_20_JR茨木駅

2.JR東海道本線茨木駅_40_千提寺バス停_15_茨木市立キリシタン遺物史料館・東家_15_千提寺口バス停_10_忍頂寺バス停_10_下音羽バス停_2_高雲寺_10_大神家_10_下音羽バス停_60_JR茨木駅

富田コース　　JR東海道本線摂津富田駅_10_岡本バス停_2_今城塚古墳_15_太田茶臼山古墳_20_新池埴輪製作遺跡_5_上土室バス停_15_JR摂津富田駅_10_本照寺_5_教行寺_5_普門寺_1_三輪神社_10_慶瑞寺_25_総持寺_15_阪急京都線総持寺駅

高槻コース　　JR東海道本線高槻駅_15_磐手橋バス停_25_安満宮山古墳_25_磐手橋バス停_5_別所バス停_5_能因塚_5_伊勢寺_10_上宮天満宮・昼神車塚古墳_5_芥川一里塚_15_島上郡衙跡_30_高槻カトリック教会(高山右近記念聖堂)・高山右近天主教会堂跡_2_高槻市立しろあと歴史館_5_高槻城跡_10_阪急京都線高槻市駅_20_西面口バス停_15_三島江_15_くらわんか舟発祥地の碑_10_阪急柱本バス停_10_下鳥飼バス停_10_鳥飼の牧跡_10_下鳥飼バス停_30_JR東海道本線千里丘駅

島本コース　　JR東海道本線山崎駅_10_関戸明神_15_東大寺水無瀬荘園跡_10_水無瀬神宮_10_桜井駅跡_30_島本町立歴史文化資料館_10_若山神社_15_JR東海道本線島本駅

❶ 吹田周辺の史跡を訪ねる

大阪市に隣接する吹田は、古くから淀川の河湊として栄えた。
千里丘陵には古代・中世の神社仏閣が往時の名残りをとどめる。

垂水神社 ❶
06-6384-1526
〈M ▶ P. 194, 197〉吹田市垂水町1-24-6 P
阪急電鉄千里線豊津駅 🚶20分

『万葉集』で志貴皇子が詠んだ「垂水滝」がある

　阪急電鉄豊津駅西側の豊津駅前商店街を西へ約400m歩き、豊津派出所前を右折し、タイル敷きの歩道を進むと、右手に雉子畷の石碑がある。『摂津名所図会』に記されている、長柄人柱伝説のその後の話が刻まれている。淀川の長柄の渡に橋を架けるため、父が人柱となり、その出来事でものをいわなくなった娘が、婚家から垂水の里へ戻される際、この地でキジが射落されたのをみて、「ものいわじ　父は長柄の橋柱　鳴かずば雉子も　射られざらまし」と父への想いを詠み、言葉を発したという伝承から、この界隈を雉子畷という。正面の千里丘陵に沿って西に200mほど進むと、垂水神社がある。

　垂水神社は『延喜式』式内社で、崇神天皇の皇子である豊城入彦命を主祭神としてまつっている。『新撰姓氏録』によれば、7世紀中頃の孝徳天皇の時代に、この地方が旱魃に見舞われた際、豊城入彦命の子孫であろうといわれている阿利真公が高樋をつくり、垂水の丘(千里山)から湧き出す清水を、当時の都である難波長柄豊碕宮に献上した。その功により、垂水公の姓を与えられ、垂水神社を司るようになり、神社は垂水公の一族がその祖神をまつってきたとされる。垂水神社は祈雨神として知られ、平安時代、朝廷から降雨を祈る奉幣使がたびたび派遣された。神社は、雨乞いの神として重要な役割をになってきた。

垂水神社

　社殿西側の崖には、

196　　三島

泉殿宮周辺の史跡

『万葉集』に詠まれた垂水滝が流れている。「石走る　垂水の上のさわらびの　萌え出づる春に　なりにけるかも」と志貴皇子が詠んだ滝である。周囲は常緑樹に覆われ、行場が設けられている。社殿東側の井戸のある場所は、垂水岡基とよばれ、難波長柄豊碕宮へ通水した高樋の跡という。社殿裏手の標高約30mの丘陵には、弥生時代後期の大規模な高地性集落跡を中心とした垂水遺跡が分布し、住居跡を始め、弥生土器や石槍などの遺物が出土している。

泉殿宮 ❷
06-6388-5735

〈M▶P. 194, 197〉吹田市西の庄町10-1　P
阪急電鉄千里線吹田駅 大 5分

泉殿宮の霊泉　吹田の三名水の1つ

阪急電鉄吹田駅前の府道145号豊中吹田線の東側に、泉殿宮がある。神社は初め「吹田ノ社」といい、天香具山命、宇迦之御魂大神を祭神としてまつる吹田村（現、吹田市）の氏神であった。平安時代中期、播磨（現、兵庫県）の広峰神社から疫除けの守護神として、牛頭天王を山城国（現、京都府）へ勧請する途中、当地で神輿が休憩した際、日照りに苦しむ村人が祈願すると、境内から清泉が湧き出し、田畑をうるおした。村人は喜び、牛頭天王も相殿にまつった。以来、その水が湧き出した所を泉殿霊泉として伝え、社名の由来になったという。三間社流造の本殿左側に、石垣が組まれた霊泉がある。吹田の三名水として知られていたが、第二次世界大戦後に枯渇した。現在、神社に伝わる「神楽獅子」という舞は、村人が霊泉

吹田周辺の史跡を訪ねる

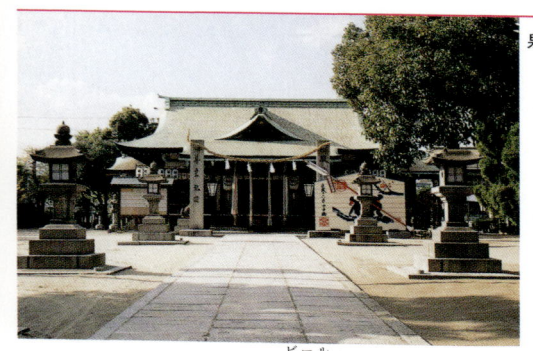

泉殿宮

をまつり，奉納したことが起源になっている。

阪急吹田駅から北東へ500mほど行った先，JR吹田駅の北側にあるアサヒビール吹田工場は，1889(明治22)年に大阪麦酒会社として設立され，2年後に操業を開始した。千里丘陵の豊富で良質な地下水と，神崎川の水運に恵まれた吹田に工場が進出したのは，この霊泉の水脈がかかわっていたからである。

高浜神社 ❸
06-6381-0494　〈M ▶ P.194, 197〉吹田市高浜町5-34　Ⓟ
JR東海道本線吹田駅 🚶10分

かつて白砂青松の地に建立された歴史の古い神社

　吹田駅から大阪方面へ，線路沿いに約500m進み，ガードと交差する吹田街道を左折し東へ約200m行くと，左手に常光円満寺(真言宗)がある。寺伝では，天平年間(729～749)に行基が開創し，本尊の聖観音菩薩像は，行基がみずから香木を刻んで安置したものという。当時，河内湾(大阪湾)の入江に面して建立されたので，「浜之堂」とよばれた。

　平安時代末期頃に，吉志部村(現，吹田市)の円満寺が廃されたことから，仏像を浜之堂に移して常光円満寺の寺号を名乗った。室町時代に将軍足利家の菩提寺となるが，応仁の乱(1467～77年)で七堂伽藍は焼失し，寺領もすべて失われた。1671(寛文11)年，僧教範が再建し，現在に至っている。境内には，「寛永十七(1640)年」銘の石灯籠や「天和三(1683)年」銘のある梵鐘などが残っている。

　常光円満寺からさらに吹田街道を東へ進み，府道14号大阪高槻京都線を左折し，旭通り交差点の南に約200m行くと，高浜神社がある。吹田はかつて「次田」とよばれ，河内国(現，大阪府)を本拠とする次田連一族が，淀川を渡ってこの地に次田村をおこしたのが始まりである。次田連の祖先神の火明命と天香山命をまつったのが，次田神社(現，高浜神社)の創建であるといわれ，現在の社名は

高浜神社

創建地の地名「高浜」にちなんでつけられた。

　735（天平7）年に，行基が吹田にとどまって浜之堂（常光円満寺）を建立した際，当社に牛頭天王（素盞嗚尊）を勧請して，浜之宮牛頭天王社と改名し，浜之堂の守護神とした。神社付近は，『摂陽群談』に「高浜松原」とあり，古来から白砂青松の景勝地であったことがわかる。境内には老松が茂り，鎌倉時代に後嵯峨上皇が参詣したとき，「社頭の松」と題して，「来てみれば　千世もへぬべし　高浜の　松に群れいる　鶴の毛ごろも」と詠んだ歌が伝えられている。拝殿前には，直径約1.5mの神木「鶴のマツ」の古株がまつられている。社殿は，天正年間（1573～92）の兵火で焼失したが，1617（元和3）年に，領主竹中氏の寄進により，本殿が再建された。現在の本殿は，1693（元禄6）年に再建された，総ケヤキの三間社流造である。

　高浜神社の北に隣接する護国寺（曹洞宗）は，1380（康暦2）年，地蔵菩薩像を本尊として，竺山得仙により開創され，1391（明徳2）年には，室町幕府3代将軍足利義満の祈願所になったと伝えられる。寛文年間（1661～73）に再興され，領主竹中氏の位牌所となった。寺には，鎌倉時代作の絹本著色般若菩薩像（国重文）が伝わり，大般若経の転読の際に用いられたものと考えられている。

吹田の渡跡 ❹　〈M ▶ P. 194, 197〉吹田市 南高浜町
　　　　　　　　JR東海道本線吹田駅 🚶20分

吹田発祥の地　旧家の家並みが残る

　高浜神社鳥居前の交差点を西へ渡ると，左手に吹田市制発足の地碑が立っている。この碑から，左に入る吹田街道を南へ約500m進むと，蔵が点在する閑静な住宅地の先に，神崎川が流れている。ここが吹田の渡跡で，川岸に史跡案内板が建てられている。

　かつて三国川とよばれた神崎川は，785（延暦4）年に淀川河口の洪水防止のため，淀川本流と結ぶ工事が行われ，京都と瀬戸内海をつなぐ重要な水路となった。そのため，吹田は淀川舟運の要所と

吹田周辺の史跡を訪ねる

旧西尾家住宅

なり，平安時代から鎌倉時代にかけて，荘園や貴族の別業（別荘）が営まれた。室町時代に入ると，吹田の高浜には，幕府の過書奉行支配下の看所が設けられ，河湊として賑わった。吹田の渡は，大坂から丹波（現，兵庫県）へ通じる亀岡街道，さらに茨木（現，茨木市）で西国街道につながる重要な渡しであった。渡し場は，川幅が約216m，堤防間の長さは414mあったといわれる。

1876（明治9）年に，大阪・京都間に鉄道が開通すると，舟運はしだいに衰退していったが，吹田浜では，昭和時代初期まで回漕業で賑わった。高浜町一帯は，吹田村（現，吹田市）の中心地として村・町役場がおかれ，1940（昭和15）年には，吹田市役所が建設された。

旭通り交差点を西へ500m行き，左折すると南側に旧西尾家住宅がある。西尾家は，江戸時代から上皇の領地（仙洞御料）の庄屋をつとめた家である。約4500m²の敷地には，明治時代中頃に建てられた母屋と離れ・表門・土蔵があり，江戸時代の旧家の面影を伝えている。老松と見事な庭石を配置した庭園には，積翠庵とよばれる数寄屋造の茶室がある。離れは，著名な近代建築家武田五一が，洋風建築の意匠を取り入れて設計したものである。西尾家は，夭折の音楽家として知られる貴志康一の母の実家で，康一はこの地で誕生し，音楽家の道を歩んだ。

吉志部神社 ❺
06-6388-5735
〈M ▶ P. 194, 201〉吹田市岸部北4-18 P
JR東海道本線岸辺駅 🚶20分

桃山時代の建築物　本殿は国重文

岸辺駅西側のJR線地下道を抜け，しばらく直進すると府道14号大阪高槻京都線に出る。岸部北交差点を左折し，岸部バス停の所を右折すると，府道と並行する亀岡街道に面して立つ常夜灯がみえる。吉志部神社の参道は，常夜灯から神社がある千里丘陵に続いている。神社は，千里丘陵に連なる紫金山に，百済・新羅から渡来し，

吉志部神社

朝廷で活躍した難波吉士一族が祖神をまつったことに始まり、吉志氏の守り神として鎮座してきた。江戸時代には、吉志部5カ村(現、吹田市)の産土神としてまつられていた。もとは太神宮と称し、1870(明治3)年に現社名に改められた。吉志部の名の由来は、吉士一族の本拠地がこの岸部であったからである。

本殿(国重文)は、応仁年間(1467〜69)の兵火により社殿が全焼したため、1610(慶長15)年に、三好長慶の2男吉志部一次によって再建された。京都の方広寺大仏殿の余材を用いて建てられたもので、桃山時代の様式を取り入れている。檜皮葺き・七間社流造で、正面の柱間は七つ割りの珍しい七間社となっている。本殿には、1833(天保4)年に覆屋がつくられ、大正時代に拝殿・幣殿も建てられ、現在の神社の姿となった。この七間社流造の本殿は、大阪府下で唯一のものであった。しかし2008(平成20)年本殿は火災により全焼した。

紫金山一帯の土質は、土器の原料に適しているため、須恵器や布目瓦が出土し、複数の窯跡も発掘されている。神社境内には、平安京造営に使用された瓦を生産した吉志部瓦窯

吉志部神社周辺の史跡

吹田周辺の史跡を訪ねる

跡(国史跡)がある。瓦窯跡は,標高約40mの東南斜面に,2段に規則的に配列されている。社殿横の斜面に,平窯9基が約10m間隔で並んでおり,社殿裏の斜面には,登窯4基が並列していることも発掘調査で確認された。窯跡からは,緑釉の点滴がついた瓦の細片が多数出土している。吉志部瓦窯跡は,『延喜式』所載の小野・栗栖野(ともに現,京都市)の官営瓦窯に先行するもので,平安京造営時に設けられた,臨時的な瓦窯であったと考えられている。

神社のある山は,コバノミツバツツジが咲き,紫色に染まることから紫金山の名がついた。現在,史跡公園として整備され,吹田市立博物館が遊歩道を西へ進んだ所に建てられている。吉志部神社の北東約300mの住宅地には,726(神亀3)年に,聖武天皇の難波宮遷都に際して使用された瓦を生産した七尾瓦窯跡(国史跡)がある。

佐井寺 ❻

06-6388-2413

〈M ▶ P.194, 201〉吹田市佐井寺1-17-10 P
JR東海道本線吹田駅🚌桃山台駅前行佐井寺🚶5分

江戸時代,観音信仰の寺として知られた

佐井寺バス停から南へ少し戻り,交番を右折し坂道をくだると,佐井寺の集落に入る。住宅開発で山里の風景が大きくかわるなか,佐井寺には古い民家が多く,農村のたたずまいが残っている。道路西側の山手にみえるのが,佐井寺(真言宗)である。寺伝によると,唐で仏教を学び,帰国した道昭により,677年に創建された。その後,道薬・行基によって,735(天平7)年に七堂伽藍が完成された。鎌倉時代の『拾芥抄』には,延暦寺(天台宗,滋賀県)・清水寺(北法相宗,京都府)・東寺(真言宗,京都府)などの大寺院と並んで,朝廷が命じる,恒例の読経を行う寺格の高い二十一カ寺に列せられていたことが記されている。

その後,戦国時代の兵火により伽藍は焼失し,現在の寺は,1647(正保4)年に楽順によって再興

佐井寺

されたものである。寺宝には、弘仁年間(810〜824)作の翻波式・一木造木造地蔵菩薩立像(府文化)が伝わる。この像については『摂津名所図会』に、行基がこの地で光明輝く地をみて掘り出し、安置したことから、「出現の地蔵」と称したことが紹介されている。境内の鐘楼は、江戸時代前期の建築様式で、梵鐘は当地を治めた京都所司代板倉重宗が、1649(慶安2)年に寄進したもの。

佐井寺は、江戸時代頃から、「佐井の観音さん」として近郷の人びとの信仰を集めた。境内にある佐井の清水は、行基の祈願により湧き出たと伝えられ、その水は「お香水」とよばれ、眼病に効く霊水として知られた。吹田の三名水にあげられ、寺の前の坂をのぼった左手に、湧水が出た佐井の清水碑がある。

圓照寺 ❼
06-6876-0461
〈M ▶ P. 194, 201〉吹田市山田東 3-13-27　P
JR東海道本線吹田駅🚌山田行山田宮ノ前🚶8分

古代密教美術の貴重な仏像が安置される

山田宮ノ前バス停からバス通りをくだると、伊射奈岐神社の鳥居がみえる。伊射奈岐神社は『延喜式』神名帳に、「嶋下郡—伊射奈岐神社二座」とあり、1つは、隣接する佐井寺伊射奈岐神社(奥宮、祭神伊射奈岐神)を、もう1つは、この山田の伊射奈岐神社(姫宮、祭神伊射奈美神)である。

鳥居前を右折し、山田川に沿う小野原街道を進み、3つ目の辻を右に入ると、正面に1970(昭和45)年、日本万国博覧会(大阪万博)場となった万博記念公園の丘がみえ、丘に続く道の左手に、圓照寺(真言宗)の山門がある。圓照寺は、千手千眼観音菩薩像を本尊とする。3世天台座主円仁(慈覚大師)が、853(仁寿3)年に、文徳天皇の勅願を受けて創建した。清和・陽成天皇の行幸や寺領寄進もあり、寺域は、万博記念公園の「太陽の塔」付近に位置した本堂を中心として、旧山田村(現、吹田市)全域にわたり、伽藍は100余りを数えた。

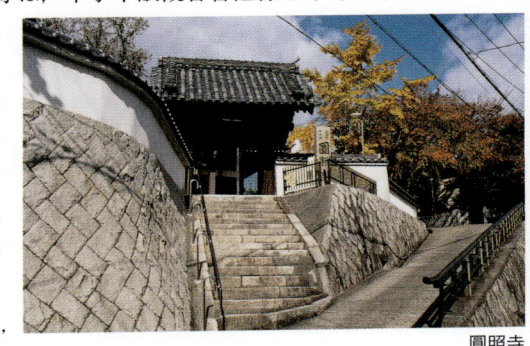

圓照寺

吹田周辺の史跡を訪ねる

894(寛平6)年,山城国(現,京都府)醍醐寺(真言宗)の聖宝が入り,宇多天皇皇后の病気平癒を祈り,その後,真言宗道場となった。

しかし,応仁の乱(1467〜77年)の兵火により,堂宇は焼失した。万治年間(1658〜61)に領主板倉重宗がかつての山内の1坊,円実坊の地に寺を再興し,焼け残った仏像を安置したのが現在の寺である。

圓照寺には,古代から中世の仏像や絵画が数多く伝わっている。カヤの一木造の木造准胝観音菩薩立像(府文化)は,平安時代前期の作とされる。ヒノキの一木造の木造日光菩薩・月光菩薩立像(府文化)は,陽成天皇が病気平癒を祈願して寄進したもので,平安時代後期の作である。仏画には,鎌倉時代末期から室町時代に描かれた絹本著色妙音天像があり,水墨画の影響を受け,仏の姿に背景の自然景観も描いた構図が用いられている。

紫雲寺 ❽
06-6877-0126 〈M▶P.194, 201〉吹田市山田東2-18-17 ℙ
JR東海道本線吹田駅🚌山田行山田宮ノ前🚶8分

大坂の絵師,森狙仙の描いた天井画がある

圓照寺から山田川に沿って,小野原街道をさらに進み,橋を渡った左手に,紫雲寺(浄土真宗)がある。寺伝によると,初め行基によって,728(神亀5)年に徳谷(現,吹田市津雲台)の山中に,法相宗永安寺として創建された。その後,1559(永禄2)年に現在地に移転し,浄土真宗本願寺派の寺として中興され,寺名も光明山紫雲寺と改められた。

安永年間(1772〜81)に再建された本堂内陣の格天井には,江戸時代後期に大坂で活躍した絵師の森狙仙によって描かれた82面の鳥獣画(府文化)と,内陣左右の小壁に,蓮池図,翡翠の金碧画4面が残されている。蓮池図の落款には「祖仙」とあり,森狙仙の作と考えられている。狙仙は狩野派の絵画に飽きたらず,長崎で蘭画の手法を学び,円山応挙とともに写生画を確立し,近代日本画を開いた1人といわれる。作品の大半がサルの絵であることから,「猿描きの狙仙」とよばれる。狙仙の描くサルは,「伊藤若冲の鶏」「岸駒筆波の虎」「白井直賢の鼠」と並び称された。天井画には,キジ・ツル・サギなどの鳥類が多く描かれ,中央部には,狙仙が得意とした「猿画」が2面みられる。記録から,1773(安永2)年頃に描かれたものとされる。

❷ 茨木と隠れキリシタンの里をめぐる

茨木は室町時代後半に茨木城が築かれ、今日発展の基礎となった。西国街道沿線には、多くの古墳や史跡が集まっている。

茨木神社 ❾
072-622-2346

〈M ▶ P. 194, 206〉茨木市元町4-3 P
阪急電鉄京都線茨木市駅・JR東海道本線茨木駅🚌忍頂寺線市役所前🚶5分

江戸時代に廃城となった茨木城の搦手門を移築

　茨木市役所前の大通りを東へ、中央公園を越えると左手に茨木神社(祭神素盞嗚尊・天児屋根命)がある。鳥居の額には、「天石門別神社　茨木神社」と社名が2つ書かれている。社殿の北側には、『延喜式』式内社である天石門別神社がある。平城天皇の頃、坂上田村麻呂が荊切の里をつくったときに鎮座されたと伝えられる。この社は島下郡17社の1つとしてまつられ、古くは茨木市宮元町にあったといわれるが、のちに現在地に遷祀された。

　元亀・天正年間(1570～92)、天石門別神社は、織田信長の産土神である牛頭天王をまつることによって、神社仏閣の破壊から免れた。これがのちに茨木神社となった。1622(元和8)年に社殿を造営し、茨木の氏神として奉斎した。天石門別神社は地主神として、社殿の北側に別宮と称してまつられた。境内には、正徳年間(1711～16)から文化年間(1804～18)に至る紀年銘をもつ石灯籠が残されており、近世の信仰を物語っている。社殿の庭園にある「黒井」「赤井」の清水は、豊臣秀吉が茶の湯に用いたと伝え、『摂津名所図会』に「名水にして寒暑増減なし、茨木郷中多く用水とす」とあり、茨木市宿久庄「青井」とともに、島下郡三清水にあげられている。

　茨木神社東門は、廃城となった茨木城の搦手門を移築したものと伝えられる、数少ない城の遺構の1つである。同市片桐町にある妙徳寺山門も搦手門を移築されたものであろうとい

茨木神社東門

われていたが，最近新しく建て替えられた。

茨木城跡 ❿

〈M ► P. 194, 206〉茨木市元町4　P（市営）
阪急電鉄京都線茨木市駅・JR東海道本線茨木駅🚌忍頂寺線市役所前🚶5分

戦国時代、中川清秀・片桐且元の居城

　茨木神社から北側一帯は，15世紀前半に，この地の国人から台頭した茨木氏が築城した，茨木城跡である。西は茨木川，東・南・北の3方を小さな濠で囲んだ平城で，東西約220m・南北約330mの規模をもっていたという。本丸跡は，神社北側の茨木小学校の北側付近にあり，小学校の裏門脇には，戦国時代末期に茨木城主となった豊臣秀吉家臣の片桐且元・貞隆兄弟の在城を記念して「片桐且元在城碑」が建てられ，且元の豊臣氏への忠義が記されている。また小学校の正門に，茨木城の門を模して門が復元された。

　1568（永禄11）年に，信長が摂津（現，大阪府）へ入った際，茨木氏が臣従し，茨木城主として本領を安堵された。茨木氏の滅亡後は，荒木氏・中川氏・片桐氏らが続き，1615（元和元）年，江戸幕府の一国一城令によって廃城となった。この界隈は「片桐町」とよばれ，城下町を思わせる鉤形の道路や町屋がわずかに残り，その面影をとどめている。

　片桐且元は関ヶ原の戦い（1600年）後，徳川家康の推挙で，豊臣秀頼付の総奉公人となった。大坂の陣（1614・15年）の原因となった，方広寺鐘銘事件の処理をめぐって淀殿と対立した且元は，弟の貞隆と大坂城を脱出し，茨木城へ退去した。且元の退去した日に家康は大坂城攻撃の命をくだし，大坂冬の陣が始まった。豊臣氏滅亡後，幕府より山城・大和・河内・和泉で4万石に加増された且元は，豊臣氏の最後を見届けながらこの世を去った。坪内逍遙は戯曲『桐一葉』において，豊臣家に尽くした忠臣として，且元の苦悩を描いている。

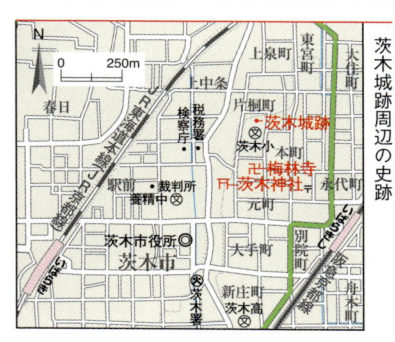

茨木城跡周辺の史跡

梅林寺 ⓫
072-622-6433

〈M ► P.194, 206〉茨木市片桐町1-3 Ｐ
阪急電鉄京都線茨木市駅🚶10分

　茨木神社東門から，阪急本通りを東へ約100m進み，左折し北へ約100m行くと，左手に梅林寺（浄土宗）がある。本尊木造阿弥陀如来像をまつる。梅林寺は，戦国時代に茨木城主であった中川清秀の菩提寺である。北摂（現，大阪府北部・兵庫県の一部）の支配をめぐって，高槻城主和田惟政と池田（現，池田市）の荒木村重・中川清秀が対立した。1571（元亀2）年，白井河原（現，茨木市耳原）の合戦で，清秀は村重とともに戦い，和田惟政・茨木重朝を討って茨木城主となった。旧西国街道の耳原3丁目の幣久良橋付近が白井河原合戦跡地である。「白井河原は，唐紅の流れとなる」といわれたほど，激しい戦いが行われた。橋から茨木川を南へくだり，名神高速道路下をくぐって，すぐ左折した側道の南脇に，和田惟政供養塔がある。清秀は1583（天正11）年，賤ヶ岳の戦いで戦死し，遺髪が中川氏菩提寺の当寺で供養された。本堂裏の墓地には，その供養墓がある。

　梅林寺は，1521（大永元）年眠誉上人が，寺の前身とされる安養

> 茨木城主中川氏の菩提寺
> 中川清秀の供養墓がある

梅林寺

白井河原合戦跡地付近

和田惟政供養塔

茨木と隠れキリシタンの里をめぐる

寺(真言宗)を、当時の寺町であった現在の府立茨木高校付近から、茨木神社の北に移し、浄土宗の寺院として中興したものである。その後、洪水により堂宇は流出し、1654(承応3)年に讃誉上人によって旧茨木城内に再建された。寺には、本能寺の変(1582年)直後に、豊臣秀吉が清秀に宛てた書簡が残され、梅林寺文書とよばれている。これは清秀が備中国(現、岡山県)高松城を包囲していた秀吉に、本能寺の変を伝えたことに対する返書である。書面には、織田信長が無事に災難を免れたと記されている。清秀が明智方へ加担するのを防いだものと考えられ、天下統一をめぐる激動の世相が垣間見られる史料の1つである。

郡山宿本陣 ⑫
072-643-4622

〈M ▶ P. 194, 212〉茨木市宿川原町3-10
JR東海道本線茨木駅・阪急電鉄京都線茨木市駅🚌郡山団地行宿川原🚶2分

江戸時代中期の本陣建築「椿の本陣」の名で知られる

宿川原バス停前の交差点から西へ続く家並みが、西国街道の郡山宿である。西国街道は、京都の東寺(伏見の説もある)から山崎(現、京都府大山崎町)を経て、北摂の山麓に沿って西へ進み、伊丹・西宮(ともに現、兵庫県)に至る約64kmの街道である。江戸時代には、東海道と山陽道を結ぶ脇街道として、江戸と領地を往復する参勤交代で、西国大名に利用されてきた。道中には、東から山崎宿、高槻の芥川宿、茨木の郡山宿、箕面の瀬川宿、伊丹の昆陽宿が設けられた。京都・大坂間には淀川を三十石船で往復する舟運も発達し、一般の旅人には、西国街道を往来するよりも、三十石船がよく利用された。

整備された石畳の道を進むと、右手に郡山宿本陣(国史跡)がある。本陣をつとめた梶家には、1696(元禄9)年から1870(明治3)年までの宿帳が残されている。最初の本陣の建物は、

郡山宿本陣上段の間

208　三島

1718(享保3)年の火災で焼失した。その際,宿帳をのぞく古記録は,いっさい失われた。火災後,本陣当主の梶善左衛門は,本陣再建のために,宿を利用している諸大名をまわって寄付金を募り,1721年に新しい本陣が完成した。これが現在の建物で,約280年間,梶家によって受け継がれてきた。

屋敷の敷地面積は717坪(約2366m^2)あり,そのうち建坪は208坪(約687m^2)を占める。家屋全体は,母屋1棟・座敷1棟・土蔵3棟・納屋1棟のほか,丸亀藩(現,香川県)主が寄贈した茶屋もあり,居間の数は19室ある。正門(御成門)の奥にある座敷は,藩主や家老が使用した居間で,上段の間を始め,御継の間・時計の間・狭の間などが配置されている。正門左手にあるツバキ(現在は2代目)が,毎年,五色の花を咲かせたことから,「椿の本陣」とよばれるようになった。

本陣に残されている宿帳によると,年間の平均利用回数は,休憩9.3回・宿泊13.5回で,月平均にすると,両方あわせて約2回の利用があった。3月と5月がとくに多く,それは参勤交代の時期が4月であることから,この時期に西国大名が江戸と国元との往復でこの宿を通ったためである。宿泊者の中には,播州(現,兵庫県)赤穂藩主浅野内匠頭長矩の名もみられ,1697(元禄10)年から毎年宿泊している。江戸への最後の参勤となった,刃傷事件の前年の1700年5月にも宿泊し,四十七士の1人である片岡源五右衛門の名もみえる。本陣は梶家の所有で,現在も住居になっており,見学は事前予約制になっている。年に数回,茨木市教育委員会による一般公開が実施される。

鎌足古廟(将軍山古墳) ⓭ 〈M ▶ P. 194, 212〉茨木市西安威
阪急電鉄京都線茨木市駅・JR東海道本線
茨木駅🚌忍頂寺線福井🚶15分

藤原鎌足の大和改葬前の墓と伝えられる

宿川原バス停から国道171号線を越え,北に約500m進むと,茨木市立豊川中学校が左手にみえてくる。この辺りは宿久庄とよばれ,ノーベル文学賞を受賞した川端康成が,幼少期をすごした所である。府道4号茨木能勢線を右折し,山麓沿いに東へ進む。沿線には,三島地域有数の古墳群が点在している。大阪第二警察病院の敷地裏山

鎌足古廟

にある紫金山古墳は、全長102mの古墳時代前期の古墳である。1947（昭和22）年の発掘調査で、竪穴式石室から豊富な副葬品が出土した。その中には、中国新の時代（8～24年）に製作された方格規矩四神鏡を始め、12面の銅鏡がみつかっている。なお、病院の敷地内には、6世紀頃の築造とされる青松塚古墳や南塚古墳石室もあり、鉄製武具などの副葬品が出土している。

　府道を挟んだ団地の東側には、6世紀頃の築造と考えられる海北塚古墳（府文化）があり、副葬品の中から、竜頭をデザインした金銅製環頭柄とよばれる刀剣の柄の部分が出土した。

　鎌足古廟は、警察病院から東へ1.5km、山西橋を渡って茨木市立北中学校前の交差点を左折し、徒歩約5分、住宅地の丘をのぼった所にある。鳥居の前に大織冠神社と刻まれた石碑が立っている。神社の階段をのぼると、横穴式石室の円墳が正面にみえる。江戸時代の『摂陽群談』によると、大化改新（645年）の中心人物である藤原鎌足が、最初に埋葬された墳墓で、多武峰（現、奈良県）に改葬されるときに、人びとが悲しんで棺を奪いあい、遺骸の胴をここに埋めたので胴塚とよばれるようになったという。鎌足は、669年に没し、その墓については、『多武峰略記』などに、京都山階（山科）へ埋葬された後、摂津国島下郡阿威山（現、高槻市）を経て、多武峰に葬られたとある。ここから北東約2kmの阿武山（高槻市）頂上付近にある、京都大学地震予知研究センター阿武山観測所北側で、1934（昭和9）年、阿威山の埋葬地に該当すると考えられる古墳が発見され、阿武山古墳と名づけられた。

　阿武山古墳は7世紀後半の築造で、石室からは漆器に収められ金糸をまとった、60歳前後の高い地位にあった人物と考えられる人骨がみつかった。1987年の調査で、金糸から復元された冠や人骨のX

川端康成が幼少期をすごした宿久庄

コラム

茨木時代の旧跡に、幼少期の康成を感じる

1968(昭和43)年にノーベル文学賞を受賞した川端康成は，1899(明治32)年に大阪市で，開業医の長男として生まれた。満2歳のとき父と死別，さらに満4歳で母も亡くした。その後，豊川村宿久庄(現，茨木市)の父方の祖父母に引き取られた。康成は，4歳から18歳までの幼少期を，この北摂の山間の村ですごした。川端家はかつて庄屋をつとめた旧家であったが，事業に失敗してからは，祖父母はひっそりと生活していた。

小学校卒業後，康成は旧制茨木中学校(現，府立茨木高校)へ進んだ。この間，7歳で祖母も亡くなり，白内障のため目が不自由になった祖父と，8年近い2人だけの生活が続いた。

両親のいない境遇のなかで，康成は内気な幼少期をすごし，しだいに読書に傾倒していった。小・中学校を通じて読書量もふえ，図書室の本はほとんど読んだといわれ，地元の書店からも，文芸書を取り寄せたという。

茨木中学校時代に文学への志をかため，創作活動を始めた。1925(大正14)年に発表された『十六歳の日記』は，祖父の病床生活を題材にした作品である。「川端文学」とよばれる作品には，幼少時代の肉親との縁の薄い寂しい生い立ちと哀しみが流れている。

宿久庄には，当時の住居が改築されてはいるが，今も残っている。生垣や庭はそのままで，「川端康成先生旧跡」の碑が建てられている。茨木市上中条2丁目には，1980(昭和55)年，茨木市立川端康成文学館が開館した。川端康成の生い立ちを始め，小説の舞台となった茨木・大阪・近畿の文学散歩とともに，宿久庄の住居を再現した模型や，当時の作文，友人への書簡などの資料も展示されている。

線写真の画像解析などからみて，被葬者を鎌足とする説が強まった。

摂津三島(現，高槻市・茨木市)の地は，中臣氏が勢力を展開した所で，鎌足が神祇伯を辞して，一時移り住んだ所でもあった。鎌足を埋葬した鎌足古廟には，明治時代初めから大正年間頃まで，毎年10月16日に九条家より使者がきて，反物2000疋を持参し，祭祀を行ったという。山麓には鳥居が設けられ，石室内には鎌足をまつった社がある。鎌足古廟の左手には，4世紀前半に築造された全長107mの将軍山古墳の石室が移築・保存されている。将軍山古墳は，住宅地の丘陵を利用してつくられた前方後円墳であったが，住宅開発で姿を消し，石室だけが移築された。ここから南東約500m付近

鎌足古廟周辺の史跡

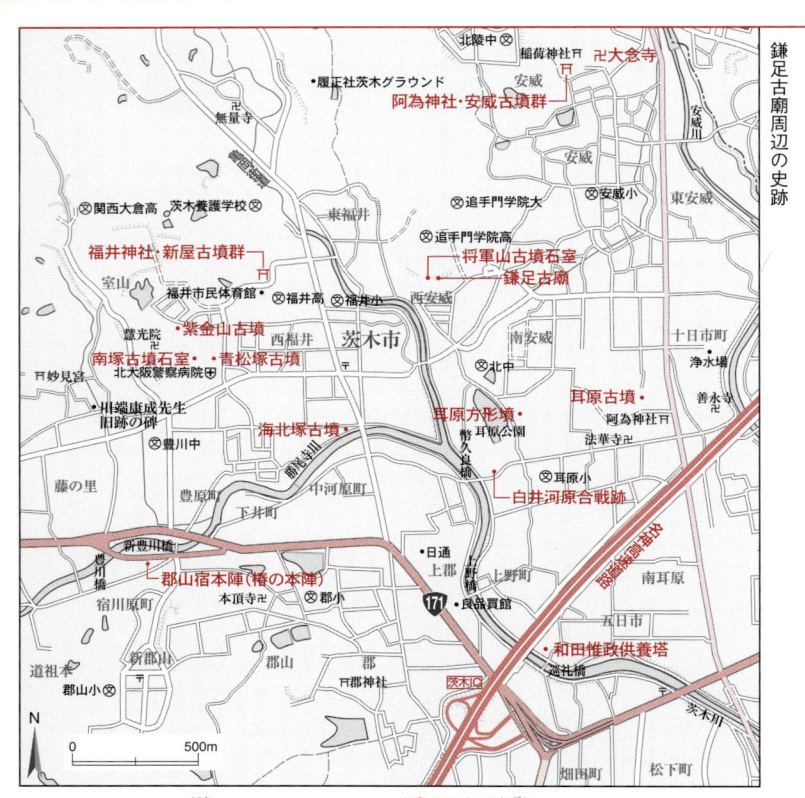

には，三方に濠をめぐらした耳原方形墳(鼻摺古墳)や，テイジン大阪研究センター敷地内に，玄室に形式の異なる2基の石棺をもつ耳原古墳(府史跡)がある。耳原古墳の見学は，団体は，研究センター(072-643-1133)へ予約が必要。

阿為神社(あいじんじゃ) ⓮ 〈M ▶ P. 194, 212〉茨木市安威3-17-17 P
JR東海道本線茨木駅🚌車 作線安威(くるまづくり)🚶10分

古代豪族中臣氏の祖神をまつる

安威バス停から西南に山沿いの道を約250m進み，丁字路を右折すると，正面に大念寺(浄土宗)の山門がみえる。寺に伝わる1761(宝暦11)年の「大織堂縁起(ほうえき)」によると，寺の開基は，大織冠藤原鎌足の長男定慧(じょうえ)であるとし，中世の頃は大織堂とよばれていた。当寺は鎌足の遺骸が多武峰に改葬される前の墓所に建てられたもので，僧坊が並んでいたという。現在の寺は，専誉上人(せんよ)が1590(天正18)年

阿為神社

に大山崎(現，京都府)の大念寺より入り，浄土宗の道場とし，1721(享保6)年に性誉上人によってさらに再興されたものである。本尊の阿弥陀如来像は，平安時代の作である。

大念寺の西側にある阿為神社は，『延喜式』式内社で，天児屋根命をまつる。阿武山山麓を流れる安威川流域には，古代中臣氏につながる中臣藍連や中臣太田連らの氏族の村々があった。神社名の「阿為」は，古くはこの地を「藍野」とよんだことに，藍連という姓は，この地で藍を栽培したことに由来すると考えられる。神社の別名は苗森神社といい，藍の栽培との関連性がある。中臣藍連が，その祖神をまつってきたのが，阿為神社である。神社には，将軍山古墳から出土した三角縁二神二獣鏡が納められている。

阿為神社裏山一帯は，20数基の群集墳が分布する安威古墳群で，神社と古墳の被葬者である古代氏族の関係について，今後の研究がまたれる。これと同様の関係をもつ神社が，将軍山古墳から西へ約800mの福井神社と新屋古墳群である。福井神社は，新屋坐天照御魂神社として『延喜式』式内社に数えられる古社で，茨木城主中川清秀の信仰が篤く，清秀の死後，その妻が遺志を継いで，1584(天正12)年に社殿を造営した。現在の社殿は，1678(延宝6)年の再建で，本殿は1841(天保12)年に改修されたものである。

隠れキリシタンの里 ⑮

〈M ▶ P. 194〉茨木市千提寺・下音羽 P
阪急電鉄京都線茨木市駅・JR東海道本線茨木駅
🚌忍頂寺線千提寺口 🚶15分

大正時代、地元郷土史家によりキリシタン遺物が発見される

千提寺口バス停から少し道を南へ戻ると，茨木市立キリシタン遺物史料館の標識がみえる。案内板に沿って左手の坂道を進む。山道を10分ほど歩くと，千提寺地区に入る。三方を山に囲まれた50戸たらずの民家が点在する，静かな山里である。

1919(大正8)年から1930(昭和5)年にかけて，この地区の民家か

茨木と隠れキリシタンの里をめぐる

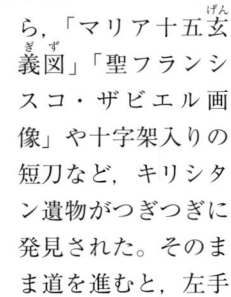

茨木市立キリシタン遺物史料館

ら,「マリア十五玄義図」「聖フランシスコ・ザビエル画像」や十字架入りの短刀など,キリシタン遺物がつぎつぎに発見された。そのまま道を進むと,左手に白い小さな洋館風の茨木市立キリシタン遺物史料館がみえる。館内には,千提寺や下音羽で大正時代以降に,東家・原田家・大神家などから発見された,絵画・銅版画・彫刻・金属製のメダルなどの遺物が展示されている。なかでも有名な「聖フランシスコ・ザビエル画像」(神戸市立博物館所蔵)は,東家の「あけずの櫃」から発見された。同家からは,「マリア十五玄義図」「牛に乗った天神像」などもみつかった。この像は,天神像をはずすと,牛の背中に十字架が刻まれ,牛の腹は空洞になっており,メダルが隠されていた。

茨木市の山間部にある,泉原・千提寺・音羽・忍頂寺・銭原地区一帯は,戦国時代のキリシタン大名の1人である高槻城主高山右近の支配地の一部であり,領国支配のために,積極的な布教が行われたと考えられる。当時,高山氏の領内には,約1万8000人ものキリスト教信者がいたといわれている。しかし,豊臣秀吉や徳川家康による全国統一が進むなかで,キリスト教はその妨げになり,禁教令によって多くの信者は仏教への改宗を迫られた。1649(慶安2)年,高槻藩主となった永井直清は,キリシタン弾圧を強化した。1658(万治元)年領内で10人の隠れキリシタンが

聖フランシスコ・ザビエル画像

214　三島

隠れキリシタン遺物の発見

コラム

「聖フランシスコ・ザビエル画像」がみつかる

　1919(大正8)年から1930(昭和5)年にかけて、茨木市北部の山間地にある千提寺・下音羽地区で、郷土史家藤波大超によって、キリシタン遺物がつぎつぎと発見された。

　藤波が、千提寺・下音羽地区に、隠れキリシタンが住んでいたのではないかとの疑問をもったのは、この地区が、高槻城主高山右近の領地であったことや、右近とキリシタン信仰にまつわる伝説が、相当数残っていること、とくに、千提寺地区はほかの地域にくらべ、墓地が圧倒的に多く、しかも個人墓が多いことにあった。宗派も、曹洞宗・浄土宗・浄土真宗・日蓮宗など、各派が信仰されていることなどから、千提寺地区から調査を始めた。

　1919年2月、地区の東藤次郎に案内された墓地で、高さ60cm、光背立石型の墓石をみつけた。表面に、装飾的な十字架(二支十字章)を刻んだキリシタン墓碑であった。「上野マリア」の名と、左右に「慶長八(1603)年正月十日」と縦に刻まれていた。この発見を契機に、それまでキリシタンの信仰については、警戒心からいっさい語ることがなかった地区の人びとも、藤波の熱意にほだされ、調査に協力するようになった。

　その後下音羽地区の民家からも、つぎつぎと秘蔵されてきたキリシタン遺物が発見され、当時大きく報道された。このニュースは、ローマ教皇庁にも伝わり、1926(大正15)年には、教皇使節が千提寺地区を訪れ、「日本の聖地」とさえいわれるようになった。

摘発され、1830(文政13)年には、6人が処刑されている。このような幕府の厳しい禁教政策によって領内の信者たちは、山間地に隠れ、秘かに信仰を続けてきたのである。

　千提寺口バス停から、余野行きのバスに乗り、下音羽バス停で下車する。正面の山の中腹に、高雲寺(曹洞宗)がみえる。地蔵橋を渡って左折し、急な石段の参道をのぼる。高雲寺は、江戸時代に千提寺・下音羽の隠れキリシタンたちが、檀那寺としていた寺である。庫裏の東側の庭に、「慶長十八(1613)年」銘のあるキリシタン墓碑がある。また方丈の手水鉢の台石や庫裏の沓脱石などからも、キリシタン墓碑が発見された。地蔵橋近くの原田家の屋根裏からは、竹筒の中に隠された「マリア十五玄義図」(原田本、国重文)がみつかり、現在は京都大学総合博物館に所蔵されている。高雲寺から約

キリシタン墓碑（高雲寺）

300m先の府道109号線を左折した南側の下音羽地区の大神家は，キリシタン潜伏時代には，代々神父の役割をはたしていたといわれ，信者の死にあたっては，「臨終の祈り」を唱えにまわったという。大神家では，象牙彫キリスト磔刑像が所蔵されている。

　江戸時代，高槻藩主によって「宗旨替え」が強行され，すべての領民が仏教徒に改宗し，葬式などは仏式で行ったが，キリスト教の信仰は秘かに続けられた。天井裏や部屋の隅の押入れなどに，小さな祭壇を設けて，深夜，雨戸を閉め切ってオラショ（祈禱文）を唱えたり，山の尾根にのぼって，沈みゆく夕日を仰いで祈りを捧げた。教会の暦を手に入れることができないため，渡り鳥のツバメがくるのを目安に，48日間復活祭に先立つ四旬節の断食行を行い，オラショを唱えながら，何度も鞭縄で左肩を叩いて，熱心に神に祈ったと伝えられている。

③ 富田周辺の史跡

一向宗の寺内町から発展した富田は、江戸時代に池田・伊丹と並んで酒造業が盛んになり、豪商による町人文化が栄えた。

今城塚古墳 ⑯　〈M ▶ P. 194, 219〉高槻市郡家新町 P
JR東海道本線摂津富田駅🚌奈佐原行今城塚古墳前🚶3分

淀川右岸最大の古墳　継体天皇陵説が有力

バス停前にあるのは今城塚古代歴史館である。三島の古墳時代前史から古墳時代の終焉を6つのテーマをジオラマ模型や映像で解説している。今城塚古墳の実像や大王墓の葬送儀礼、実物の埴輪や副葬品も展示している。今城塚古墳は歴史館から遊歩道を行くと、埴輪祭祀場に出る。東向きに築造された墳丘は全長190m、2重の濠が周囲をめぐっている。

今城塚古墳の被葬者については、以前から『日本書紀』『延喜式』の諸陵寮などの文献や考古学的見地によって、6世紀の継体天皇を有力視する説が強かった。1997(平成9)年から高槻市による史跡公園整備のための本格的調査が始まり、大量の埴輪を中心とする出土物などから、大王級の墳墓の可能性がいっそう強まった。

埴輪群は、古墳北側中央部の外濠と内濠の間にある内堤から出土した。高さ170cmの国内最大の家形埴輪を含む形象埴輪が、190点を数えた。これらの埴輪群は、内堤から6m以上外側に張り出した

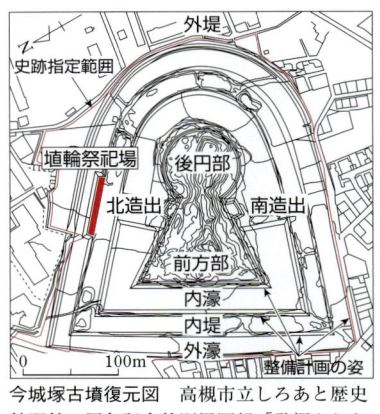

今城塚古墳復元図　高槻市立しろあと歴史館開館1周年記念特別展図録「発掘された埴輪群と今城塚古墳」(2004年)による。

家形埴輪(今城塚古墳出土)

富田周辺の史跡　217

所で、列状あるいは群をなす形態で発見された。これは、大王の葬送儀礼の様子を再現したものか、あるいは大王位継承などの儀式を誇示したものなのかは、今後の研究がまたれる。出土した埴輪は、約700m北西にある新池埴輪製作遺跡（国史跡）の埴輪窯で大量に生産されたことも、調査により明らかになった。

「今城」という名称が初めて文献にあらわれるのは、江戸幕府8代将軍徳川吉宗の時代の『摂津志』においてで、そこに「今城陵」とみえ、永禄年間（1558～70）に、三好長慶の家臣松永久秀が、芥川城（現、高槻市）の支城として、濠や墳丘を改造して使用したという。また寛政年間（1789～1801）刊行の『摂津名所図会』に、初めて「今城塚」という名称が載り、その後の文献では「塚」の字もなくなり「今城山」の語句のみとなり、墓としての伝承すらなくなっている。高槻藩も幕府の陵墓調査に対して、藩内に継体天皇陵が存在しないことを回答している。1696（元禄9）年、松下見林が、『前王廟陵記』で、初めて茨木市にある太田茶臼山古墳が継体天皇陵であることを指摘し、明治政府に引き継がれ、現在も宮内庁によって、継体天皇陵に治定されている。

太田茶臼山古墳 ⓱

〈M ▶ P. 194, 219〉茨木市太田3
JR東海道本線摂津富田駅🚌日赤病院行土室南🚶5分、または阪急電鉄京都線茨木市駅🚌花園東和苑行太田🚶5分

宮内庁指定の継体天皇陵

土室南バス停から南へ1つ目の信号に戻り、東西を走る旧西国街道を右折すると、前方右手に太田茶臼山古墳の墳丘がみえる。東太田4丁目の信号を右折した100mほど先に、濠をめぐらした前方後円墳がある。古墳は全長226mの大きな古墳で、宮内庁によって、継体天皇陵に治定されている。

『日本書紀』には、継体天皇は応神天皇5世の孫で、武烈天皇に後継者がいなかったために、越前（現、福井県）から男大迹王を迎えたと記され、507年に樟葉宮（現、枚方市）で即位した。しかし、大和の豪族たちの政治的争いが続き、大和に入ることができず、淀川水系の山背（現、京都府）の筒城宮、弟国宮に転々と拠点を移し、即位後20年経って大和に入った。その後、531年に天皇は亡くなり、

富田周辺の史跡

「藍野の陵に葬りぬ」と記されている。『延喜式』には、継体天皇は「三嶋藍野陵」に葬られたとあり、その陵は、「摂津国嶋上郡」としている。古代の「三嶋」は、島上郡（現、高槻市・島本町）と島下郡（現、茨木市・吹田市・摂津市）に分かれていた。継体天皇陵をめぐっては、高槻市の今城塚古墳が該当する可能性が強いという説が以前からあり、近年の今城塚古墳の発掘調査によって、いっそう有力視されている。太田茶臼山古墳は島下郡にあり、1.5km東にある、破壊が進んだ今城塚古墳と比較して、よく整備されていることもあり、「藍野陵」とよばれた。古墳付近には、「藍野」という古い地名も残っている。

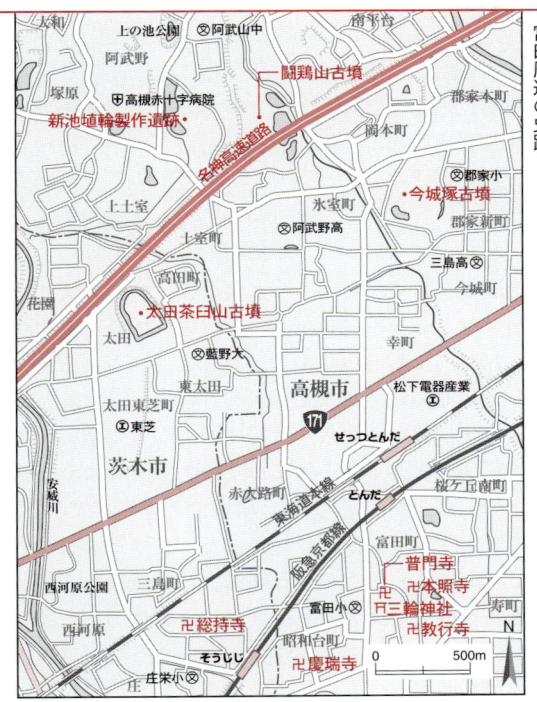

考古学上の調査では、太田茶臼山古墳は5世紀前半の特徴があり、円筒埴輪が多いのに対して、今城塚古墳は6世紀の特徴をもち、形象埴輪が大量に出土している。2つの古墳から出土した埴輪を製作した、新池埴輪製作遺跡（高槻市）の調査によって、前者の埴輪の

太田茶臼山古墳

富田周辺の史跡　　219

焼成時期は5世紀で、後者のものは6世紀であることが明らかになった。継体天皇は6世紀に亡くなっていることから、今城塚古墳を継体天皇陵とする説が裏づけられた。

新池埴輪製作遺跡 ⑱
072-695-8274

〈M ▶ P.194, 219〉 高槻市上土室1
JR東海道本線摂津富田駅🚌公団阿武山循環上土室 🚶5分

5～6世紀の埴輪生産工房跡

　上土室バス停から南へ少し戻り、1つ目の交差点を左折すると、高層マンションが並ぶ丘の下に、「ハニワ工場公園」入口の標識があり、園内に新池埴輪製作遺跡(国史跡)がある。遺跡は、今城塚古墳や太田茶臼山古墳など大小500基の古墳が集まる三島古墳群に近接し、5世紀中頃から6世紀中頃にかけて埴輪の生産拠点であった。

　1987(昭和62)年から始まった発掘調査により、遺跡は阿武山の丘陵一帯約3万m²に広がり、埴輪窯18基を始め、工房3基と工人たちの竪穴住居棟14棟が発見された。日本最古かつ最大級の埴輪工房跡で、太田茶臼山古墳と今城塚古墳の埴輪を生産した。埴輪の製作技術については、4世紀頃は野焼きで焼いたため、やわらかく崩れやすいので、生産効率が悪かった。また焼成温度が低く、表面に焼けむらができた。5世紀に朝鮮半島から、須恵器をつくるための窖窯という、丘の斜面に斜めに燃焼室を掘り込んでつくる窯が伝わり、埴輪の大量生産が始まった。5世紀の半地下式の窯で太田茶臼山古墳の埴輪を製作し、6世紀の完全地下式の窯で今城塚古墳の埴輪が製作されたと考えられる。また、『日本書紀』の欽明天皇23(562)年条には、「摂津国三嶋郡埴廬」という記載もみられ、「埴廬」はこの遺跡を含む上土室周辺を指したものと推測される。

　1995(平成7)年に、高槻市が「ハニワ工場公園」として整備し、丘陵の斜面を利

新池埴輪製作遺跡

用した窯跡や工房が復元された。展示施設には、今城塚古墳の埴輪を焼いた18号窯を保存・展示している。

新池埴輪製作遺跡の約300m東の名神高速道路北側の丘陵に、闘鶏山古墳(げやま)(国史跡)がある。2002年の調査により、未盗掘の主体部(埋葬施設)2基を備えた、4世紀前半の前方後円墳であることが明らかになった。三島古墳群の中では4番目に古く、この地域の王墓と考えられ、石室内には、副葬品が埋葬当時のまま残っている。

本照寺 ⑲
072-696-0639

〈M ▶ P. 194, 219〉高槻市富田町4-4-27 P
阪急電鉄京都線富田駅・JR東海道本線摂津富田駅🚶10分

戦国時代三島の浄土真宗拠点 富田御坊

阪急電鉄富田駅前の道を東に進み、富田商店街を南に約400m行くと、右手に本照寺(浄土真宗)がある。本照寺は本願寺派に属し、本願寺7世存如によって1427(応永34)年に創建され、光照寺と称した。1646(正保3)年に、本願寺13世良如の弟円従が寺に入り、本願寺の一字を得て本照寺と改めた。以降、本照寺は「富田御坊」とよばれ、高槻・茨木地域の同派の本山となり、隆盛をきわめた。

1789(寛政元)年の火災で本堂などを焼失したが、1799年に本堂が再建された。現存する表門や書院は、その当時のものである。境内には、「富寿栄の松」とよばれる樹齢およそ700年の老松があったが、1968(昭和43)年に枯死し、今は枝を支えていた石柱が、往時を偲ばせている。

本照寺山門

普門寺 ⑳
072-694-2093

〈M ▶ P. 194, 219〉高槻市富田町4-10-10 P
阪急電鉄京都線富田駅・JR東海道本線摂津富田駅🚶15分

細川晴元ゆかりの寺院 庭園は国名勝

本照寺から南へ200mほど進むと、富田台地を東西に走る道に出る。交差点を右折し西へ約150m行くと、右手に三輪神社がある。富田は江戸時代初期に酒造業が発展し、江戸までその名が知られる銘酒の産地であった。祭神は、大和国(現、奈良県)三諸山から酒造

富田周辺の史跡　221

普門寺庭園

りの神として有名な大己貴命を勧請してまつった。隣接する普門寺の鎮守社でもあった。

三輪神社の西隣に普門寺の山門がある。普門寺(臨済宗)は妙心寺派に属し、釈迦如来像と十一面千手千眼自在菩薩像を本尊とする。明徳年間(1390～94)に、現在の本照寺がある所に、説巌が創建したと伝えられる。1561(永禄4)年管領細川晴元が出家して寺に入り、現在の堂宇が建てられた。のちの室町幕府14代将軍足利義栄が、1566年から2年間、織田信長によって四国に追われるまで滞在したことから、別名、普門寺城とよばれた。

寺はその後衰退したが、1617(元和3)年に龍渓が入山し、方丈や諸堂を建立し、中興した。1655(明暦元)年に龍渓の招きにより、明の高僧隠元が長崎から普門寺に迎えられ、山城(現、京都府)の宇治に黄檗山万福寺を開山するまで、約6年間とどまった。境内の庭園(国名勝)は、観音補陀落山の庭とよばれる江戸時代初期の枯山水庭で、玉淵の作とされる。北方の阿武山を借景に、枯滝を組んだ池泉式である。庭園北西側には、この地で没した細川晴元の墓と伝える宝篋印塔がある。方丈(国重文)は、1982(昭和57)年の解体修理により、建造当初の姿に復元された。方丈には、隠元の筆になる「獅林」の大きな衝立や狩野安信の水墨画が伝わっている。

教行寺 ㉑ 〈M▶P. 194, 219〉高槻市富田町6-10-1 P
072-696-3182   阪急電鉄京都線富田駅・JR東海道本線摂津富田駅🚶15分

蓮如の創建、布教の拠点、富田道場

普門寺から再びもとの道に戻り、本照寺に続く交差点を南へ進むと、病院に隣接して教行寺(浄土真宗)がある。教行寺は東本願寺大谷派に属し、1476(文明8)年に本願寺8世蓮如が創建したという。当時は富田道場とよばれ、本照寺と並び一向宗の北摂布教の拠点となった。その後、蓮如の子の蓮芸が入山してから、寺は発展した。1532(天文元)年、細川晴元と一向一揆により、京都の山科本願寺と

富田の酒造業

コラム

産

江戸までその名を知られた銘醸地

　摂津国富田(現，高槻市)は中世末期に，浄土真宗寺院を中心に発達した寺内町である。

　富田の酒造業は，1695(元禄8)年刊行の『本朝食鑑』に「和州南都造酒第一にして摂津・伊丹・鴻池・池田・富田これに次ぐ」とあり，当時は酒造が最大の産業であった。1600(慶長5)年，関ヶ原の戦いで徳川方の食糧調達に協力した清水家(紅屋)は，幕府から特権的な酒造株を認められ，酒造を開始した。その後，紅屋を中心に酒造業が発展し，明暦年間(1655〜58)には，造酒屋24軒を数え，伊丹(現，兵庫県)・池田(現，大阪府)と並ぶ，銘酒の産地となった。良質の酒米と富田台地の石灰層から湧き出る地下水を使った富田酒は，江戸までその名を知られるようになった。松尾芭蕉の高弟宝井其角は，「けさたんとのめやあやめの　とんたさけ」という回文俳句を詠んでいる。

　しかし江戸時代中期に，西宮・灘(ともに現，兵庫県)の海岸地域に新しく酒造業が成立し，江戸への樽廻船による輸送経路が確立すると，立地条件の悪い富田の酒造業は，衰退していった。1839(天保10)年には，造酒屋はわずか6軒になったという。現在では2軒の造酒屋が，本照寺や教行寺付近に店を構え，伝統の製法や技術を受け継ぎ，富田酒を守り続けている。

ともに富田道場も焼き払われた。その後，細川氏と本願寺が和睦，1536年に富田道場再興が認められた。富田道場は教行寺と改称されたが，その由来は，蓮如が当寺で親鸞の著書『教行信証』を書写したことによるとされる。

本堂の木造菩薩坐像は国重文

慶瑞寺 ㉒
072-696-0733

〈M ▶ P. 194, 219〉 高槻市昭和町2-25-12　P
阪急電鉄京都線総持寺駅 🚶10分

　総持寺駅から阪急電鉄京都線の線路の東側の道を，富田方向へ250mほど進み，信号のある交差点を右折すると，寺の標識がみえる。慶瑞寺(黄檗宗)は694年，京都の宇治橋架橋で知られる道昭が創建した。創建当初は法相宗に属し，景瑞寺といったが，江戸時代初期に廃寺となった。1661(寛文元)年に景瑞庵と称した無住の小庵を，普門寺の龍溪が諸堂を建立し，万福寺末寺として，祥雲山慶瑞寺と改めた。後水尾法皇は深く龍溪に帰依し，禅についての進講を受けた。龍溪は法皇から「大宗正統禅師」の禅師号を与えられた。境内には，法皇の歯や仏舎利を収めた聖歯塔，龍溪の木像や遺品を

富田周辺の史跡　223

収めた開山堂がある。寺宝には，後水尾法皇宸筆の勅書を始め，隠元や龍渓らの真筆が伝えられている。1986(昭和61)年に8〜9世紀の作とみられる木造菩薩坐像(国重文)が本堂からみつかった。カヤの一木造の観音菩薩像で，インドの仏像彫刻を感じさせる。

総持寺 ㉓
072-622-3209 〈M▶P.194, 219〉茨木市総持寺1-6-1 Ｐ
阪急電鉄京都線総持寺駅🚶15分

西国三十三所観音第22番札所 4月に行われる山蔭流包丁式

　総持寺駅前北側の府道126号線を北西へ約300m進むと，総持寺入口の標識がみえる。右折すると正面の丘の上に，総持寺の朱塗りの山門が立っている。総持寺(真言宗)は，西国三十三所観音の第22番札所で，藤原高房の発願により，その子山蔭政朝が，890(寛平2)年に創建したと伝えられる。かつては白河・鳥羽天皇の勅願寺となり，七堂伽藍を備えた寺院であったが，1571(元亀2)年の白井河原の合戦で，織田信長の焼打ちに遭い，堂宇を焼失した。現在の本堂は1603(慶長8)年に，豊臣秀頼の命により，片桐且元が普請奉行となり再建されたものである。

　寺の縁起によると，山蔭政朝が遣唐使に黄金を託して求めた香木で千手観音像をつくり，摂津国島下郡に寺院を建立してこれを本尊として安置，総持寺と号した。信長の焼打ちの際，本尊の上半身は焼けずに金色に輝いていたことから，「火除け観音」とよばれた。

　毎年4月18日に行われる「山蔭流包丁式」という行事には，全国から山蔭流の板前たちが集まり，タイやコイなどを真魚箸と包丁だけでさばき，包丁と生け作りを奉納する。これは山蔭政朝が，本尊を彫る仏師のために，1000日間にわたってみずから料理して奉膳したという伝承によるものである。

総持寺山門

4 高槻と淀川右岸の史跡

大阪と京都の中間にある高槻は，淀川と西国街道の要衝であり，古代史上の大王陵やキリシタン大名の城跡など，史跡が多い。

安満宮山古墳 ㉔ —邪馬台国の時代の年号をもつ銅鏡出土

〈M ► P. 194, 228〉高槻市安満御所の町，高槻市公園墓地 P

JR東海道本線高槻駅🚍上成合行磐手橋🚶25分

　磐手橋バス停の右手にみえる山が安満山で，中腹に高槻市公園墓地がある。公園墓地へ通じる坂道を，案内板に従って標高125mの尾根筋までのぼると視野が開け，古墳の標識がみえる。標識を右折した先に安満宮山古墳がある。眼下に淀川を挟み，大阪平野が一望できる所にある。

　安満宮山古墳は，安満山の南西斜面を利用した方形墳で，東西18m・南北21m，墓坑は7.5m×3.5mで，築造年代は3世紀後半とされている。1997（平成9）年の発掘調査で，青銅鏡5面，1000個を超える水色のガラス小玉や鉄刀，鉄斧などが出土した。5面の銅鏡のうち1面は，中国後漢末期の二神二獣鏡で，残りの4面は，魏の時代のものである。なかでも方格規矩四神鏡は，魏の年号「青龍三（235）年」の銘をもつ。また三角縁環状乳神獣鏡や同向式神獣鏡は，239（魏の年号の景初3）年頃のものとみられている。『魏志』倭人伝には，景初3年に女王卑弥呼に銅鏡100枚を与えたとあり，出土した銅鏡も，その一部ではないかと考えられている。古墳に埋葬された人物は安満地域を拠点に，淀川流域の三島地方を支配した邪馬台国と関係をもつ有力人物ではないかと考えられる。古墳は築造当時の姿に復元され，ガラスシェルター内部に，発掘時の様子が再現されている。

　古墳がある安満山の山麓には，三島地方で最初に稲作を始めたとみられる安満遺跡（国史跡）がある。1928（昭和3）年，京都帝国大学農学部附属農場がつくられた際，弥生土器が出土し，遺跡の存在が明らかになった。東西約1.2km・南北約300mの広さをもつ遺跡からは，環濠集落跡や水田跡がみつかり，木製農具を始め，多数の石器・土器・金属器が出土している。

高槻と淀川右岸の史跡　　225

能因塚 ㉕

平安時代の歌人、能因法師隠棲の地

〈M ▶ P. 194, 228〉 高槻市古曽部町3
JR東海道本線高槻駅🚌成合行北郵便局前🚶5分

能因塚

　北郵便局前バス停で降り、北へ約50m進み、信号脇の西に入る細い道路を直進する。能因法師墳の標識に従って進むと、住宅街の一角に能因塚のある木立がみえる。塚は平安時代中期の歌人能因法師の墓と伝えられる。能因は名を橘永愷といい、都で官人としてつとめながら、歌道の第一人者であった藤原長能に学んだ。30歳の頃出家し、能因と改めた。晩年、女流歌人である伊勢姫が隠棲したこの古曽部の地に居を構え、歌道に専念し、古曽部入道ともよばれた。能因はここを拠点として各地を旅し、「都をば　霞とともに　立ちしかど　秋風ぞ吹く　白河の関」など、すぐれた作品を多数残している。

　能因塚は、東西16m・南北25m、高さ約1.8mの墳墓である。南正面の碑は、1650（慶安3）年、高槻城主永井直清により建てられた。碑文は林羅山の手になるもので、能因の事跡が刻まれているが、風雨にさらされ、下部は摩耗している。能因塚の周辺には、「文塚」「花の井」「不老水」など、能因ゆかりの遺跡が点在している。文塚は、能因の和歌の草稿を埋めた所と伝えられる。

伊勢寺 ㉖

三十六歌仙の伊勢姫ゆかりの寺

072-681-3284

〈M ▶ P. 194, 228〉 高槻市奥天神町1-1-19　Ｐ
JR東海道本線高槻駅🚌日吉台行上天神🚶5分

　上天神バス停からバス通りを北へ約30m行き、信号を右折して坂道をくだると、左手に伊勢寺（曹洞宗）の山門がある。寺の周囲は、竹林に覆われた閑静な住宅地となっている。

　伊勢寺は、平安時代の三十六歌仙の1人で、宇多天皇の寵姫であった伊勢姫が、天皇の没後この地に草庵を結び、姫が亡くなった

伊勢寺山門

後に寺となったものである。境内には，伊勢姫の和歌を刻んだ「見る人もなき山里の桜花　ほかの散りなむのちぞ咲きまし」の碑が立つ。本堂横の墓地中央部からややのぼった所に，伊勢姫廟がある。廟の右隣にある大きな石碑は，高槻城主永井直清が建立した伊勢姫顕彰碑である。同じ墓地の一角には，戦国時代の高槻城主で，白井河原の合戦（1571年）で討死した和田惟政の墓がある。

上宮天満宮 ㉗
072-682-0025
〈M ▶ P. 194, 228〉高槻市天神町1-15-5 Ｐ
JR東海道本線高槻駅 徒歩5分

北山の天神さんとよばれる2月下旬天神祭で賑わう

　高槻駅北口の正面にみえる山は天神山とよばれる。この丘陵一帯には，弥生時代の天神山遺跡が広がる。遺跡からは，弥生時代の住居を始め，縄文時代から奈良時代にかけての多数の石器や土器が発見された。駅の正面にある上宮天満宮の大鳥居を通って神社に続く参道の辺りは，天神馬場とよばれる。1582（天正10）年，本能寺の変で織田信長が討たれたことを知った中国地方遠征中の豊臣秀吉が，毛利氏と和睦し，明智光秀を討つために京都へ引き返す途中，この天神松原で，茨木城主中川清秀，高槻城主高山右近ら，秀吉側軍勢を集結させて合流し，山崎方面に向かったといわれている。

　上宮天満宮は，地元では「北山の天神さん」とよばれる。毎年2月下旬に天神祭が行われ，近在から多くの参拝客が訪れる。祭神として，菅原道真・野見宿禰・武日照命をまつる。この周辺は，古くは濃味郷といわれ，菅原道真の祖先である野見一族が居住して

上宮天満宮

高槻と淀川右岸の史跡　　227

高槻市中心部の史跡

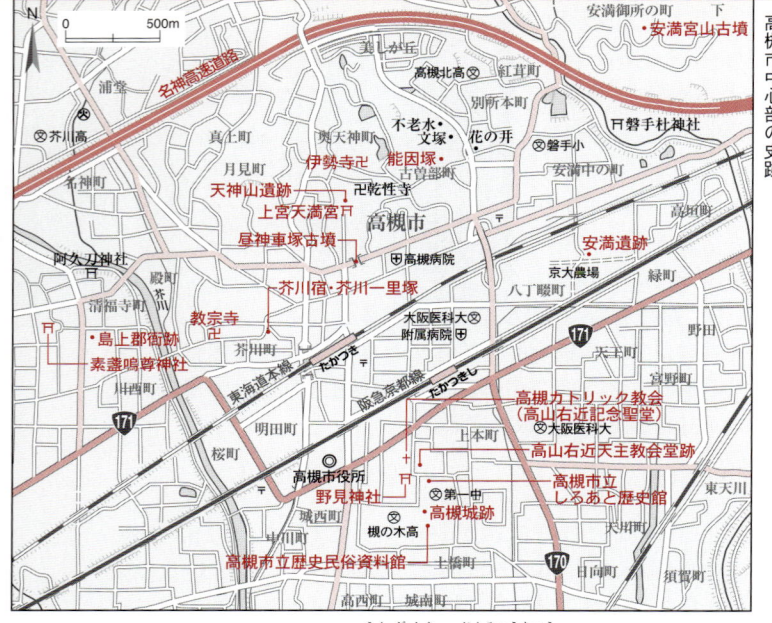

いたという。上宮天満宮は、『延喜式』神名帳記載の野見神社に比定され、濃味郷の鎮守とみられている。菅原道真が大宰府(現、福岡県)に配流となり、その没後に、勅使として大宰府へ派遣された菅原為理が、道真の霊を奉じての帰途、祖先に由緒のある野見神社境内に社殿をつくり、道真をまつったのが、上宮天満宮の起源であると伝えられる。京都の北野天満宮より起源が古いことから、上宮天満宮と称するようになった。本殿は、1996(平成8)年の火災で全焼した。拝殿は、1656(明暦2)年に高槻藩主永井直清が建立し、本殿脇には、鎌倉時代初期の作といわれる石灯籠がある。

　参道の石段下の右手前方に、短いトンネルがみえる。このトンネルの上には、6世紀中頃に築造された昼神車塚古墳がある。道路建設にともない、遺跡保存のためにトンネルを通した。1977(昭和52)年の調査で、イヌ・イノシシ・角笛をもった狩人などの埴輪が出土し、古代の狩猟の様子を知ることができる古墳として、注目を集めた。

228　　三島

芥川宿 ㉘　〈M ▶ P.194, 228〉高槻市芥川町 3
JR東海道本線高槻駅 🚶10分

　高槻駅北口の正面にみえる上宮天満宮の大鳥居の手前を，東西に走る細い道は，旧西国街道である。西国街道は，江戸幕府の江戸を起点とする街道整備によって脇街道となり，山崎通と称され，京都の伏見から淀川北岸沿いに，西宮（現，兵庫県）で山陽道につなが

芥川一里塚

る。江戸時代には，大名の参勤交代に利用された。鳥居前の街道を西へ500mほど進み，南へ左折した辺りが宿場の東入口である。その先の，道路が西へ屈曲する手前左側に，芥川一里塚（府史跡）がある。すでに塚は消滅し，南側の跡地に祠が立つのみである。1734（享保19）年の「芥川宿絵図」には，宿の中心にある本陣と教宗寺（浄土真宗）とともに，一里塚が街道を挟んで南北に描かれている。

西国街道芥川宿場入口に一里塚跡が残る

　芥川宿は，一里塚から西の芥川橋に至る約200mが宿の範囲で，江戸幕府により整備された。天保年間（1830～44）には，本陣1軒のほか，脇本陣1軒，旅籠が33軒，家数も253軒あったと「山崎通宿村大概帳」にみえる。現在，わずかに残る古い家並みが，当時の面影をとどめている。

　高槻城と西国街道を結ぶ8丁（約900m）間には，藩主永井直清によって，1649（慶安2）年に数百本のマツが植えられ，八丁松原とよばれた。大阪医科大学東側の八丁畷の松原公園付近に，その一部が今も残されている。

八丁畷の松原公園付近

高槻と淀川右岸の史跡

島上郡衙跡 ㉙

〈M ▶ P. 194, 228〉 高槻市清福寺町
JR東海道本線高槻駅🚌平安女学院前行清福寺🚶2分

奈良時代の郡役所跡 付近に関連史跡がある

　清福寺バス停付近一帯は、郡家とよばれ、奈良時代から平安時代初期に、島上郡の郡衙（郡役所）がおかれていた所である。1970（昭和45）年の発掘調査で、遺跡は東西南北とも、約300mにおよび、140棟の家屋の掘立柱跡を確認した。遺跡の井戸からは、「上郡」と墨書された土器も発見され、摂津国島上郡の郡衙がこの地におかれていたことを示すものである。郡衙は南側を走る山陽道に面してつくられ、北側の名神高速道路方向に『延喜式』式内社の阿久刀神社（祭神住吉大神）や7世紀に建てられた芥川寺がおかれた。清福寺バス停西側の素盞嗚尊神社境内では、付近から出土した芥川廃寺の塔心礎の石が、手水鉢に使われている。

　島上郡を治めた郡司は、この地域を本拠とする豪族三島県主の子孫と考えられ、一族の祖神を阿久刀神社にまつり、芥川寺に郡の繁栄を願ったものと思われる。名神高速道路が走る岡本山一帯には、三島県主の祖先を葬ったとされる墓が点在している。律令制の崩壊によって、10世紀前半に郡衙は廃絶した。1971年に、郡衙の中心部と推定される一帯が、嶋上郡衙跡附寺跡として国の史跡に指定され、保存が図られている。清福寺バス停東側の水田の中に、当時の郡庁院が縮小された形で再現されている。

高山右近天主教会堂跡 ㉚

〈M ▶ P. 194, 228〉 高槻市大手町3
阪急電鉄京都線高槻市駅🚶5分

高山右近により建立された教会堂跡

　阪急電鉄高槻市駅南口から城北通り商店街を南へ、国道171号線北大手交差点を越えてさらに南へ約300m行くと、高槻カトリック教会（高山右近記念聖堂）がある。この付近は、戦国時代にキリシタン大名の高槻城主高山右近が建てた天主教会堂や、セミナリオ（神学校）があった所である。隣接する高槻現代劇場の道路左手にある高槻商工会議所前に、高山右近天主教会堂跡（府史跡）の碑が建てられている。

　高槻城主和田惟政が白井河原の合戦（1571年）で討死した後、家臣の高山飛驒守図書・右近父子は、惟政の子惟長と対立し、これを追放して、1573（天正元）年高槻城主となった。高山右近は、摂津高山

高槻カトリック教会

庄(現,能勢町)の地頭代官高山飛騨守図書の長男として生まれ,1564(永禄7)年に受洗し,ジュストの名を授けられた。父(洗礼者ダリオ)とともに,熱心なキリスト教徒であった。領民への積極的な布教により,高槻領内の信者は,領民2万5000人のうち,じつに1万8000人を数え,領内には,教会堂が20カ所も建てられたという。

　天主教会堂は,1574年高槻城に隣接して建てられ,宣教師ルイス・フロイスの『日本史』によると,大きな木造の会堂と,かたわらに司祭や修道士の館を建て,池を設けた美しい庭園を備え,一角には大十字架が建てられたという。1581年の復活祭には,約1万5000人の信者が集まり,巡察師ヴァリニャーノを迎えて盛大に行われた。1998(平成10)年には,高槻商工会議所と隣接するマンション建設にともなう発掘で,多くの人骨に加え,29基の木棺が発掘された。木棺の中には,蓋に十字架が墨書されたものもあった。また木製ロザリオも出土し,大規模なキリシタン墓地であることが判明した。

　高槻カトリック教会(高山右近記念聖堂)は,1614(慶長19)年江戸幕府の禁教令で,国外追放となった右近の終焉の地である,フィリピンのマニラ市のかつて日本町のあった地に立つパコ教会を模して建てられたものである。聖堂の前庭左手にある高山右近の大理石像は,イタリアの彫刻家ニコラ・アルギーニの作品で,ローマのクラレチアンヌ会総長ペトルス・エシュバイベル師から寄贈されたものである。同じ前庭の右手には,右近の顕彰碑も建てられている。

高槻城跡 ㉛　〈M▶P.194, 228〉高槻市城内町2
阪急電鉄京都線高槻市駅 🚶10分

高山右近や高槻藩主永井氏の居城跡

　高山右近天主教会堂跡から,高槻商工会議所南東にある高槻市立第一中学校前の道を約100m南へ進むと,高槻城跡公園がある。公園入口の右手には,出土した高槻城の石垣を利用してつくられた高

高槻と淀川右岸の史跡　　231

高槻城跡公園

槻城跡碑が建てられている。

高槻城跡(府史跡)は，国道171号線の南側，東西約510m・南北約630mの区域に，本丸・二の丸などを囲む内堀と，三の丸・蔵屋敷・帯曲輪を囲む外堀を構えた，南北に長い城であった。高槻現代劇場南側の野見神社境内にある，高槻城主永井氏をまつった永井神社に奉納された，1878(明治11)年の高槻城絵馬には，江戸時代後期の3層の天守閣をもつ高槻城が描かれている。

高槻城は14世紀前半，入江氏がここに居城を構えたことに始まり，1569(永禄12)年，織田信長の有力武将であった和田惟政が，入江春景を滅ぼし，高槻城主になった。しかし，1571(元亀2)年の白井河原の合戦で惟政は戦死し，惟政の家臣であった高山飛騨守図書・右近父子は，惟政の子の惟長を追放して，高槻城主となった。1585(天正13)年に，右近が豊臣秀吉によって，明石(現，兵庫県)へ転封されるまで，12年間この地を治めた。高槻城は和田氏・高山氏の時代に，広大な堀と城壁をもった近世的な平城となった。

その後，高槻は豊臣氏・徳川氏の直轄領となり，1615(元和元)年大坂夏の陣後，内藤氏・土岐氏らの譜代大名が続き，1649(慶安2)年，譜代大名の永井直清が入城した。永井氏は，幕末に至るまで13代にわたり，3万6000石の高槻藩主として当地を治めた。高槻城は，1615年の一国一城令で北摂に残る唯一の城となり，幕府の西国支配の重要拠点となった。野見神社は高槻城の鎮守で，1649年に永井直清が修築した社殿があり，城の南東側にある八幡大神宮とともに，歴代城主の信仰が篤かった神社である。

高槻城は，明治時代初期に廃城となり，建物や石垣などは取りこわされたが，その石垣の石の一部は，1874(明治7)年から始まった大阪・京都間の鉄道建設用の石材として利用された。

1975(昭和50)年からの，本丸跡地に立つ大阪府立島上(現，槻の

淀川三十石船船唄

コラム 芸

19番までうたいあげた船唄船頭衆が両岸の風景を

　江戸時代の淀川は、京都と経済の中心地大坂を結ぶ重要な水上輸送路で、両岸には数多くの河湊や渡し場があった。
　淀川には、過書船・淀船・伏見船など、物資の輸送にあたるさまざまな船が往来していた。そのなかで、淀川三十石船は、旅客専用船として、京都伏見と大坂の八軒家(現、大阪市北区)を往復し、1日に昼夜2便運行され、賑わった。全長11〜15m、幅1.8〜2.1mあり、定員は28人、4人の船頭が操船した。
　船賃は、1724(享保9)年の記録によると、上り52文・下り24文であった。十返舎一九の『東海道中膝栗毛』にも、三十石船の様子が描かれている。
　三十石船唄は、船頭衆が下り船で両岸に広がる風景を、七七七五調の都々逸の音数にのせて19番までうたいあげ、船が航行する位置を乗客に知らせたものである。明治時代中頃に三十石船は廃止されたが、船唄はその後もうたい継がれた。市川九平次と高槻市大塚地区の有志が、淀川三十石船船唄大塚保存会を結成し、地道な努力と公演活動によって、2002(平成14)年に、大阪府無形民俗文化財の指定を受けた。

木)高校内の体育館建設にともなう調査で、江戸時代につくられた天守閣の石垣が出土した。現在、高校東側の三の丸地域の一部は、城跡公園として整備が進み、市民の憩いの場になっている。公園内には、江戸時代の商家を移築・復元した高槻市立歴史民俗資料館や、第一中学校北側、二の丸跡に高槻市立しろあと歴史館があり、藩政時代の城下の様子を展示している。

三島江 ㉜

〈M ▶ P.194, 235〉高槻市三島江1
阪急電鉄京都線高槻市駅・JR東海道本線高槻駅🚌柱本団地行
西面口🚶15分

風光明媚な淀川展望の地『万葉集』に詠まれた

　西面口バス停から西面交差点を東に500mほど進むと、右手に三島鴨神社がある。祭神は大山祇命・鴨事代主命で、社伝によると、当社は伊予(現、愛媛県)・伊豆(現、静岡県)の三島神とともに、3三島社の1つと称された。『延喜式』神名帳には、「嶋下郡十七座三嶋鴨神社」の記載がみえるが、同じ市内(赤大路町)に同名の神社があり、創建については不明な点が多い。もとは、淀川の鎮守として川の中洲にあったが、1598(慶長3)年の堤防工事で、現在の場所

高槻と淀川右岸の史跡

妙見宮の石灯籠と神峯山寺
毘沙門天道の道標

へ遷された。

三島鴨神社からさらに東へ進むと、淀川堤防がみえる。堤防下の左手に**妙見宮**（大阪府能勢町）**の石灯籠**と**神峯山寺**（天台宗）**毘沙門天道の道標**が並んで立っている。石灯籠と道標は、妙見宮や神峯山寺毘沙門天参りの渡し場近くに設けられたもので、江戸時代後期の版画『澱川両岸一覧』に描かれているのと同じである。当時は川岸に立っていたが、改修工事で移動した。

<u>三島江</u>は、三島鴨神社付近の淀川沿いを指した地名で、『万葉集』以来、淀川の歌枕として、多くの和歌に詠まれてきた。江戸時代、淀川舟運が盛んになると三島江浜とよばれ、やや北にある唐崎浜（現、高槻市唐崎）とともに、高槻・茨木の物資の積出港として栄えた河湊であった。対岸の枚方と<u>三島江の渡し</u>で結ばれ、淀川三十石船や過書船が出入りし、賑わった。明治時代以降、鉄道の発達によって舟運は衰退し、現在その面影はみられない。

淀川堤防上の道を約1.2km下流に進むと、柱本地区の堤防上に、<u>くらわんか舟発祥地の碑</u>が立っている。枚方名物として知られるくらわんか船は、「茶船」あるいは「煮売船」とよばれ、10石前後の小船に、酒・餅・すし・田楽などの飲食物を積み、三十石船の乗客や過書船の水夫に商いをする船で、高槻市の柱本が発祥地といわれている。江戸時代の『柱本茶船記録』によると、淀川を挟んだ京都の石清水八幡宮の遷宮に際して始まったとあり、大坂の陣（1614・15年）の戦功により、幕府から独占営業の特権を得て、幕末まで続いた。この間、同業者が枚方にもあらわれ、河湊の船着場に拠点をおく地の利を得て、柱本を圧倒するに至った。

鳥飼の牧跡 ㉝ 〈M ▶ P. 194, 235〉摂津市鳥飼下3-26
JR東海道本線千里丘駅 🚌 ふれあいの里行下鳥飼 🚶 10分

下鳥飼バス停先の交差点を右折し、南東へ約500m進むと、淀川

鵜殿のヨシ原焼き

コラム

淀川に春を告げる風物詩　ヨシ原の自然保護

　高槻市の淀川沿いにある、旧鵜殿・上牧にまたがる地区は、平安時代から、良質のヨシ群生地として知られ、雅楽器「篳篥」の吹き口（こした）として第二次世界大戦前まで宮中に献上されてきた。『摂津名所図会』に「ひちりきのこしたに可なりとて、むかしより世に高く貢に献る」と紹介されている。また「よしず」に編みあげられて、日よけや茶畑の覆いなどにも用いられてきた。しかし、淀川上流に洪水防止のダムが建設されると、流水が少なくなり、河川敷はほとんど冠水することがなくなった。その結果、河川敷に広がるヨシ原一帯が乾燥し、雑草が繁茂するようになり、ヨシの生育が悪化、1950（昭和25）年頃をピークに、ヨシの収穫量は減少していった。現在は、数軒が副業として伝統産業を守り続けているのみである。

　自然保護団体や市民運動により、1975年から取り組みが始まり、鵜殿のヨシ原に、生育実験区や観察区が設けられ、雑草の抜き取りやヨシ原焼きが行われた。その結果、現在、河川敷約30haに、群生地が復活した。ヨシ原焼きは、ヨシの生育を妨げる病害虫や雑草などを焼き払うための行事で、戦前に始まった。現在は、毎年2月中旬の日曜日に、ヨシ原焼きが行われ、淀川に春を告げる風物詩として、大勢の人びとが訪れる。

鵜殿のヨシ原焼き

三島江周辺の史跡

堤防に着く。淀川右岸に沿った高槻市・摂津市には、古代、諸国から献上された牛馬を飼育する、朝廷の鳥飼の牧が設けられていた。鳥飼の牧は、『延喜式』の近都牧（左右馬寮所管の牧）に属し、摂津国・丹波国（現、京都府・兵庫県）・

高槻と淀川右岸の史跡

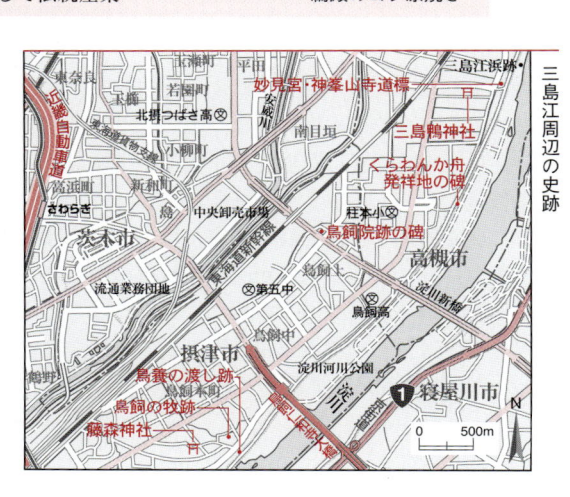

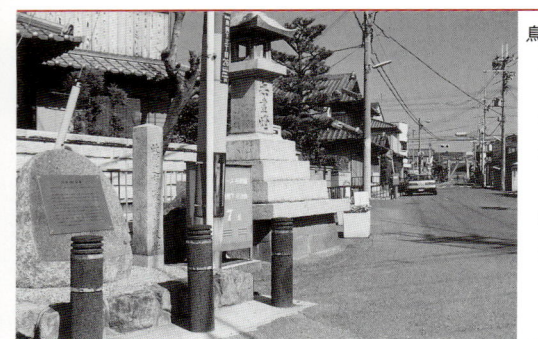

鳥飼の牧跡

近江国(現, 滋賀県)・播磨国(現, 兵庫県)の4カ国に計6つおかれた。『摂津名所図会』には, 淀川の大きな中洲にかつて朝廷の牧があり, 洪水にも崩落し

古代の朝廷が設けた官営の牧跡

なかったと記されている。鳥飼には, 本牧・馬島・五久(御厩)といった, 牧との関連を想起させる小字名が残る。

堤防下に藤森神社の鳥居が川に面して立つ。鳥居から約600m北西に参道を進むと, 右手に常夜灯がみえる。かたわらに, 鳥飼の牧跡を示す「此附近右馬寮鳥飼牧址」の碑が立っている。藤森神社は, 天武天皇の子, 舎人親王と菅原道真を祭神とし, 山城国(現, 京都府)の藤森神社から勧請されたと伝えられる。社殿は, 1786(天明6)年の再建である。

鳥居近くには, かつて淀川の対岸の河内国(現, 大阪府)とを結ぶ, 鳥養の渡しがあった。この辺りは, 淀川流域でもっとも川幅が広く, 1975(昭和50)年まで大阪府営の渡し船が運行していたが, 淀川流域最後の渡し船も, 約700m北東に仁和寺大橋が架けられ, その使命を終えた。

再び下鳥飼バス停から, ふれあいの里行きバスに乗車し, 終点で下車する。バス停のかたわらに, 鳥飼院跡の碑が建てられている。鳥飼院は, 平安時代に菅原道真を登用して藤原氏の勢力を押さえた, 宇多天皇の離宮が造営された地である。広大な淀川と北摂の山々を望む風光明媚な離宮を好んだ天皇は, しばしば行幸した。鳥飼院の正確な位置は不明であるが, 碑の付近の小字名が「御所垣内」であることから, 鳥飼院はこの辺りにあったと考えられる。郷土史家の天坊幸彦は『三島郡の史跡と名勝』の中で, 院の跡地は, 東西約140m・南北約250mと推定している。

⑤ 島本町周辺の史跡を訪ねる

天王山と淀川に挟まれた水無瀬の里は，上皇の離宮や貴族の別荘がつくられ，王朝文化の面影を今に伝えている。

関戸明神 ㉞ 〈M ▶ P. 195, 238〉三島郡島本町山崎1-6-10
JR東海道本線山崎駅・阪急電鉄京都線大山崎駅🚶10分

山城と摂津国境の地に設けた山崎関跡

　JR山崎駅前を南へ約100m進むと，旧西国街道に出る。右折した所にある離宮八幡宮は，859(貞観元)年，嵯峨天皇の離宮河陽宮があった地に，豊前国(現，大分県)の宇佐八幡を勧請したのが始まりという。神社は「油の神様」として知られる。山崎では，奈良から荏胡麻油の製法がもたらされ，平安時代初期に製油が始まった。鎌倉時代になると生産が盛んになり，離宮八幡宮の神人を主体とした大山崎油座は，油の専売権を得て莫大な利益を得た。

　八幡宮前を西に進むと，小川が流れている。この川が古代より，東側の山城国(現，京都府)と西側の摂津国(現，大阪府)の境界であった。現在も府境になっており，境界地点には「従是東山城国」の道標が立っている。道標に隣接した社が，関戸明神(関大明神社，祭神大己貴命・天児屋根命)である。創建年代は不明だが，古来，この地は西国から京都に入る要衝で，山崎関が設けられ，関守の神や塞の神(辻神)をまつったのが起源とされる。

　山崎関は，平安時代前期にはすでに廃されたようで，関の跡地には，関戸院とよばれる公設の宿泊施設がつくられ，西国へ向かう貴族の宿泊や休憩に利用された。1183(寿永2)年，源氏との戦いに敗れ都落ちする大納言平時忠が，「山崎関戸の院に玉の御輿をかきすえて対岸に男山を伏し拝んだ」と『平家物語』に記されている。一間社流造の本殿(府文化)は，正面の蟇股の彫刻，頭貫木鼻の禅宗様の若葉彫刻などから室町時代中期の建立とされる。

関戸明神

島本町周辺の史跡を訪ねる

東大寺水無瀬荘園跡 ㉟

〈M ▶ P. 195, 238〉三島郡島本町東大寺3
JR東海道本線山崎駅🚶20分

正倉院最古の絵図に描かれた荘園の1つ

東大寺水無瀬荘跡碑

　関戸明神から西へ続く旧西国街道をJR線の線路に沿って西へ250mほど進むと、右手にサントリー山崎蒸溜所が天王山を背にして立っている。国産ウイスキーの蒸溜所として、1923(大正12)年サントリー株式会社創業者鳥井信治郎によって、山崎蒸溜所が設立され、1929(昭和4)年、国産ウイスキー第1号がここから出荷された。以来、「ウイスキーの山崎」の名は、国内外に知られるようになった。工場内にある山崎ウイスキー館には、蒸溜所開設当時の建物を中心に、製造用の蒸溜釜や約7000種類のウイスキー原酒が展示されている。

　山崎蒸溜所から街道を西に約500m進むと、水無瀬川が流れてい

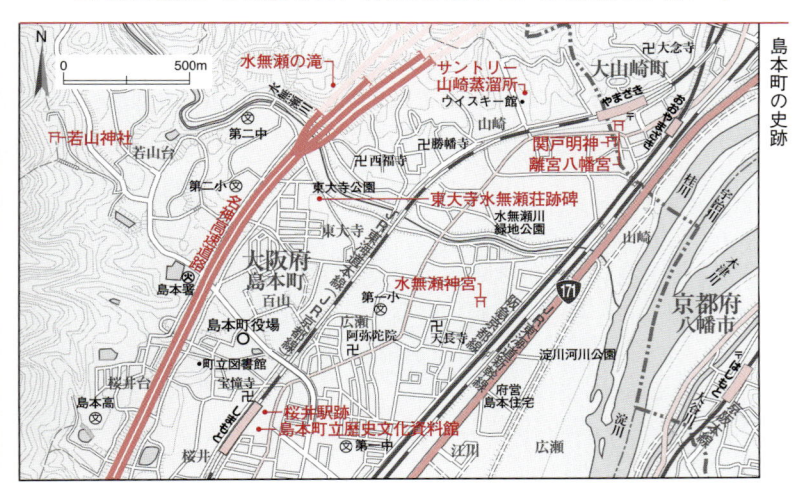

島本町の史跡

238　三島

る。川の上流約500mの名神高速道路北側に、古くから歌に詠まれた水無瀬の滝がある。天王山を水源とする高さ約20mの滝で、かたわらに八大竜王と玉竜大神をまつっており、古来より竜神信仰が行われていたと考えられている。

　滝からもとの道を戻り、JR線の手前の橋を渡り、水無瀬川堤防の道を上流へ進むと、農道との交差点に、東大寺水無瀬荘跡碑が立っている。東大寺領水無瀬荘は、現在の島本町広瀬・東大寺にあたるとされ、天平勝宝年間(749～757)に、聖武天皇の勅によって成立した、大阪府内でもっとも古い荘園の1つである。当時の荘園を描いた「摂津国水無瀬絵図」は、東大寺領の墾田図で、天平勝宝8(756)年の年紀が記された正倉院最古の絵図の1枚である。荘園は、天王山と淀川に挟まれた低湿地にあり、面積は、わずか2町4反64歩(約2万9000m^2)であった。荘園としては小規模で、さほど生産力は高くない。この荘園が東大寺領になったのは、水無瀬が淀川水系によって、京都・奈良に通じる水陸交通の要衝に位置し、播磨(現,兵庫県)・阿波(現,徳島県)・周防(現,山口県)・伊予(現,愛媛県)などの荘園から、年貢を東大寺へ運送する際、中継地の役割をになったからと考えられる。

　平安時代末期から鎌倉時代にかけて、荒廃田の再開発が進み、1214(建保2)年には、荘園の面積が約3.2倍となった。この間、荘園をめぐる東大寺と国司の争いが絶えず、平安時代を通じて国司に税免除を要求した文書が30通近く残されている。戦国時代に入ると、荘園は東大寺の直接支配から離れて代官請負制になり、最終的に荘園は私領化され、消滅した。現在は「東大寺」という名だけが残されている。

水無瀬神宮 ㊱
075-961-0078

〈M ▶ P. 195, 238〉三島郡島本町広瀬3-10-24　P
阪急電鉄京都線水無瀬駅 🚶15分

後鳥羽上皇の離宮跡　上皇ゆかりの宝物が伝わる

　東大寺水無瀬荘跡碑から水無瀬橋に戻り、旧西国街道を南に進むと、左手に水無瀬神宮の森がみえる。農協前の交差点を南に折れた先に、水無瀬神宮がある。

　水無瀬は、古くから山水の景勝に富む狩猟地として、多くの都人が来遊し、貴族の別荘が設けられた。後鳥羽上皇の水無瀬行幸は、

島本町周辺の史跡を訪ねる

水無瀬神宮

約20年間に30回にもおよんだという。『増鏡』の中でこの離宮について,「水無瀬といふところにえもいはず面白き院つくりして,しばしば通いおはしましつつ」とあり,狩猟や蹴鞠,詩歌管弦の催しなどに興じた。また上皇がこの地で詠んだ和歌「見渡せば　山もと霞む　水無瀬川　夕べは秋と　なに思ひけむ」が『新古今和歌集』に収載されている。

　鎌倉幕府と対立した後鳥羽上皇は,1221(承久3)年,3代将軍源実朝の死を機に,討幕の兵を挙げた。しかし,幕府側の結束はかたく,上皇方の敗北に終わった。上皇は,隠岐島(現,島根県)へ配流となり,その地で没した。上皇に仕えた水無瀬信成・親成父子は,皆瀬御所とよばれた離宮跡に御影堂を建て,菩提を弔った。これが現在の水無瀬神宮の起源とされる。明治時代に入って水無瀬宮となり,上皇とともに土佐(のちに阿波)や佐渡に配流された土御門・順徳両上皇も合祀された。1939(昭和14)年官幣大社に昇格し,水無瀬神宮と改称した。

　神宮には上皇の遺品が所蔵されている。伝藤原信実筆紙本著色後鳥羽天皇像(国宝),隠岐島でみずから水鏡に法体姿を写して描いたとされる後鳥羽天皇像(国重文)や後鳥羽天皇宸翰御手印置文(国宝)などがある。昭和時代に改築された拝殿の左側に立つ客殿(国重文)は,豊臣秀吉の寄進と伝えられ,桃山時代の様式を残している。客殿奥の庭園には,江戸時代初期の茶室である,灯心亭(国重文)がある。格天井にヨシなどの灯心の材料を用いたことから命名された。神社境内にある薬医門脇の御手洗には,環境庁の全国名水百選に,大阪府で唯一選ばれた「離宮の水」が湧き出ている。

桜井駅跡 ㊲　〈M ▶ P. 195, 238〉三島郡島本町桜井1-3
　　　　　　　阪急電鉄京都線水無瀬駅🚶10分

　水無瀬駅前北側から,北西に延びる道を約500m進むと,正面に

桜井駅跡

旧西国街道が東西に走っている。右手の森が，南北朝時代，南朝方に従って北朝の足利尊氏と戦った，楠木正成・正行父子の訣別の地とされる桜井駅跡（国史跡）である。クスに覆われた公園内には，楠木正成を偲ぶさまざまな石碑が建立されている。

楠木正成・正行父子訣別の地として知られる

　正面にみえるひときわ大きな碑は，1913（大正2）年に建立された「楠公父子訣別之所」碑で，題字は，明治時代の軍人乃木希典の書である。左手の碑は，明治天皇の歌碑で，「子わかれの松のしつくに袖ぬれて　昔をしのぶさくらゐの里」と刻まれ，1898（明治31）年に天皇が行幸した際，この地で詠んだ歌という。題字は同じく軍人東郷平八郎の筆である。裏面にある漢詩は，頼山陽作「過桜井駅詩」で，山陽が来遊した際，詠んだものとされる。

　南北朝の争乱を描いた『太平記』は，南朝方に関係ある人物による作と推定され，現在でも史実にあわない点が多い。わずか500騎余りを率いて，兵庫の湊川へ向かう正成が，西国街道の桜井駅で，父との同行を願う11歳の正行に，遺訓を残して訣別する。この『太平記』巻16の「桜井駅の別れ」は，作者の脚色で，史実ではないとする見方が一般的である。桜井駅についても，『太平記』にみえるだけで，ほかの文献にはみられない。

　2008（平成20）年，JR島本駅が開業し，駅前広場南側に麗天館とよばれる，昭和時代初期の木造講堂が島本町立歴史文化資料館として開館した。

若山神社 ㊳
075-962-1651

〈M ▶ P. 194, 238〉三島郡島本町広瀬1497　P
阪急電鉄京都線水無瀬駅　🚌若山台行若山台2丁目　🚶10分

拝殿の絵馬は幕末の世相を反映

　若山台2丁目バス停から，バス通りを少し南へ戻ると，団地右手に山に続く坂道がある。案内板に従って進み，若山神社の参道の長い石段をのぼりきると，境内に入る。若山神社は，広瀬・東大寺・桜井（いずれも島本町）・神内（高槻市）地区の氏神として，「天王さ

若山神社

ん」の通称で知られる。

若山神社は明治時代初期までは、西八王子社と称された。社伝によると、701(大宝元)年に行基が牛頭天王(素盞嗚命)を勧請し、創建したとある。南北朝時代に、楠木正成が子の正行との訣別の際に代参を遣わし、戦勝祈願を行ったともいわれる。明治時代初期の神仏分離令により、西八王子社は、祭神牛頭天王を素盞嗚命とし、社名も若山の地名をとり、若山神社と改めた。

現在の本殿は、1807(文化4)年に改築されたものである。1971(昭和46)年改築の拝殿には、江戸時代に奉納された4面の絵馬額がかかっている。その中の1831(天保2)年の「お蔭踊り図絵馬」(府文化)は、東大寺村の人びとによるお蔭踊りの様子を描いた珍しい絵馬である。若山神社は、桂川・宇治川・木津川が合流して淀川になる地点が眺望でき、春はサクラ、秋はモミジの景勝地として知られる。

【大阪府のあゆみ】

大阪のあけぼの

　大阪府の大部分を占める大阪平野は，淀川や大和川などから流れ出る土砂によってできた沖積平野で，北は北摂山地，東は生駒山地・金剛山地，南は和泉山地と，三方を山々に囲まれ，西は大阪湾に面している。年平均気温16.3℃，年間降水量1318mmと，全国的にみても温暖な気候に恵まれている。

　現大阪府域には，1万年以上も前から人びとが住み，狩猟や漁労を中心とする生活を営んでいた。サヌカイトの石核からナイフ形石器に仕上げる国府型ナイフ形石器の名称は，国府遺跡（藤井寺市）から発掘されたことから命名されたもので，大阪府の旧石器時代を代表する石器である。旧石器時代の遺構としては，羽曳野市飛鳥新池遺跡，高槻市郡家今城遺跡，和泉市大床遺跡などがある。

　約7000〜6000年前の縄文時代前期には，縄文海進により，河内湾が出現しており，現在の大阪湾の海水が上町台地の北をめぐり，東方の生駒山麓にかけて深く入り込んでいた。河内湾の湾域は，最大で現在の守口市・門真市・寝屋川市の全域と，大阪市・東大阪市・大東市・枚方市・吹田市・摂津市などの一部に相当する地域を含んだ。約3000年前頃から，しだいに大和川や淀川などの河川が運ぶ土砂によって沖積平野が発達して，河内湾から河内潟へ，そして河内湖へと推移していく。森の宮遺跡（大阪市中央区）では，海水産のマガキ貝層の上に，淡水産のセタシジミ貝層が形成されている。これは海水の河内湾から，淡水の河内湖への水質の変化をあらわしている。縄文時代晩期の船橋遺跡（藤井寺市・柏原市）などから籾痕のある土器や炭化米が出土し，すでにこの時代に水稲農耕が現大阪府域に広がってきたことを示している。水稲農耕が始まることによって，人びとの生活の場は，大和川や淀川の流域，大阪湾岸の平野部にも広がっていった。

　弥生時代の遺跡は，現大阪府内全域にみることができる。その代表的な遺跡としてつぎのものがある。和泉地方最大の弥生集落遺跡で，和泉市と泉大津市にまたがる池上曽根遺跡，中国の新の時代の「貨泉」という貨幣が出土し，木製の鍬も発見された瓜破遺跡（大阪市），大阪府域で初めて発見された弥生時代の武器形青銅器の破片で，1000点以上の弥生時代中期の土器が出土した瓜生堂遺跡（東大阪市），21基の方形周溝墓を始め，弥生時代中期の竪穴住居跡が発掘された宮ノ前遺跡（池田市・豊中市），銅鐸などの青銅器の鋳型が発掘された東奈良遺跡（茨木市）などは，弥生時代の様相を伝えるものである。水稲耕作が行われるようになると，河川の氾濫による被害から守るために，安満遺跡（高槻市）や池上曽根遺跡にみられるように，ムラのまわりに溝が掘削されている所もある。

古墳の築造

　3世紀後半頃より，治水や灌漑のための高度な土木技術と豊かな労働力をもち，

強大な統制力を有する首長のための墳墓(古墳)が営まれるようになる。現大阪府域で，古墳時代前期を代表する古墳として，4世紀前半には，「景初三(239)年」銘のある画文帯神獣鏡が出土した黄金塚古墳(和泉市)がある。なお，この古墳は邪馬台国の女王卑弥呼が中国の魏の皇帝から「親魏倭王」の称号と多数の銅鏡を贈られたという『魏志』倭人伝の記事との関連で注目されているものである。4世紀後半の紫金山古墳(茨木市)は，竪穴式石室から中国の新の時代の方格規矩四神鏡を始め，三角縁神獣鏡を含めて12面の銅鏡が出土している。古墳時代中期にあたる5世紀には，大仙陵古墳(現，仁徳天皇陵，堺市)や誉田御廟山古墳(現，応神天皇陵，羽曳野市)といった巨大な古墳が築かれた。大仙陵古墳は前方後円墳で，墳丘の長さが約486mあり，3重の周濠がめぐらされていたという。墳丘の長さ約365mの上石津ミサンザイ古墳(現，履中天皇陵)とともに，百舌鳥古墳群の中核をなしている。誉田御廟山古墳は，墳丘の長さが約415mと国内第2位の規模をもち，古市古墳群の中央に位置している。これらの古墳は，5世紀のヤマト政権の盟主である大王の墓と考えられる。後期の古墳として，6世紀前半の築造とされる今城塚古墳(高槻市)は，継体天皇陵に比定する説もある。6世紀後半のものとして，田出井山古墳(現，反正天皇陵，堺市)などがある。6世紀後半以降は，飛鳥千塚古墳群(羽曳野市)や一須賀古墳群(南河内郡河南町)のように，山麓線や丘陵上に，横穴式石室をもつ群集墳がつくられるようになった。

難波津と難波宮

現大阪府域は，ヤマト政権のもとに凡河内国とよばれ，国造がおかれた。やがて7世紀後半には，凡河内国(河内国)から摂津国が分かれ，8世紀には河内国から和泉国が分離した。したがって現府域は，かつての摂津国東部(西部は兵庫県)・河内国・和泉国からなっている。摂河泉のそれぞれの国名の由来については，摂津の津は4世紀頃から大陸への門戸として栄えた難波津を指し，摂はその津を収めることを意味し，河内は都のあった大和からみて淀川(河)の内側に位置するところから，また和泉は府中(現，和泉市)に清泉が発見されたことによるといわれている。

水陸交通の便のよい難波の地に，5世紀には応神天皇の大隅宮，仁徳天皇の高津宮(現，大阪市)，ついで反正天皇の丹比柴籬宮(現，松原市)，継体天皇の河内楠葉宮(現，枚方市)など，天皇の宮殿が営まれたと記録されている。さらに651(白雉2)年に，孝徳天皇の難波長柄豊碕宮が造営された。つぎの斉明朝には，都は飛鳥(現，奈良県)に戻ったが，679(天武8)年に難波に羅城(城壁)が築かれ，683年には「都城や宮室は，1カ所だけということなく，かならず2，3カ所造るべきもの」という，複都の詔が出されていることから，難波の宮殿は宮殿として使われなくなっても，686(朱鳥元)年に焼失するまで存続したとみられる(前期難波宮)。前期難波宮は，内廷(内裏)と外廷(朝堂部分)とが十分に分離されておらず，宮殿は礎石を用いない掘立柱の建物で，瓦は用いられなかった。また内裏の東南と西南

の隅には、回廊に囲まれた、仏教にかかわるものとみられる八角形の建物跡がある。

前期難波宮の焼失後、726(神亀3)年に、藤原宇合が「知造難波宮事」に任じられ、難波宮の再建が始まる。744(天平16)年に、聖武天皇がわずかな期間、難波宮に遷都することがあった(後期難波宮)。この難波宮は内裏と朝堂部分が離され、第2次平城宮の構造と基本的に共通しているといわれる。大極殿は基壇の上に大きな礎石をもつ建物で、瓦葺きであった。この難波宮の殿舎は、784(延暦3)年の長岡京の造営にあたって、内裏や朝堂院などは移築され、さらに大極殿の基壇の石や礎石なども取りはずされ、屋根瓦などとともに新京に運ばれ、難波宮は廃された。そして788年には摂津職が廃され、摂津国司がおかれた。

仏教文化の栄えた地

6世紀中頃、仏教の受容をめぐって、物部氏と蘇我氏とが対立し、仏像は「難波の堀江」に捨てられ、伽藍は焼かれたといわれる。この両者の対立が戦いにおよんだときに、蘇我氏側の陣営に立った聖徳太子は四天王像をつくり、勝利の暁には、四天王のために寺塔を建立することを誓ったことから、四天王寺(大阪市)が創建されたと『日本書紀』などに記されている。仏教受容が大きな流れとなり、各地の豪族によって多くの寺院が建てられた。聖徳太子廟があり、「上の太子」とよばれる叡福寺(南河内郡太子町)や、百済系渡来氏族の船連の氏寺「中の太子」の野中寺(羽曳野市)などがそれである。8世紀の仏教は国分寺の建立など、国家仏教の色彩をおびる一方で、行基のように民衆への布教とともに、用水や救済のための施設をつくる社会事業を行う僧もいた。行基四十九院のうち、狭山池院(大阪狭山市)など、大阪府内には摂津17・河内7・和泉13カ所を数える。

平安京と結ばれる淀川

785(延暦4)年、長岡京に遷都された翌年に、淀川と三国川(現、神崎川)とをつなぐ水路が開削され、瀬戸内海からの水運のルートは難波津を経由せずに、より短く早く長岡京やのちの平安京と結ばれることになった。こうして平安時代の淀川筋は、都と西国とを結ぶ船による重要な交通路となっていく。当時の淀川筋の航行については、紀貫之の『土佐日記』に、川尻の繁栄の様子は、大江匡房の『遊女記』に記されている江口(大阪市)などで知ることができる。

源氏のふるさとと社寺の参詣

10世紀もなかばを迎える頃には、民衆の新しい動きがみられる。承平・天慶の乱(935～941年)が終わってまもなくの945(天慶8)年に、摂津国川辺郡(現、兵庫県川西市・伊丹市)から志多良神と称する神輿をかついだ民衆が、豊島郡(現、箕面市)から島下郡(現、茨木市)、島上郡(現、高槻市・三島郡島本町)へと進むにつれて、当時の山崎郷(現、島本町・京都府大山崎町)の役人の報告によると、数十万人の集団に膨れあがったという。志多良神をまつる群衆が踊り歌った童謡の一節に、「八幡種蒔く、いざ我らは荒田開かむ」(『本朝世紀』)とあるように、そこには荒田を

これから開こうとする意気込みが感じられる。この時代は律令に基づく支配体制がゆるみ、「富豪の輩」といわれる名主たちを中心に、そこに農民が加わって新しい村づくりが始まったという、農村の転換期に根ざした民間の宗教と行動とが結びついた運動であった。

8世紀から9世紀に生まれた初期荘園は、その多くが10世紀までに衰退し、10世紀後半には、各地で有力者が盛んに土地を開発していった。11世紀になるとこれらの開発領主たちは、私領の拡大と保護を求めて、土着した貴族に従属したり、在庁官人になったりして勢力を伸ばし、地方の武士団として成長していった。摂津国川辺郡多田(現、兵庫県川西市)に本拠をおいた源満仲とその子の頼光・頼信兄弟は、摂関家に近づいて保護を得て、棟梁として勢威を高めた。満仲の本拠多田荘は長男頼光に継承され、摂津源氏と称した。また、3男頼信は河内国壺井里(現、羽曳野市)に館を構え、河内源氏と称した。のちに鎌倉幕府を開いた源頼朝は河内源氏の系統である。摂津源氏や河内源氏のように、荘園に本拠をおいた武士に対して、水運を握る武士もいた。大川(現、淀川)下流の川口付近(現、大阪市中央区)にあった渡辺津(窪津ともいわれた)を本拠とした渡辺党がその一例である。

荘園も11世紀の後半ともなると、さまざまな形態のものが出てくる。交通の要地にできた農村以外の所領もそうである。1221(承久3)年の承久の乱の遠因の1つとして、後鳥羽上皇の寵を受けた白拍子亀菊の所領であった長江荘(現、尼崎市)と椋橋荘(現、豊中市)の地頭の罷免を鎌倉幕府に要求したところ、拒否されたことがあげられる。この両荘も農村以外のものであり、神崎川流域にあって、淀川に通じているところから、物資の集散に欠かすことができない重要な地域であった。

11世紀から12世紀にかけては、上皇・法皇や貴族たちを始め、庶民にも社寺参詣が広まってきた。住吉神社(現、住吉大社、大阪市)は、港津や航海安全の守護神として古くから信仰されていたが、9世紀末の宇多上皇の参詣を始めとして、11世紀には東三条院詮子(円融天皇女御)や上東門院彰子(一条天皇中宮)らも訪れている。四天王寺(大阪市)は、太子信仰に寺の西門が極楽浄土の東門に向かっているとの浄土信仰とが結びついて源頼朝を始め、多くの人びとが参詣した。

熊野詣は、華厳経の補陀落(観世音菩薩の浄土)が熊野(現、和歌山県)と考えられたことから、「蟻の熊野詣」といわれたように、11世紀末から12世紀にかけての頃から庶民にも広まっていった。この参詣ルートは、淀川を船でくだって渡辺津で上陸して南へ進み、四天王寺から熊野街道を進むもので、渡辺津から熊野までの街道筋には、九十九王子社が設けられた。このうち第1の渡辺王子から始まり、阿倍野王子(大阪市)や境王子(堺市)など、現大阪府域には26カ所の王子が設けられた。

高野詣は、弘法大師空海を尊崇する信仰とともに広がり、さらに高野山(現、和歌山県)から高野聖とよばれる布教者たちが遊行して布教し、信者たちを高野山へ案内したところから盛んになった。その高野詣のルートとして、まず平安京を出

て八幡市（京都府）から現枚方市・交野市に入り，生駒山地の西麓を現四條畷市・東大阪市・八尾市・柏原市を経て，富田林市・河内長野市へと南下する東高野街道がある。その東高野街道とともに西高野街道がある。この西高野街道は，かつての難波京から南へ延びる難波大道を南下し，和泉国から現大阪狭山市・河内長野市に入って，東高野街道と合流し，高野街道として高野山に向かうものである。

南北朝内乱のなか

　鎌倉時代末期から南北朝時代にかけて，南朝方の武将楠木正成の活躍は，1332（正慶元）年に赤坂城（現，南河内郡千早赤阪村）で，鎌倉幕府に対して挙兵したことに始まる。正成は河内や和泉，さらに天王寺の合戦で幕府軍を破り，渡辺津（現，大阪市中央区）から京都へと退却させた。やがて幕府が倒れ，建武の新政が始まると，正成は和泉の守護と河内の国司および守護をかねた。摂津は足利尊氏の影響力が強かったが，河内と和泉は正成の死後も南朝方の勢力が浸透していた。全国的にみても北朝方が有利な情勢であったが，北朝内部には尊氏の執事高師直と尊氏の弟直義との対立があり，尊氏は一時南朝方に和睦を申し入れることもあった。このような情勢から，南朝方の後村上天皇は1354（文和3・正平9）年から5年余り金剛寺（河内長野市）にあり，同寺は北朝方の光厳・光明・崇光の3上皇の幽閉場所ともなっていた。また，豊島河原（現，箕面市・池田市）では足利直義と新田義貞が戦うなど，南北朝の動乱期は，現在の大阪府域が戦いの場であった。

町衆が動く

　堺（現，堺市）は摂津と和泉の国境に発展した港町で，京都や奈良などの都市を後背地にもち，その町人は瀬戸内海を通じて西国各地を始め，明との貿易をも営んでいた。初めこの町を支配していた大内氏が，1399（応永6）年の応永の乱で滅ぼされたとき，約1万戸の家が焼けたといわれるところから，そのときには焼失家屋戸数から推して数万の人口を擁していたと考えられる。1467（応仁元）年から77（文明9）年にかけての応仁・文明の乱の影響で，室町幕府や細川氏の遣明船の航路が，大内氏の勢力下にあった瀬戸内海や兵庫の港を避けて，土佐沖を通って堺に至るコースに変更されたことが，さらに堺の繁栄をもたらすことになった。日明貿易によって，当時，わが国で流通していた明銭を多量に蓄積し，それをもとに，阿波三好氏らの各地の武将に軍資金を提供することによって，堺の安全が図られることになる。1549（天文18）年，フランシスコ・ザビエルは「堺は日本の最も富める港にして，国内の金銀の大部分が集まる所なり」と記している。そして，堺の自由都市的な性格は，応永年間（1394～1428）に堺南荘が相国寺崇寿院の所領となったときに，730貫文をもって町人が領主に年貢を納めることを請け負うかわりに，領主の直接の支配を排除するという，「地下請」の権利を得たところに始まる。その後，室町幕府や守護細川氏らが堺のもつ富に着目して，堺から貢納される多額の貨幣の代償として，自治を許している。堺の町政は36人の会合衆によって行われたが，

それにはこのような背景があった。「日本全国当堺の町より安全なる所なく……諸人相和し……敵味方の差別なく皆大なる愛情と礼儀を以て応対せり」(『耶蘇会士日本通信』)と記された堺の町の平和が，各領主たちが堺へ踏み込むことによってあらかじめ堺から提供されていた軍資金を失うおそれがあったからである。堺は商業による富力を基盤にして，三好氏やかつてはその家臣だった松永氏らの畿内勢力の均衡の上に平和が保たれていたといえる。しかし，武将たちの勢力の均衡という他力だけでなく，堺の町は「常に水充満し」た「深き堀を以て」(『耶蘇会士日本通信』)囲む自衛の意識も強かった。明との貿易だけでなく，琉球(現，沖縄県)や南蛮諸国との貿易にも進出して，積極的に新しい文化を受け入れ，15世紀なかば，応仁・文明の乱によって荒廃した京都にかわって堺は，一時期ではあるが，文化の中心として成長していった。富を蓄えた町人(町衆)の中には，渇望をいやす絶好の遊芸として，茶の湯を嗜むことが流行っていた。武野紹鷗や，その教えを受けた今井宗久・津田宗及・千利休らは堺の町衆茶人であった。

　1568(永禄11)年に織田信長は，堺に対して矢銭2万貫の貢納を命じた。町衆は，信長の要求を三好三人衆の勢力を背景に拒否し，櫓をあげ，堀を掘るなどして防戦の用意をした。また堺の会合衆は，平野郷(現，大阪市)の年寄に互いに相談しながら信長に抵抗しようと檄を飛ばした。堺と平野の連合は，一種の都市同盟にまで発展する可能性をもっていた。しかし，結局，堺は信長の要求を受け入れた。そのとき，今井宗久は信長に茶器を贈って，堺五カ荘(現，堺市内)の代官に任命された。そして信長は津田宗及に鉄砲などの軍需物資の調達を頼み，千利休は信長の茶頭になっていく。

極楽浄土の世界

　蓮如が1497(明応6)年に，「此在所大坂ニヲヒテ……カクノコトク一宇ノ坊舎ヲ建立セシメ」と門徒へ伝えた書状(「御文章」)にあるように，その前年に建てた坊舎が，のちの証如のときに本願寺本山(大坂本願寺)となる。なお，文中の「大坂」が，難波の中の1つの地名として文献にあらわれた「大坂」の初見である。大坂本願寺は多くの浄土真宗の信者に支えられ，寺内は南・北・西などからなる寺町10町の寺内町として発達した。摂津国守護細川氏からは，さまざまな負担を課せられる公事が免除され，債務を破棄する徳政令も適用しないとの特権が与えられた。大坂本願寺は「そもそも大坂は，およそ日本一の境地なり」(『信長公記』)と注目していた織田信長と対立し，1580(天正8)年に炎上するまで11年間にわたって死闘を繰り返す。蓮如が坊舎を築いてから84年目に，壮麗をきわめ富を集めた大坂本願寺の歴史は終わり，その跡に1583年から羽柴秀吉が大坂城築城を始める。なお，この時代の現大阪府域での寺内町として，摂津の富田(現，高槻市)，河内の久宝寺(現，八尾市)，富田林(現，富田林市)，和泉の貝塚(現，貝塚市)などがある。

太閤さんと徳川の大坂城

　豊臣秀吉が築いた大坂城は、昼夜3万人の人夫を使い、ときには7～10万の人員を投じて足掛け15年を費やして築かれ、豪壮華麗な本丸・山里曲輪・二の丸・三の丸の4曲輪からなる「三国無双の城」と称された。この城は1615(元和元)年の大坂夏の陣で灰燼に帰したが、その威容は「大坂夏の陣図屏風」などによって知ることができる。築城と並行して大坂の町づくりも進められ、伏見(現、京都府)・堺(現、堺市)・平野郷(現、大阪市)の町人たちが移住してきた。平野郷の成安家と末吉家、久宝寺(現、八尾市)の安井家などは、町づくりに協力した有力者である。
　大坂夏の陣の後、徳川家康は大坂の軍事的・経済的な重要性を重くみて、孫の松平忠明を大坂城に配してその復興にあたらせた。1619年に大坂は、江戸幕府の直轄地となった。江戸幕府2代将軍徳川秀忠は、秀吉の築いた大坂城の上に、大規模に土を盛って徳川の大坂城を築城する。この徳川の大坂城は、1620年から1629(寛永6)年まで163家の大名が動員されて完成した。徳川が豊臣の大坂城の上に新しく大坂城を築いたのは、人びとから「豊臣氏の大坂城」としての追憶を消し去って、より壮大なものを築くことで、徳川の力の強大さを示そうとするところにあった。

町人の町大坂

　豊臣から松平の治世にかけて東横堀川を始め、西横堀川・天満堀川・道頓堀川・京町堀川などが開削され、これらの河川の掘削は、幕府の直轄地になっても続けられていく。20世紀になるまで大坂の町の道路は、東西の「通り」が幹線で、南北の「筋」が補助的なものであった。これは東・西横堀川がおもな輸送路であったことによるものと思われる。また、淀川が下流で屈曲していて洪水の原因ともなっていたので、河村瑞賢は、1684(貞享元)年に九条島を掘り割って新川(安治川)をつくって川水を大坂湾に導いた。これらの工事によって、諸国からの入船は市中に直行できるようになった。市中の堀川には「八百八橋」といわれるように、多くの橋が架けられた。そのうちで、天満橋・天神橋・高麗橋など12の橋は、幕府が管理した公儀橋であり、心斎橋や戎橋などのほかの橋は、有力な商人や橋近隣の人びとが支出する費用で管理した町橋であった。このように、大坂市中の橋の大部分が町人の力で維持されたことは、大坂町人の経済力の豊かさをうかがわせるものである。橋は人びとの集まる場所となり、商売も橋詰がよく利用された。
　大坂の町は北組・南組・天満組からなり、大坂三郷とよばれた。その人口は、1765(明和2)年の42万3453人が最多で、平均30～40万人であった。大坂には大坂城代が配され、その下に大坂町奉行がおかれた。その町奉行について、小西来山は「お奉行の　名さへ覚えず　年暮れぬ」と詠んでいる。町奉行の名も覚えないうちに、いつの間にか1年が終わってしまったというように、そこには武士に重きをおかない大坂町人のお上感覚が感じられる。
　大坂の武士の人口は全体の0.5%以下で、江戸の約50%と比べるとその比率は極

端に低く、商人や職人が圧倒的に多い町であった。ほかの摂河泉の地域の中にも、直轄地にされた所があった。堺（現、堺市）には遠国奉行の1つである堺奉行がおかれている。大坂以外には有力な大名は配されなかった。城を有したのは高槻藩（現、高槻市）・岸和田藩（現、岸和田市）のみで、ほかは麻田藩（現、豊中市）・狭山藩（現、大阪狭山市）・伯太藩（現、和泉市）・丹南藩（現、松原市）などが陣屋を構えていたにすぎない。

天下の台所大坂

全国の藩から年貢米などが中之島（現、大阪市北区）や堂島川・土佐堀川の沿岸にあった蔵屋敷に運ばれ、堂島の米市場（現、大阪市北区）の相場によって取引された。大坂には蔵物だけでなく、納屋物も送られてきた。送られてきた品々は、米を始め、大豆・菜種・綿実などの原料品や第1次加工品が多かった。入荷品には大坂で消費されるものも多く、加工され各地へ出荷されたものも多い。大坂は商業都市のみでなく、産業都市としての様相をもっていたといえる。大坂で加工されるものは、奢侈品よりも食用油や建具など、生活の匂いがする必需品であった。瀬戸内海からは西国の物資が、さらに西廻り海運によって日本海側の物資が大坂に運ばれた。最大の消費地江戸とは、大坂二十四組問屋（積荷問屋）と江戸十組問屋（荷受問屋）に代表される株仲間が支配する、菱垣廻船や樽廻船などで結ばれていた。「天下の貨、七分は浪華にあり、浪華の貨、七分は船中にあり」（広瀬旭荘『九桂草堂随筆』）といわれたように、天下の台所大坂の繁栄は船でもたらされたものであった。堂島の米市場のほかに、天満青物市場（現、大阪市北区）と魚荷を扱う雑喉場（現、大阪市西区）の魚市を大坂の三大市場という。

1704（元禄17）年から大和川の流路付け替え工事が行われ、河内柏原（現、柏原市）の南から西へほぼ一直線に、大坂湾へ流れる新河道が開通した。旧大和川筋や深野池・新開池などが開拓され、鴻池新田（現、東大阪市）や深野新田（現、大東市）などに生まれかわった。一方、大坂湾岸では、1672（寛文12）年から1853（嘉永6）年まで新田開発が行われ、酉島（現、大阪市此花区）・市岡（現、大阪市西区）・泉尾（現、大阪市大正区）などの各新田が開かれた。これらの新田開発の大部分は、町人資本によって行われ、豪商たちが単なる商いから土地投資へと関心を向け始めた結果によるものである。農村では米のほかに、商品作物として北河内や摂津では菜種が、中河内では綿花が主として栽培された。これらの作物の栽培には、従来からの農地に加えて、開発された新田のはたした役割も大きい。

商都の文化

近世の大坂は、天下の台所として商業を中心として発達しただけでなく、浮世草子に井原西鶴、人形浄瑠璃に竹本義太夫や近松門左衛門と、庶民文芸の逸材を輩出している。なお、1726（享保11）年に中井甃庵が中心になって設立された懐徳堂（現、大阪市中央区）には、大坂城中の武士や町奉行関係、各藩蔵屋敷の武士を始め、

一般庶民に至るまで幅広い層から学生が集まった。席順は武士や町人の区別がなく，また家業を考えて，遅刻・早退一切お構いなしという，商都に相応しい合理的な教育方法がとられていた。懐徳堂から育った富永仲基は醬油問屋の息子，山片蟠桃は両替商升屋の番頭，木村蒹葭堂は造酒屋の主人といったように，商人として活躍すると同時に，学問を学ぶ文化人の顔とを使い分けていたといえよう。また，1717（享保2）年に設立された含翠堂は，算数や天文など多分野にわたっての授業が用意され，受講生も文人墨客を始め，広く人びとが参加して，平野は地方教育の中心とまでいわれた。経済力に裏づけられた大坂町人の力が，文化の面でも発揮された。緒方洪庵の適塾は蘭学を通じて，佐野常民・福沢諭吉・大村益次郎らの人材を育てた。

幕末の大坂

　1740（元文5）年に摂津国80カ村余りの農民が，肥料の干鰯が高騰したので，大坂町奉行所に訴状を提出した。これがきっかけとなって，1743（寛保3）年には摂津国島上・島下両郡84カ村の農民が，肥料の高値反対に立ちあがり，これに和泉国や河内国の村々の人びとも加わった。その後，1744（延享元）年の摂河泉111カ村の新田綿作年貢軽減の訴え，1823（文政6）年の摂河1007カ村の綿の自由販売要求，1865（慶応元）年の摂河1265カ村による菜種販売と絞油営業の自由要求など，幕末までに30回以上の国訴がおこっている。このようにたびたび国訴があったのは，大坂の三所綿問屋（1772年に綿屋仲間・三所綿問屋・綿買次積問屋の3種が株仲間として設定）による実綿の独占に対しての攻撃がその底流にある。その国訴の内容は，摂河の村々で加工した木綿は，摂河だけでなく広く売りさばいていたが，近年大坂表の三所綿問屋が独占して村々の商人を取り締まり，他国商人を入り込ませずに買い叩いていることなど，大坂商人による流通の独占があった。

　1833（天保4）年から続いた凶作によって米価は高騰し，多くの庶民は困窮したが，それに対して大坂町奉行は救済策をとることもなく，米不足にかかわらず大坂の米を大量に江戸へ廻送していた。これをみて1837年に大坂東町奉所の元与力であった大塩平八郎は，貧民救済のために「救民」の名のもとに挙兵した（大塩の乱）。乱はわずか半日で鎮圧されたが，大坂という直轄地で元幕府役人の主導による武力の反抗は，幕府や諸藩に大きな衝撃を与えた。能勢（現，能勢町）でも山田屋大助が民衆の困窮のありさまを訴え，それを救済してもらいたいと一揆をおこした。一時は，1000人ほどの農民が一揆に参加したが，4日間で崩壊した。

　「大根ヲヲロシヤからみと皆人が，そば逃きたとかけだしてゆく」は，1854（嘉永7）年9月，ロシアのプチャーチンが率いるディアナ号が，突然天保山沖にあらわれたときの大坂町人の騒ぎを風刺した落首である。ディアナ号が碇泊すると，さっそく大坂城代が約400人の武士を連れて駆けつけ，ついで，紀州・狭山・高槻の各藩にも出兵命令が出され，約1万5000人の武士が警備にあたった。大小の小船や

荷船が徴発され，安治川や木津川の河口に集められて，大坂の町中への航路を遮断した。その数約5223隻におよんだという。ロシア側とすれば，千島・カラフトの国境画定と通商問題であったが，幕府側はロシアの思惑には乗らず，大坂は対外交渉の地ではないとして，下田（現，静岡県）へ回航するように通告した。約1カ月無為に碇泊した後に，ディアナ号は日露交渉の地伊豆下田に向かったが，これが大坂でおこった黒船騒動であった。

1867（慶応3）年に東海地方で伊勢神宮（三重県）などの札が降る，お札降りから始まった民衆の「ええじゃないか」と連呼しながらの乱舞は，大坂と堺（現，堺市）の町では同年9月に降札が始まり，それ以外の地域では10月から年末にかけて広まっている。12月に豊島郡熊野田村（現，豊中市）では，神符が降下した家は，207戸中18戸を数え，同郡新稲村（現，箕面市）からこれを祝って150人もの人が押しかけ，村中で約400人が狂舞した。

明治を迎えた大坂

1868（慶応4）年1月3日，鳥羽・伏見の戦いに敗れた旧幕府軍は，潰走して大坂城に逃げ戻った。そして6日には，徳川慶喜はわずかな側近を連れて大坂城を脱出し，江戸に帰った。残った旧幕府軍は戦意を失って，城から去っていった。やがて城内から火が出て城は炎に包まれ，ここに徳川によって再築された大坂城は，幕府崩壊と運命をともにした。1868年1月新政府から大坂町人に莫大な御用金が課せられたのを始め，同年5月銀目の廃止，諸藩の蔵屋敷の廃止，株仲間の解散，藩債処分などの新政策によって，大坂が受けた打撃は大きかった。多くの豪商は破産し，人口は江戸時代最盛期の約42万人より約26万人にまで減少するなど，大坂は昔日の繁栄を失ってしまった。

「大坂」の地は蓮如の時代より江戸時代を通じて，一般に「大坂」の文字があてられてきた。しかし明治時代になって大坂が著しく衰退したために，しだいに「土に反る」という意味をもつ「坂」ではなく，「盛ん・多し」の意味をもつ「阜（阝）」にかえて「阪」が用いられ，「大阪」と表現されるようになった。1877（明治10）年前後からは公文書にも「大阪」の文字が使用された。

衰退してきた大阪の地を，地理的・経済的立地を活用して，工業都市として蘇らせることに成功した人物に，五代友厚をあげることができる。また大久保利通は，大阪に遷都しようと唱えていた。造幣局の設置は，その先取りであったとされる。

造幣局と大阪砲兵工廠の設置は，維新以後，昔日の繁栄を失っていた大阪に，新しく立ちあがる推進力の中心として大きな役割をはたした。1871（明治4）年に桜宮（現，大阪市北区）に設けられた造幣局は，貨幣鋳造のほかに，硫酸・ソーダ・コークスの製造など，西洋の新しい知識を基に，近代化学工業の発展に寄与した。また1870（明治3）年に旧大阪城内につくられた大阪砲兵工廠は，武器の生産だけでなく，水道管や鉄橋用材などの民需生産も引き受けていた。造幣局と砲兵工廠

は，当時の最新の設備をもって操業された官営工場であり，その技術は民間に伝播して，大阪の工業発展に大きな影響をおよぼした。1868(慶応4)年の大阪開港にともなって，川口(現，西区)に外国人居留地が設置され，イギリス・フランス・プロシア・アメリカの人びとが住み始めた。しかし，大阪港は狭くて浅かったので，貿易港としては適さず，川口は見切りがつけられた。外国人は神戸(現，兵庫県)へ移り，居留地の跡にはミッション系の学校や病院が設けられた。

わが国の近代工業発展の1つに紡績業があげられる。1869(明治2)年に薩摩藩が堺(現，堺市)にあった藩邸内に，鹿児島紡績所の分工場として堺紡績所を設立した。その後，廃藩置県によって薩摩藩が廃止されたので，政府はこれを官営模範工場とした。1879年には政府から補助金を受けた民営の渋谷紡績所(現，大阪市北区)と桑原紡績所(現，茨木市)が設立された。渋谷紡績所は蒸気力によって操業されたが，桑原紡績所は動力に安威川の水力を用いた。川の流量によって操業に支障が生じることもあったが，当時としては新しいすぐれた技術をもっていた。また1日当りの操業時間は22時間で，紡績業に深夜業が導入されたことは初めてであり，照明には石油ランプが用いられた。1882年には三軒屋紡績とよばれた大阪紡績会社(現，東洋紡績株式会社)が操業されることにより，大阪の近代紡績業は，大阪紡績会社を中心に展開していく。

1874(明治7)年，板垣退助らが民撰議院設立の建白書を提出したのをきっかけに，自由民権運動がおこったが，大阪もその舞台として登場する。1878年に愛国社再興の大会が紫雲楼(現，大阪市中央区)で開催された。そして第4回大会が1880年に太融寺(現，同市北区)で開かれ，この大会を母体として国会期成同盟が結成されるなど，自由民権運動と大阪との関わりは大きい。なお，1884年に自由党の解散が決定したのも太融寺であった。

1869(明治2)年に大阪舎密局が設けられ，化学や物理が講ぜられた。舎密局は早くも同年9月には大阪洋学校(開成所)に統合される。大阪医学校と付属浪華仮病院は，のちに大阪大学医学部と付属病院へと発展するなど，明治時代初期の段階で，学問の世界でも活発に動いていた。

1874年に大阪・神戸間，76年に大阪・京都間に官営鉄道(現，JR)が開通したのを始め，85年に日本最初の私鉄といわれる阪堺鉄道(現，南海電気鉄道)が，難波・大和川(大阪・堺)間に開通し，漸次和歌山まで路線を延ばした。大阪鉄道・関西鉄道・西成鉄道(いずれも現，JR)などの私鉄が開業された。大阪鉄道は1889年に湊町・柏原間を，ついで95年に天王寺・梅田間を開業した。名古屋を拠点とする関西鉄道は，大阪への進出を目指して路線を西へ延ばし，1898年に新木津・四条畷間を営業し，1895年に片町・四条畷間に開業していた浪速鉄道を買収して，大阪への進出をはたした。これにより，名古屋・大阪間は，官営鉄道の東海道線と運賃やサービスをめぐって激しい競争を繰り広げていく。ついで西成鉄道は，1898年に大

大阪府のあゆみ　253

阪・安治川口間で開業した。1905年に阪神電気鉄道,1910年には箕面有馬電気軌道(現,阪急電鉄)と京阪電気鉄道,14年に大阪電気軌道(現,近畿日本鉄道)などが開業し,しだいに営業路線を拡大して,今日の関西私鉄王国といわれるまでに成長する礎を築いた。

1903(明治36)年には,天王寺会場(現,天王寺公園と新世界地域)と堺会場(現,堺大浜地域)の2会場で第5回内国勧業博覧会が開かれ,5カ月間の会期中に入場者は,当初の予想300万人をはるかに上まわる530万人余りを数えた。この博覧会を契機に,大阪の文化と商工業はさらに大きく発展していった。

大大阪の発展

1914(大正3)年に勃発した第一次世界大戦の影響で,海運業を始め,紡績・染織・機械器具・雑貨などの業界は,未曽有の好景気を迎えた。とりわけ大阪を中心とする阪神地域は,これらの業界の中心的な地位を占めていただけに,発展は著しかった。船成金などが生まれる一方で,シベリア出兵を見込んだ米の投機的買占めで米価は高騰し,庶民の生活は苦しくなった。貧しい庶民にとって,食費が生活費の半分を占め,その食費のうちで,米代が70%以上という状況下での米価の高騰は,致命的なものである。1918年8月大阪市内の南・北・西の各区や堺市,西成・東成・豊能・三島・中河内・南河内・泉南の各郡の村々では,米屋などが襲撃される米騒動がおこった。騒動の鎮圧には警察だけでは不可能になり,軍隊の出動も要請された。大阪では約20日で終息した米騒動であったが,やがてこれが労働運動の口火となり,1921年に中之島公園で開かれた第1回メーデーには5000人が参加し,これ以後,階級闘争を目的とする労働運動と,小作料の減免を求める農民運動が激しく繰り返されていく。1927(昭和2)年の金融恐慌や1930年の金輸出解禁(金解禁)による不況に加えて,世界恐慌の波をかぶって深刻な経済状況に陥った。とりわけ,中小企業の多い大阪の経済界が受けた打撃は大きく,その不況は農村部にまで広がっていった。しかし,昭和恐慌とよばれる経済状況の下で,産業合理化を進めていった産業界は,おりからの円安を利用して綿織物を中心に飛躍的に輸出を伸ばし,大阪の景気はしだいに回復していった。これより先,1925(大正14)年には,東成郡と西成郡の44カ村が大阪市に編入され,人口211万5000人となって,当時,東京市を抑えて全国一の人口となった。この拡張された大阪市を人びとは,「大大阪」とよんだ。当時の大阪市の工業生産額は全国一であり,豊かな経済力をもって1926年に御堂筋の拡張整備,1930(昭和5)年大阪市営地下鉄の建設,1931年中央卸売市場の開業など,都市基盤の整備が行われた。

躍進する商工業に支えられて,大阪市周辺地域にも人口増加がもたらされた。1940年には堺市18万人,布施市13万人を始め,吹田・岸和田・豊中・池田の各市と貝塚(現,貝塚市)・枚方(現,枚方市)・高槻(現,高槻市)の各町は,人口3万人以上の市町となっていった。

1871(明治4)年，大阪城に大阪鎮台がおかれてから，城地一帯は陸軍の支配する所となっていった。昭和時代に入ると天皇の即位を祝して，大阪城公園の新設と豊臣時代の天守を模した天守閣の復興の気運が盛りあがってきた。市民より150万円の寄付が集まり，そのうちの80万円を，本丸内に第四師団司令部を建設する費用にあてることを条件に，大阪城の天守閣(復興)を中心とした本丸・二の丸は，市民に開放されることになった。1931(昭和6)年の満州事変の頃より軍部の横行が目立ってきた。その象徴的な事件が，1933年に大阪市北区天神橋6丁目でおきたゴーストップ事件である。私用で外出中の陸軍一等兵が，赤信号を無視して交差点を渡って，交通巡査とトラブルをおこしたものである。1兵士と1巡査の問題がエスカレートして，憲兵隊対警察，師団対大阪府，さらに陸軍省対内務省にまで広がった。その解決策の内容は公表されないままで，事件後，憲兵司令官と内務省との間で，現役軍人に対する行政措置は，憲兵が行う旨の覚書がかわされた。

第二次世界大戦下の大阪

　第二次世界大戦中，大阪府内への空襲は1944(昭和19)年12月に始まり，約50回を数えた。なかでも，1945年3月13日深夜より翌朝にかけての大阪市内に対する空襲で，市街地は火の海となり，全焼13万5000戸余り，死者約4000人，罹災者約50万人を数えた。そして終戦前日の8月14日の大阪陸軍造兵廠(砲兵工廠)を中心とした爆撃によって，造兵廠は壊滅し，城東線(現，JR大阪環状線)京橋駅では，乗客二百数十人がその犠牲になった。

　太平洋戦争が始まる1941(昭和16)年の，大阪市内の工場数(従業者数5人以上)は1万2086，従業者数34万5051人であったものが，終戦の1945年には，工場数2349，労働者数11万2025人となり，市内工場での生産額は41年の15億4300万円が，45年には5億5300万円(41年価格による)に減少した。

現代の大阪

　第二次世界大戦後の混乱も，1950(昭和25)年に朝鮮戦争が勃発し，特需ブームがおこる頃には，しだいに安定してきた。周辺都市の人口増加と住宅不足に対応するために，枚方市に香里団地，吹田市と豊中市にまたがる千里ニュータウン，堺市の泉北ニュータウンなど，大都市近郊の大規模開発住宅地の建設が始まった。

　東京オリンピックが行われた1964年には，東京・新大阪間に東海道新幹線や名神高速道路がそれぞれ開通した。1970年には吹田市の千里丘陵で日本万国博覧会が開かれ，会期中の入場者数6400万人余りと，当初の予想を2倍以上も上まわる活況を呈した。この入場者数の記録はいまだに破られていない。

　1994(平成6)年には泉南沖に，わが国初の24時間運用空港で，海上空港である関西国際空港が開港し，さらに頻繁に世界各地と結ばれるようになった。隋・唐からの使いを始め，アジア大陸から多くの文化が伝えられた難波の地には，今や世界各地からさまざまな文化がもたらされている。

【地域の概観】

大阪市中部

　大阪市中部は，中央区・北区南部・西区・港区・浪速区・大正区・天王寺区・東成区・生野区からなり，市域を南北に連なる上町台地と，淀川・旧大和川によって形成された沖積平野からなる地域である。上町台地は，長さ約12km・幅約2kmの洪積台地で，高さ10～20m，南に行くに従って低くなる。東側はゆるやかな地形が続くが，西側は急な崖になっている。現在でも生國魂神社の辺りから天王寺公園（ともに天王寺区）にかけて，口縄坂を始めとする天王寺七坂など，風情のある坂道が続き，市内でも有数の緑地帯となっている。

　市内最古の人骨が発見された森の宮遺跡（中央区）を始め，縄文時代以降の遺跡も数多く発見されている。上町台地北端部には，仁徳天皇の高津宮が営まれたと伝えられ，大陸との玄関口として難波津が営まれるなど，海上・河川交通の要衝であった。聖徳太子が建立したわが国最古の官寺四天王寺（天王寺区）や，大化改新（645年）の舞台となった難波長柄豊碕宮，聖武朝（724～729）の難波宮など，古代を通じて政治・社会・文化の中心として大きな役割をはたした。平安京遷都（794年）後は，政治都市としての機能を失ったが，淀川が京都と瀬戸内海とを結ぶ輸送路として脚光を浴びるようになると，淀川沿岸随一の河湊として，渡辺津（現，西区）が設けられ，平安時代中期には，熊野詣の起点として賑わった。さらに，四天王寺の西門は，彼岸の中日に極楽浄土の東門に通じるという浄土信仰が盛んになり，多くの参拝者を集めた。

　1496（明応5）年，上町台地北端に蓮如が大坂御坊を建立し，寺内町づくりが進んだ。やがて戦国の動乱に巻き込まれ，1532（天文元）年に大坂本願寺となり，全国統一を目指す織田信長と対立した。信長の死後，後継者の羽柴（豊臣）秀吉は，全国統一の拠点として，1583（天正11）年に，大坂本願寺跡に大坂城を築き，多くの運河を開削するなど，城下町としての整備を進めた。秀吉の後に全国を統一した徳川家康は，1614（慶長19）・15（元和元）年の大坂冬の陣・夏の陣で豊臣氏を滅ぼし，大坂城は灰燼に帰した。その後，大坂は江戸幕府の直轄地となって復興が進められ，河川や堀を基軸に「水の都」としての景観がつくられた。中之島（現，北区）周辺には，諸藩の蔵屋敷が立ち並び，衣食住にかかわるあらゆる物資が運び込まれた。また，堂島の米市場の相場が全国相場の基準となるなど，まさに「天下の台所」として名を馳せた。こうした繁栄を受けて，人形浄瑠璃，すなわち文楽に代表される町人文化が花開き，町人たちの手によって，適塾や懐徳堂などの教育機関も開かれ，幕末にかけて有用な人材が輩出した。

　幕末の動乱を経て明治新政府が誕生すると，経済的に大きな打撃を受けた大阪は，明治20年代以降，紡績業を中心とする工業都市へと変貌していった。1903（明治36）年に第5回内国勧業博覧会が，現在の天王寺公園・新世界などで開催され，1931

(昭和6)年には,大阪城天守閣が市民の寄付金により再建され,以来,大阪のシンボルとして威容を誇っている。

　第二次世界大戦中の大阪大空襲で,市内の約30%が焼失したが,戦後いち早く復興が始まり,1950年の朝鮮特需で,商都大阪が復活した。1955年,難波に地下街が開業し,周辺は現在も「ミナミ」と称され,大阪を代表する繁華街として,連日多くの若者で賑わっている。しかし,昭和40年代以降の高度経済成長のなかで,東京への一極集中が進み,かつては,東洋のマンチェスターと謳われた大阪経済の地盤沈下は激しく,脱工業化とともに,国際集客都市づくりを目指した大阪の再生が図られている。

大阪市南部

　大阪市南部は,阿倍野区・西成区・住之江区・住吉区・平野区・東住吉区からなる地域である。神社では,住吉区の住吉大社と平野区の杭全神社が有名で,両神社にはそれぞれに御田植神事が伝わる。

　遺跡では,約3万年前の旧石器時代から室町時代までの遺構・遺物が出土した複合遺跡である長原遺跡(平野区)がよく知られる。とくに古墳時代には,5世紀の小型方墳を中心に,200基以上もみつかった長原古墳群がある。長原高廻り1・2号墳出土の埴輪は,国の重要文化財である。飛鳥時代の役所の存在を示す「冨官家」の墨書土器や,奈良時代の後期難波宮を飾った重圏文軒丸瓦が長原遺跡から出土した。また,飛鳥時代の水田の大開発は,西除川を利用した河内台地の水田開発と並行した国家的事業と考えられる。さらに長原遺跡に指定された地域は,現代の区画整理が行われるまで,条里制の土地区画がよく残った地域でもある。

　古代にはこの地域は,外交・流通の要衝であった。難波宮近くの難波津から長瀬川沿いに渋河路があり,これは難波と大和(現,奈良県)へ通じる竜田道との最短経路であった。渋河路を東南にくだる途中で,住吉津と大和を結ぶ東西の幹線にあたる磯歯津路に出合う。また,住吉津の東には,依網屯倉(現,住吉区)というヤマト政権の支配拠点も設けられていた。豪族では河内国渋川郡(現,東大阪市)に物部氏・弓削氏・鞍作氏や船氏,丹比郡(現,堺市美原区)には依網阿比古,摂津国住吉郡(現,住吉区)には大伴氏がいた。前方後円墳の帝塚山古墳(住吉区)の被葬者の1人は,大伴金村といわれる。

　中世に自治都市として栄えた平野郷は,大坂夏の陣(1615年)で罹災後,現在みられる碁盤状の町割に生まれかわった。江戸時代に幕府代官となった末吉家は,京都伏見に銀座をおこし,また,東南アジアとの貿易で末吉船も手掛けたが,17世紀前半の海外渡航禁止後は,柏原船(平野川舟運で用いられた船)を運営した。

　18世紀初め,大和川の付け替え後に,南部一帯で新田開発が進められ,米作よりも高収入が得られることから,綿作地帯の商品作物の集散地として平野郷は,もっとも繁栄した。末吉家を含む坂上七名家は,連歌所や含翠堂(大阪府内最古の私

地域の概観　257

塾)などを設けて平野の繁栄に貢献し,住吉大社の祭礼である夏越大祓にも活躍した。

1885(明治18)年に,日本初の私鉄である阪堺鉄道(現,南海電鉄)が開通後は,宅地化が進められた。現在,平野では古い町並みを保存しつつ,平野町ぐるみ博物館を開設するなど,あらたな町おこしをしており,注目されている。

大阪市北部

大阪市北部は,福島区・此花区・北区北部・都島区・旭区・城東区・鶴見区・東淀川区・淀川区・西淀川区からなり,「近畿の水甕」といわれる琵琶湖から大阪湾に流れ込む唯一の河川,淀川流域の沖積地である。かつては,大坂湾が深く湾入して難波潟をつくり,多くの小島が点在することから,難波八十島と総称された。785(延暦4)年に淀川と三国川(現,神崎川)間の開削工事が行われて直結し(『続日本紀』),長岡京(784年)・平安京遷都(794年)にともなって,難波が政治都市としての機能を失った後も,淀川は京都と瀬戸内海沿岸,西国諸国を結ぶ商品輸送路として重要であった。淀川沿いの神崎・加島(ともに現,淀川区)・江口(現,東淀川区)は,淀川を往来する貴族たち相手の遊女の里としても知られ,11世紀末には「天下第一之楽地」(大江匡房『遊女記』)といわれた。戦国時代には,軍事拠点として重視され,江戸時代には,たび重なる淀川の洪水に悩まされながらも,1678(延宝6)年に農民らが自力で中島水道を開削したことは,世に知られる。また,加島には幕府の銭座がおかれ,「酒は灘,銭は加島」といわれるほど,良質の銭貨を産した。

淀川一帯は,わが国河川土木史上もっとも古くから河川改修が行われてきた地域で,『古事記』を始め,数々の文献にその歴史をとどめている。江戸幕府は1683(天和3)年,水路をさえぎっていた九条島の掘削・新川開削を河村瑞賢に命じた。その後,明治時代になると,1885(明治18)年の洪水を契機に,1898年から1910年にかけて諸改修とともに,現在の本流である新淀川も開削され,淀川水系が完成した。

近代都市としての歩みを続けた大阪に市政が施行されたのは,1889(明治22)年のことである。1901年に第5回内国勧業博覧会が大阪(現,天王寺公園・新世界など)で開催され,大阪の商工業や文化はおおいに発展した。2年後には大阪築港工事も完成し,市電南北線(1908年)の開通で,恵美須町と北区の梅田が結ばれると,梅田を中心とする歓楽街は「キタ」とよばれ,「ミナミ」(難波地区)とともに,おおいに賑わうことになった。

そして,1925(大正14)年4月,大阪市第2次市域拡張の結果,1897(明治30)年の第1次市域拡張時と比較して,面積は約3.3倍,人口は211万4803人になり,当時の東京市をしのいで,日本一の大都市となった。このとき人びとは,大阪のことを「大大阪」とよんだ。

田畑や蓮池が点在する,のどかな町であった大阪市北部が激変したのは,東京オ

リンピックが開催された1964(昭和39)年からである。オリンピック開催直前の同年9月には，市営地下鉄梅田・新大阪間が開通，1970年には，国道423号線(新御堂筋)も全線が開通した。この年に開催された日本万国博覧会(大阪万博)のために，地下鉄御堂筋線は延長され，新大阪駅周辺は，大阪の表玄関として成長した。さらに，堂島川を挟む中之島(北区)の大阪大学医学部附属病院ならびに医・理学部跡地一帯には，国立国際美術館を始めとする，各種文化施設の建設が進められており，大阪の新しい文化発信基地としての役割が期待されている。

豊能

大阪府の北西部に位置するこの地域は，東を千里丘陵，西を猪名川，南を神崎川と接する，いわゆる西摂平野東部と北部の小盆地を連ねた山間部からなる。

豊能という名は，摂津国豊島郡と能勢郡が，1898(明治31)年に合併され，豊能郡がおかれたことに由来する。現在の豊中市・箕面市・池田市・豊能郡豊能町・同郡能勢町の3市2町にあたる。

この地域は古くから開け，旧石器・縄文・弥生時代を通じてほぼ全域に集落や墓など，人びとの生活の跡が残されている。秦野・畑・服部などの地名に名残りがみられるように，古墳時代には池田を中心に渡来人が多く移り住み，機織などの先進文化を伝えた。

古代には，律令制の進展とともに条里制が整備され，また，箕面の滝・勝尾寺・瀧安寺(いずれも箕面市)を中心に，修験道や宗派を超えた信仰の地となった。

平安時代後期から中世にかけては，春日社(現，春日大社)領などの荘園が多く営まれた。西国街道と能勢街道が交差する交通の要地であるため，南北朝時代や戦国時代には，多くの合戦の舞台になった。そうしたなか，池田氏や能勢氏のような国人が強大化していったが，戦国大名になることはなかった。

近世に入ると，江戸幕府は，商都であり西日本の要となる大坂周辺の当地域を，麻田藩・一橋領・旗本領・幕領などに細分して，大きな勢力が育たないようにする政策をとった。しかし，こうした領地の細分化にもかかわらず，池田では，能勢の豊富な木材資源を背景にした木炭業，近世初期には，伊丹(現，兵庫県)と並ぶ日本一の品質を誇った酒造業が発達して，池田を中心とした地域経済が確立した。この経済力にともない文化も発展し，5代将軍徳川綱吉の側用人(のち大老格)の柳沢吉保に仕えた儒学者田中桐江や，京都四条派の絵師呉春ら多くの文人が来居したが，やがて大坂の経済圏に組み入れられ，酒造業なども衰退していった。

近代には，小林一三の箕面有馬電気軌道(現，阪急電鉄)敷設により宅地開発が進み，第二次世界大戦後は，千里ニュータウンの開発や，1970(昭和45)年の日本万国博覧会(大阪万博)により道路網も整備され，大阪のベッドタウンとして今日に至っている。

三島

　大阪府北東部を流れる淀川沿いの吹田市・茨木市・摂津市・高槻市・三島郡島本町地域は、三島とよばれる。三島の語源は、『伊予国風土記』に、伊予国(現、愛媛県)越智郡の御嶋の大山積神が百済から渡りきて、摂津国の御嶋の地でまつられ、のちに伊予の大三島に勧請されたとの伝承があり、由来の1つになっている。

　淀川流域の低湿地帯では、早くから稲作が行われ、垂水遺跡(吹田市)・東奈良遺跡(茨木市)・安満遺跡(高槻市)などの弥生時代の大規模な遺跡が分布する。1997(平成9)年、安満遺跡を見下ろす安満宮山古墳から、魏の年号をもつ銅鏡3面が出土した。このことは、三島地方の首長と邪馬台国との関係が深かったことを物語っている。

　4世紀頃に、ヤマト政権が三嶋の地に三嶋県を設置し、三嶋県主が6世紀前半まで大きな勢力をもっていた。淀川と並行して東西に連なる北摂の山々の麓には、千里丘陵を始めとする低い山並みが続き、わが国有数の古墳地帯(三島古墳群)となっている。茨木市・高槻市には、太田茶臼山古墳や今城塚古墳など、5～6世紀に築造された大型古墳がみられる。今城塚古墳は、淀川流域で最大級の前方後円墳で、6世紀前半に築造された。被葬者は6世紀初めに在位した、継体天皇ではないかとの説が有力になっている。

　大阪と京都の中間に位置する三島は、平安京と西国を結ぶ水陸交通の要衝であり、物資の輸送や人びとの往来が盛んであった。淀川上流には、後鳥羽上皇の水無瀬離宮(島本町)や宇多天皇の鳥飼院(摂津市)が営まれた。農業生産が盛んになり、経済が発展すると、淀川沿岸には河湊が発達し、年貢米・木材・薪炭などの物資が河口の大坂に積み出された。下流の吹田もその1つで、支流の神崎川に回漕業が発達し、多くの商家で賑わった。浄土真宗の寺内町として発達した富田(現、高槻市)は、近世初期に酒造業が栄え、銘醸地としてその名は江戸にまで知られた。紅屋を始めとする豪商が輩出し、文人墨客も訪れて、町人文化が高まった。

　西国街道沿いには、京都を往来する人びとにまつわる逸話や史跡が多く、茨木市の郡山宿本陣や、高槻市の芥川一里塚などが当時の様子をとどめている。また、中川清秀・片桐且元の茨木城や、キリシタン大名で知られる高山右近の高槻城などの城下町が栄えた。

　現在の三島は、JR東海道新幹線・JR京都線・阪急電鉄京都線、名神高速道路・中国道・近畿道が走り、北大阪の交通・物流の拠点となっている。企業進出も活発で、人口の増加が続き、北摂の丘陵一帯の住宅開発が進んでいる。

【文化財公開施設】　　　　　　　　　　　　　　　　①内容，②休館日，③入館料

大阪城天守閣　　〒540-0002大阪市中央区大阪城1-1　TEL06-6941-3044　①豊臣氏関係資料，城郭資料，②年末年始，③有料

大阪国際平和センター(ピースおおさか)　〒540-0002大阪市中央区大阪城2-1　TEL06-6947-7208　①戦争と平和に関する資料，②月曜日，祝日の翌日・毎月末日(日曜日の場合は火曜日)，年末年始，③有料

大阪歴史博物館　〒540-0008大阪市中央区大手前4-1-32　TEL06-6946-5728　①難波宮や都市大阪の歴史と文化，②火曜日(祝日の場合は翌日)，年末年始，③有料

四天王寺宝物館　〒543-0051大阪市天王寺区四天王寺1-11-18　TEL06-6771-0066　①四天王寺の寺宝，②月曜日(祝日・寺の特別行事の場合をのぞく)，③有料

大阪市立美術館　〒543-0063大阪市天王寺区茶臼山町1-82　TEL06-6771-4874　①日本・中国の古美術・工芸品，②月曜日(祝日の場合は翌日)，年末年始，③有料

大阪人権博物館(リバティおおさか)　〒556-0026大阪市浪速区浪速西3-6-36　TEL06-6561-5891　①人権関係資料，②日・月曜日，祝日，第4金曜日，年末年始，その他，③有料

日本工芸館　〒556-0011大阪市浪速区難波中3-7-6　TEL06-6641-6309　①陶器を中心とした民芸品，②月曜日，第2火曜日，展示替え期間，年末年始，③有料

大林組歴史館　〒540-8584大阪市中央区北浜6-9　ルポンドシェルビル3F　TEL06-6946-4575　①日本の近代建設業の歩み，②土・日曜日，祝日，会社指定日，③無料

大阪府立中之島図書館大阪資料・古典籍室　〒530-0005大阪市北区中之島1-2-10　TEL06-6203-0473　①大阪府の市町村誌，古典籍・貴重書の閲覧，②日曜日，3・6・10月の第2木曜日，祝日，年末年始，特別整理期間，③無料

大阪市立東洋陶磁美術館　〒530-0005大阪市北区中之島1-1-26　TEL06-6223-0055　①安宅コレクションなどを中心とする中国・朝鮮陶磁，②月曜日(祝日の場合は翌日)，祝日の翌日(日曜日をのぞく)，年末年始，展示替え期間，③有料

大阪市住まいのミュージアム(大阪くらしの今昔館)　〒530-0041大阪市北区天神橋6-4-20　大阪市立住まい情報センター8階　TEL06-6242-1170　①江戸～昭和各時代の大阪の暮らしと町並み，②第3月曜日(祝日の場合は水曜日)，火曜日(祝日の場合は翌日)，祝日の翌日(日・月曜日をのぞく)，年末年始，展示替え期間，③有料

造幣博物館　〒530-0043大阪市北区天満1-1-79　造幣局本局内　TEL06-6351-8509　①造幣局の歴史，日本・世界各地の貨幣，②土・日曜日，祝日，年末年始，その他，③無料

南蛮文化館　〒531-0071大阪市北区中津6-2-18　TEL06-6451-0088　①南蛮文化関係資料，古地図，②5月・11月のみ開館，開館期間中は月曜日休館，③有料

日本ペイント歴史館　〒531-8511大阪市北区大淀北2-1-2　日本ペイント本社ビル1階　TEL06-6455-9141　①明治時代以降の塗料産業の歴史，②土・日曜日，祝日，年末年始，会社の休業日，③無料(要予約)

大阪企業家ミュージアム　〒541-0053大阪市中央区本町1-4-5　大阪産業創造館地下1階　TEL06-4964-7601　①近代以降，大阪で活躍した企業家105人を紹介，②日・月曜日，祝日，盆，年末年始，③有料

上方浮世絵館　〒542-0076大阪市中央区難波1-6-4　TEL06-6211-0303　①役者絵を中心と

した上方浮世絵，②月曜日(祝日の場合は翌日)，年末，③有料

大阪府立上方演芸資料館(ワッハ上方)　〒542-0075大阪市中央区難波千日前12-7 YES・NAMBAビル7階　TEL06-6631-0884　①上方演芸に関する資料，②水・木曜日(祝日の場合は翌日)，年末年始，③有料

くすりの道修町資料館　〒541-0045大阪市中央区道修町2-1-8 少彦名神社社務所ビル3階　TEL06-6231-6958　①「くすりのまち」道修町に関する資料，少彦名神社の歴史，②日曜日，祝日，8月13～16日，年末年始，③無料

湯木美術館　〒541-0046大阪市中央区平野町3-3-9　TEL06-6203-0188　①茶道具を中心とする日本の古美術品，②月曜日(祝日の場合は翌日)・展示替え期間・その他，③有料

大阪市立中央図書館　〒550-0014大阪市西区北堀江4-3-2　TEL06-6539-3300　①郷土資料，②第1・3木曜日(祝日をのぞく)，毎月末日，年末年始，蔵書点検期間，③無料

住吉文華館　〒558-0045大阪市住吉区住吉2-9-89　TEL06-6672-0753　①住吉大社の社宝，②日曜日のみ開館，③有料

大阪市立自然史博物館　〒546-0034大阪市東住吉区長居公園1-23　TEL06-6697-6221　①地球の歴史と日本列島の成立ち，動・植物標本，化石資料，②月曜日(祝日の場合は翌日)，年末年始，③有料

平野・町ぐるみ博物館　大阪市平野区本町・宮町などの区内15カ所(2013年現在)　TEL06-6791-2683　①町中に点在するミニ博物館，②施設によって異なる，③無料

藤田美術館　〒534-0026大阪市都島区網島町10-32　TEL06-6351-0582　①藤田伝三郎・平太郎・徳次郎収集の絵画・書跡・陶磁器など，②3月中旬～6月上旬・9月中旬～12月上旬のみ開館，開館期間中は月曜日(祝日の場合は翌日)休館，③有料

コヤノ美術館　〒534-0024大阪市都島区東野田町1-19-7　TEL06-6477-8257　①櫛・浮世絵など多岐にわたる個人コレクションを毎年テーマ展示，②日曜日，祝日，展示替え期間，③有料

江崎記念館　〒555-8502大阪市西淀川区歌島4-6-5　TEL06-6477-8352　①江崎グリコの歩み，創業者江崎利一ゆかりの品を展示，②土・日曜日，祝日，盆，年末年始，③無料(要予約)

日本民家集落博物館　〒561-0873豊中市服部緑地1-2 服部緑地公園内　TEL06-6862-3137　①日本各地の古民家11棟を集めた野外博物館，②月曜日(祝日の場合は翌日)，年末年始，③有料

豊中市立郷土資料室　〒560-0082豊中市新千里東町3-1-1 豊中市立東丘小学校内　TEL06-6871-9873　①豊中市内の遺跡からの出土品，古文書・民俗資料など，②土・日曜日，祝日，年末年始，③無料(要予約)

大阪大学総合学術博物館　〒560-0043豊中市待兼山町1-20　TEL06-6850-6284　①大阪大学構内で発見された古墳・化石，旧制浪速高等学校時代に収集された鉱物・岩石標本など，②日曜日，祝日，年末年始，③無料

箕面市立郷土資料館　〒562-0001箕面市箕面6-3-1 みのおサンプラザ1号館地下1階　TEL072-723-2235　①箕面市の歴史・民俗資料，②木曜日，年末年始，③無料

池田市立歴史民俗資料館　〒563-0029池田市五月丘1-10-12　TEL072-751-3019　①池田市内の古墳・池田城跡からの出土品，酒造関係資料，②月・火曜日，祝日，年末年始，展

示替え期間，③無料

逸翁美術館・小林一三記念館　〒563-0053池田市栄本町12-27　TEL072-751-3865　①阪急グループの創始者小林一三収集の書画など，②月曜日，祝日の翌日，3月，6月中旬～7月上旬，8月中旬～9月中旬，12月中旬～1月上旬，③有料

阪急文化財団池田文庫　〒563-0058池田市栄本町12-1　TEL072-751-3185　①宝塚歌劇などの演劇資料，歌舞伎関係資料，阪急電鉄資料など，②月曜日，祝日，年末年始，③無料（展示室は有料）

インスタントラーメン発明記念館　〒563-0041池田市満寿美町8-25　TEL072-752-3484/751-0825（予約用）　①インスタントラーメンの歴史，手作り体験工房（要予約），②火曜日（祝日の場合は翌日），年末年始，③無料（体験工房は有料）

豊能町立郷土資料館　〒563-0219豊能郡豊能町余野1008　TEL072-739-1165　①農具・生活民具など，②月・水・金曜日，祝日，年末年始，③無料

能勢町けやき資料館　〒563-0133豊能郡能勢町野間稲地251-1　TEL072-737-2121　①野間の大ケヤキの解説など，②火・水曜日，年末年始，③無料

能勢町歴史資料室　〒563-0341豊能郡能勢町倉垣712 能勢町住民サービスセンター　TEL072-737-0360　①能勢町出土の埋蔵文化財，能勢浄瑠璃資料，②火曜日（祝日の場合は翌日），年末年始，③無料

吹田市立博物館　〒564-0001吹田市岸部北4-10-1　TEL06-6338-5500　①吹田市内の考古・歴史・民俗資料，②月曜日（祝日の場合は翌日も），祝日の翌日，年末年始，③有料

国立民族学博物館　〒565-8511吹田市千里万博公園10-1　TEL06-6876-2151　①世界の諸民族の社会・文化・民俗資料，②水曜日（祝日の場合は翌日），年末年始，③有料

大阪日本民芸館　〒565-8511吹田市千里万博公園10-5　TEL06-6877-1971　①陶磁器・染織品など工芸品・民芸品，②水曜日，年末年始，展示替え，その他，③有料

関西大学博物館　〒564-8680吹田市山手町3-3-35　TEL06-6368-1171　①世界各地の考古資料，②土・日曜日，夏季・冬季休業中，大学の定めた休館日，③無料

茨木市キリシタン遺物史料館　〒568-0098茨木市千堤寺262　TEL072-649-3443　①キリシタン関係資料，②火曜日（祝日の場合は翌日も），祝日，年末年始，③無料

茨木市立文化財資料館　〒567-0861茨木市東奈良3-12-18　TEL072-634-3433　①茨木市内の考古・歴史資料，②火曜日（祝日の場合は翌日も），祝日，年末年始，③市内在住者は無料

史跡新池ハニワ工場公園　〒569-1044高槻市上土室1　TEL072-695-8274　①古代の埴輪製作遺跡を復元，②年末年始，③無料

高槻市立歴史民俗資料館（しろあと歴史館分館）　〒569-0075高槻市城内町3-10 城跡公園内　TEL072-673-6446　①旧笹井家住宅を利用し，農具・漁具などを展示，②月曜日，祝日の翌日，年末年始，③無料

高槻市立しろあと歴史館　〒569-0075高槻市城内町1-7　TEL072-673-3987　①江戸時代の高槻の生活と産業，②月曜日，祝日の翌日，年末年始，③常設展のみ無料

高槻市立埋蔵文化財調査センター　〒569-1042高槻市南平台5-21-1　TEL072-694-7562　①今城塚古墳・安満宮山古墳などからの出土品，②土・日曜日，祝日，年末年始，③無料

今城塚古代歴史館　〒569-1136高槻市郡家新町48-8　TEL072-682-0820　①今城塚古墳など

古墳時代の歴史と文化,②月曜日(祝日は開館),祝日の翌日,年末年始,③有料
島本町立歴史文化資料館　〒618-0022三島郡島本町桜井1-3-1　①島本町の歴史と文化,②月曜日(祝日の場合は翌日),③無料

【無形民俗文化財】

国指定
聖霊会の舞楽　　大阪市天王寺区四天王寺(四天王寺)　4月22日
住吉の御田植　　大阪市住吉区住吉(住吉大社)　6月14日

国選択
能勢の浄瑠璃　　豊能郡能勢町(能勢町郷土芸能保存会)　6月が能勢浄瑠璃月間

府指定
淀川三十石船唄　　高槻市大塚町(三十石船船唄大塚保存会)　11月23日に全国大会

府記録選択
八坂神社の御田植祭　　豊能郡能勢町(長谷区)　5月8日
白島の太鼓念仏　　箕面市白島(太鼓念仏講)　8月15日
野里の一夜官女　　大阪市西淀川区野里町(住吉神社)　2月20日
天神祭の催太鼓　　大阪市北区天神橋(大阪天満宮)　7月24・25日
海老江八坂神社の頭屋行事　　大阪市福島区海老江　12月15日
杭全神社の御田植　　大阪市平野区平野宮町(杭全神社御田植神事保存会)　4月13日
住吉大社の夏越祭　　大阪市住吉区住吉　7月30日～8月1日

【おもな祭り】(国・府指定無形民俗文化財をのぞく)

松囃神事　　三島郡島本町(水無瀬神宮)　1月3日
踏歌神事　　大阪市住吉区住吉(住吉大社)　1月4日
十日戎　　大阪市浪速区恵美須(今宮戎神社)　1月9～11日
どやどや(修正会結願法要)　　大阪市天王寺区四天王寺(四天王寺)　1月14日
左義長(どんど祭)　　豊中市上新田(天神社)　1月14日
綱引神事　　大阪市浪速区元町(難波八坂神社)　1月15日
うそ替え神事　　大阪市北区天神橋(大阪天満宮)　1月25日
節分会　　大阪市住吉区我孫子(大聖観音寺)　2月1～7日
てんじんまつり　　高槻市天神町(上宮天満宮)　2月25・26日
初午大祭　　大阪市淀川区加島(香具波志神社)　3月の初午の日
蛇祭り　　高槻市大字原(八阪神社)　4月第1日曜日
幸村祭　　大阪市天王寺区逢阪(安居神社)　5月7日
いくたま夏祭　　大阪市天王寺区生玉町(生國魂神社)　7月11・12日
天神祭　　大阪市北区天神橋(大阪天満宮)　7月24・25日
太閤祭　　大阪市中央区大阪城(豊国神社)　8月18日
がんがら火祭り　　池田市(池田市街～五月山)　8月24日
神農祭　　大阪市中央区道修町(少彦名神社)　11月22・23日
大阪ヨーロッパ映画祭　　大阪市(海遊館・大阪国際交流センターほか)　11月

【有形民俗文化財】

国指定
民家(白川の合掌造)　　豊中市服部緑地　日本民家集落博物館

おしらさまコレクション33体　　吹田市千里万博公園　国立民族学博物館
背負運搬具コレクション62点　　吹田市千里万博公園　国立民族学博物館

府指定
玉出のだいがく1基　　大阪市西成区玉出西　生根神社
天神祭御迎船人形　　大阪市北区天神橋　大阪天満宮
旧吉田の農村歌舞伎舞台(小豆島農村歌舞伎舞台)　　豊中市服部緑地　日本民家集落博物館
瀧安寺の富籤箱　　箕面市箕面　瀧安寺
「能勢のおいの子」調整用具　　豊能郡豊能町　個人
旧武呂家桶樽作り用具一式　　池田市五月丘　池田市立歴史民俗資料館
西国巡礼三十三度行者関係者資料　　大阪市中央区大手前：大阪歴史博物館寄託　住吉組
　　(大阪市住吉区)
若山神社「東大寺村おかげ踊図絵馬」　　三島郡島本町　若山神社
杭全神社の御田植用具一式12件24点　　大阪市平野区平野宮町　杭全神社

【無形文化財】

国指定
人形浄瑠璃文楽　　大阪市中央区日本橋(独立行政法人日本芸術文化振興会国立文楽劇場)
　　人形浄瑠璃文楽座
人形浄瑠璃文楽 人形　　吉田文雀・吉田簑助
人形浄瑠璃文楽 太夫　　竹本住大夫
衣裳人形　　秋山信子

実施日は変更される場合もあるので，前もって確認するとよい。

【散歩便利帳】

[府の文化財担当・観光担当部署など]

大阪府教育委員会文化財保護課　〒559-8555大阪市住之江区南港1-14-16　大阪府咲洲庁舎29階　TEL06-6210-9903

大阪府都市魅力創造局都市魅力・観光課観光振興グループ　〒559-8555大阪市住之江区南港1-14-16　大阪府咲洲庁舎37階　TEL06-6210-9313

[市町村の文化財担当・観光担当部署など]

大阪市教育委員会文化財企画グループ文化財保護課　〒559-8855大阪市住之江区南港1-14-16　大阪府咲洲庁舎29階　TEL06-6210-9903

財団法人大阪観光コンベンション協会　〒542-0081大阪市中央区南船場4-4-21　りそな船場ビル5階　TEL06-6282-5900

大阪観光ボランティアガイド協会　〒540-0002大阪市中央区大阪城2-1　豊国神社内　TEL06-6941-0029

大阪南料飲観光協会(SRA)　〒542-0073大阪市中央区日本橋2-5-1　TEL06-6641-9153

大阪市ビジターズインフォメーションセンター・梅田　〒530-0001大阪市北区梅田3-1-1　JR大阪駅1階中央コンコース北側　TEL06-6345-2189

大阪市ビジターズインフォメーションセンター・新大阪　〒532-0011大阪市淀川区西中島5-16-1　JR新大阪駅3階　TEL06-6305-3311

大阪市ビジターズインフォメーションセンター・難波　〒542-0076大阪市中央区難波5-1-60　南海ターミナルビル1階　TEL06-6631-9100

大阪市ビジターズインフォメーションセンター・天王寺　〒543-0055大阪市天王寺区悲田院町10-45　JR天王寺駅ステーションビル1階　TEL06-6774-3077

世界旅の情報ステーション　〒556-0017大阪市浪速区湊町1-4-1　シティーエアターミナルビル4階　TEL06-6635-3013

豊中市教育委員会地域教育振興室文化財保護チーム　〒561-8501豊中市中桜塚3-1-1　TEL06-6858-2581

箕面市教育委員会生涯学習部文化財保護担当　〒562-0003箕面市箕面6-3-1　TEL072-721-0223

箕面市地域創造部商工観光課　〒562-0003箕面市西小路4-6-1　市役所別館　TEL072-724-6727

箕面市観光協会　〒562-0003箕面市西小路4-6-1　市役所別館商工観光課内　TEL072-724-6727

箕面市観光案内所　〒562-0001　箕面市箕面1-1-1　阪急箕面駅前　TEL072-723-1885

池田市教育委員会教育部生涯学習推進課　〒563-8666池田市城南1-1-1　市役所5階　TEL072-754-6295

池田市市民生活部地域活性室観光・ふれあい課　〒563-8666池田市城南1-1-1　TEL072-754-6244

池田市観光協会　〒563-0056池田市栄町1-1　いけだ市民文化振興財団内　TEL072-750-3333

豊能町教育委員会生涯学習課　〒563-0292豊能郡豊能町光風台5-1-2(西公民館内)

TEL072-738-4628
豊能町建設環境部農林商工課　〒563-0292豊能郡豊能町余野414-1　TEL072-739-3424
豊能町観光協会　〒563-0292豊能郡豊能町余野414-1　町役場本庁舎3階
　TEL072-739-1232
能勢町教育委員会政策創造部観光文化課観光文化係　〒563-0392豊能郡宿野町30番地
　TEL072-734-3241
能勢町観光協会　〒563-0392豊能郡能勢町宿野28　町役場産業建設課内
　TEL072-734-0001
吹田市教育委員会地域教育部生涯学習課　〒564-8550吹田市泉町1-3-40　市役所低層棟3
　階　TEL06-6384-2338
吹田市人権文化部文化まちづくり室　〒564-8550吹田市泉町1-3-40　市役所高層棟2階
　TEL06-6384-1305
茨木市教育委員会教育総務部地域教育振興課　〒567-8505茨木市駅前3-8-13　市役所南館
　6階　TEL072-620-1686
茨木市観光協会　〒567-0881茨木市上中条1-9-20　茨木商工会議所会館2階
　TEL072-645-2020
高槻市教育委員会教育管理部文化財課　〒569-0067高槻市桃園町2-1　TEL072-674-7652
高槻市産業環境部産業振興課　〒569-0067高槻市桃園町2-1　TEL072-674-7411
社団法人高槻市観光協会　〒569-0803高槻市高槻町17-4　高槻センター街内　豊都ビル3階
　TEL072-683-0081
高槻市観光案内所　〒569-1116高槻市白梅町1　JR高槻駅構内　TEL072-686-0711
摂津市教育委員会生涯学習部生涯学習部・文化スポーツ課　〒566-8555摂津市三島1-1-1
　TEL06-6383-5790
島本町教育委員会生涯学習課　〒618-8570三島郡島本町桜井2-1-1
　TEL075-962-6316・0792
島本町役場文化情報コーナー　〒618-8570三島郡島本町桜井2-1-1　役場1階
　TEL075-962-0380（総務部自治・防災課）

【参考文献】

『芦原池と地区の歴史』　芦原池史編集委員会編　箕面市大字平尾・大字西小路・大字牧落・大字桜財産区　1988

『池田市史』概説編・各説編・史料編1-9　池田市史編纂委員会編　池田市　1955-92

『池田の文化財』　池田市教育委員会編　池田市教育委員会　1988

『生命の水を守る　狭山池と池守孫左衛門』　松園信義　竹林館　2000

『茨木市教育百年史』　茨木市教育委員会編　茨木市教育委員会　1972

『茨木市史』　茨木市史編纂委員会編　茨木市役所　1969

『茨木の歴史』(新版)　「茨木の歴史」編集委員会編　茨木市教育委員会　2004

『茨木の歴史と文化遺産』　茨木市・茨木市教育委員会編　茨木市　1985

『大阪近代史話』(増補改訂)　「大阪の歴史」研究会編　東方出版　1998

『大阪市の文化財』　財団法人大阪市文化財協会編　大阪市教育委員会　1997

『大阪市の歴史』　大阪市史編纂所編　創元社　1999

『大阪春秋』創刊号　大阪春秋社編　新風書房　1973

『おおさか食みやげ　Osaka miyage guide book』　農林水産業振興事業実行委員会監修　社団法人大阪府食品産業協会　2000

『大阪の人と史跡　その伝承』　高橋敬蔵監修・足立克巳編　大阪観光協会　1978

『大阪府史』第1-7巻・別巻第1巻　大阪府史編集専門委員会編　大阪府　1978-91

『大阪府の歴史』　藤本篤ほか　山川出版社　1996

『大阪まち物語』　なにわ物語研究会編　創元社　2000

『大阪力事典　まちの愉しみ・まちの文化』　橋爪紳也監修・大阪ミュージアム文化都市研究会編　創元社　2004

『角川日本地名大辞典 27 大阪府』　「角川日本地名大辞典」編纂委員会編　角川書店　1983

『郷土史事典27　大阪府』(改訂)　林利喜雄編　昌平社　1982

『継体天皇と今城塚古墳』　高槻市教育委員会・門脇禎二ほか著　吉川弘文館　1997

『古社紀行　摂津・河内・和泉』　国井義典　和泉書院　1993

『史跡郡山宿本陣　椿の本陣』　茨木市・茨木市教育委員会監修　茨木市　2001

『史跡をたずねて』(改訂版)　島本町教育委員会編　島本町教育委員会　2006

『島本町史』本文編・史料編　島本町史編さん委員会　島本町役場　1975・76

『新修　池田市史』第1・2・5巻　池田市史編纂委員会編　池田市　1997-99

『新修　豊中市史』第3-10巻　豊中市史編さん委員会編　豊中市　1998-2005

『吹田市史』第1-8巻　吹田市史編さん委員会編　吹田市　1974-90

『吹田の文化財』第1・2集　吹田市教育委員会編　吹田市教育委員会　1974・75

『すいた歴史散歩』　吹田市教育委員会／吹田郷土史研究会・大阪府文化財愛護推進委員吹田市協議会著　吹田市教育委員会　2001

『好きやねん史「すいた・千里」』　池田半兵衛　創芸出版　1987

『摂津市史』　摂津市史編さん委員会編　摂津市役所　1977

『千提寺・下音羽のキリシタン遺跡』　茨木市教育委員会編・藤波大超著　茨木市教育委員会　2000

『大王陵発掘！ 巨大はにわと繼体天皇の謎』　NHK大阪「今城塚古墳」プロジェクト　日本放送出版協会　2004
『高槻市史』第1‐6巻　高槻市史編さん委員会編　高槻市役所　1973-84
『高槻通史　高槻市制十周年記念出版』（郷土高槻叢書5）　天坊幸彦　高槻市役所　1953
『高槻の史蹟　目で見る郷土の文化財』（改訂新版）　原口正三・脇田修監修／高槻市教育委員会責任編集　高槻市教育委員会社会教育課　1975
『高槻の道しるべ　石造物をたずねて』（文化財シリーズ6）　高槻市教育委員会編　高槻市教育委員会　1983
『高槻の民家と町並』（文化財シリーズ4）　高槻市教育委員会編　高槻市教育委員会　1977
『高槻の民具』（文化財シリーズ5）　高槻市教育委員会編　高槻市教育委員会　1981
『高槻歴史の散歩道』　高槻市教育委員会編　高槻市教育委員会　1982-
『高山右近　加賀百万石異聞』　北國新聞社編　北國新聞社　2003
『天下統一と高槻　安土城・大坂城・そして高槻城　高槻市立しろあと歴史館開館記念特別展示図録』　高槻市教育委員会編　高槻市教育委員会・高槻市立しろあと歴史館　2003
『豊中の文化財』　豊中市教育委員会社会教育課編　豊中市教育委員会社会教育課　1989
『豊能町史』本文編・資料編　豊能町史編纂委員会編　豊能町　1984・87
『日本の神々3　神社と聖地　摂津・河内・和泉・淡路』　谷川健一編　白水社　1984
『能勢町史』第1‐5巻　能勢町史編纂委員会編　能勢町役場　1975-2001
『平野区誌』　平野区誌編集委員会編　平野区誌刊行委員会　2005
『箕面市史』本編第1‐3巻・史料編1‐6・図譜　箕面市史編集委員会編・水野正好ほか著　箕面市役所　1964-77
『モダン心斎橋コレクション　メトロポリスの時代と記憶』　橋爪節也　国書刊行会　2005
『邪馬台国と安満宮山古墳』　水野正好ほか　高槻市教育委員会編　吉川弘文館　1999
『わが町の歴史　豊中』（わが町の歴史シリーズ）　小林茂　文一総合出版　1979

【年表】

時代	西暦	年号	事項
旧石器時代	2万5000年前		ナイフ形石器使用：藤井寺市国府遺跡，高槻市郡家今城遺跡・宮田遺跡・塚原遺跡，茨木市郡遺跡・安威遺跡，島本町山崎西遺跡，枚方市楠葉東遺跡，四條畷市岡山遺跡，羽曳野市飛鳥新池遺跡，太子町穴虫峠遺跡，狭山町東野遺跡，河南町東山遺跡，堺市野々井遺跡，高石市大園遺跡，和泉市伯太北遺跡，岸和田市西山遺跡，貝塚市寺山遺跡，吹田市吉志部遺跡
縄文時代	9000年前	早期	大阪府最古の土器（押型文土器）出現：交野市神宮寺遺跡，枚方市穂谷遺跡
	6500年前	前期	屈葬が行われる：藤井寺市国府遺跡，富田林市錦織遺跡
	5000年前	中期	河内平野泥海化（河内湾の形成始まる）。東大阪市布市町よりマッコウクジラの骨出土。交野市星田遺跡，東大阪市縄手遺跡
	4000年前	後期	河内湾縮小し淡水化，旧大和川水系の形成始まる。柏原市船橋遺跡，平野区長原遺跡，四條畷市岡山遺跡
	3000年前	晩期	貝塚の形成：中央区森の宮遺跡。河内湾淡水化さらに進む
弥生時代	2300年前	前期	茨木市牟礼などで稲作開始。高槻市安満遺跡，堺市四ッ池遺跡
	2100年前	中期	高地性集落の出現：高槻市天神山遺跡・芝谷遺跡。茨木市東奈良遺跡。吹田市山田出土銅鐸，四條畷市砂出土銅鐸。和泉市池上曽根遺跡，東大阪市瓜生堂遺跡，八尾市恩智遺跡
	1800年前	後期	ムラの武装化始まる：寝屋川市太秦遺跡，豊中市勝部遺跡。製塩の始まり：岸和田市土生遺跡，富田林市喜志遺跡
古墳時代	1700年前	前期	淀川・大和川に近い丘陵に古墳が築造され始める。柏原市玉手山古墳群，池田市娯三堂古墳，茨木市紫金山古墳
	1600年前	中期	古墳の大型化・平地化：藤井寺市・羽曳野市古市古墳群（誉田御廟山古墳〈応神天皇陵〉など），堺市百舌鳥古墳群（大仙陵古墳〈仁徳天皇陵〉など），茨木市太田茶臼山古墳（宮内庁指定継体天皇陵）。須恵器の製造：堺市山田遺跡
	1500年前	後期	横穴式石室の登場：柏原市高井田山古墳，八尾市高安千塚古墳群，柏原市平尾山千塚古墳群。群集墳の形成：堺市陶器千塚古墳群・田園百塚古墳群，八尾市高安千塚古墳群，柏原市平尾山千塚古墳群，高槻市塚原古墳群。渡来人の定住：秦氏（寝屋川市など）・三宅氏（摂津市・茨木市）・吉士氏（吹田市）
	507	（継体元）	継体天皇，河内樟葉宮で即位。こののち，高槻市今城塚古墳造営（真の継体天皇陵説が有力）
	552	（欽明13）	仏教公伝（538年説が有力）。物部尾輿ら，仏像を難波の堀江に捨てる
	561	（　　22）	難波大郡で百済と新羅の使者を迎え，新羅を百済の下位とする。新羅使，これを不服とし長門に退く

	年	年号	事項
	587	(用明2)	物部守屋，蘇我馬子・聖徳太子と戦い戦死。四天王寺建立
	608	(推古16)	隋使を迎えるべく，宿泊施設を難波の高麗館に造営
	645	大化元	孝徳天皇，都を難波長柄豊碕宮に遷す。元号の初見
	661	(斉明7)	斉明天皇，百済救援軍派遣のため，都を飛鳥から難波に遷す
	664	(天智3)	朝鮮半島の白村江で，唐・新羅連合軍に敗れる。中大兄皇子は百済王子善光(百済王氏の祖)を難波に住まわす
	667	(6)	唐・新羅連合軍の襲来に備え，高安城を築く
	669	(8)	藤原鎌足没。この頃，鎌足墓とされる高槻市阿武山古墳造営
奈良時代	711	和銅4	河内国交野郡樟葉駅，摂津国島上郡大原駅・島下郡殖村駅新設
	716	霊亀2	河内国より大鳥郡・和泉郡・日根野郡を割いて和泉監をおく
	725	神亀2	聖武天皇，難波宮行幸
	730	天平2	この頃から行基の社会事業活動始まり，久米田池・狭山池などを築造
	740	12	河内国が和泉監を併合。聖武天皇，河内国智識寺に行幸
	741	13	西成郡に三橋(長柄・中河・堀江)建設
	744	16	難波宮を皇都と定める。以後，聖武天皇は近江国紫香楽宮・恭仁京を経て，翌年平城京に遷る
	749	天平勝宝元	孝謙天皇，河内国智識寺に行幸
	750	2	この頃，百済王氏一族，河内国交野郡に移住
	757	9	河内国から和泉国(和泉郡・日根郡・大島郡)分立
	762	天平宝字6	摂津・河内・和泉に国分寺建立
	765	天平神護元	称徳天皇，弓削寺に行幸，道鏡を太政大臣禅師に任ずる
	769	神護景雲3	由義宮を西京とし，河内職をおく
	783	延暦2	桓武天皇，河内交野で狩猟
	785	4	淀川と三国川の合流掘削工事開始
	788	7	摂津大夫和気清麻呂，大和川の大坂湾貫通工事を行うが失敗
	793	12	摂津職を摂津国に改める
平安時代	804	23	桓武天皇，難波江に行幸，四天王寺が楽を奏して歓待
	880	元慶4	清和上皇，勝尾寺参詣
	890	寛平2	総持寺建立
	898	昌泰元	宇多上皇，住吉神社参詣
	945	天慶8	志多羅神の御輿，西国街道を通り入京
	1020	寛仁4	源頼信(石川源氏の祖)，河内守となる
	1023	治安3	摂政藤原道長，四天王寺参詣
	1064	康平7	源頼義・義家，河内国古市郡に氏神として壺井八幡宮を建立
	1073	延久5	後三条上皇，住吉大社・四天王寺参詣
	1127	大治2	白河上皇，四天王寺参詣
	1145	久安元	鳥羽法皇，四天王寺に約10日間参籠
	1184	寿永3	源頼朝の家臣梶原景時，勝尾寺に放火し，全山焼亡
	1185	文治元	源義経，頼朝の追討を受け逃亡，摂津国大物浦から九州を目指

時代	西暦	和暦	事項
			すが，暴風雨のため住吉に漂着，その後，吉野へ逃亡
鎌倉時代	1186	文治2	頼朝の追討を受けた源行家，和泉国近木郷で討たれる
	1195	建久6	源頼朝，妻北条政子と四天王寺参詣，誉田八幡宮に神輿寄進
	1203	建仁3	重源，水無瀬宮に後鳥羽上皇を訪ねる
	1207	承元元	浄土宗開祖の法然，勝尾寺に入り，以後4年滞在
	1216	建保4	淀川大洪水，水無瀬宮破壊される(翌年再建)
	1221	承久3	承久の乱。後鳥羽上皇，隠岐に配流
	1240	仁治元	水無瀬親成，前年隠岐で崩御した後鳥羽上皇の冥福を祈り，水無瀬宮に御影堂を建立
	1245	寛元3	律宗の叡尊，和泉国家原寺塔頭清涼院の住職となる
	1251	建長3	後嵯峨天皇，西園寺実氏の吹田別荘に行幸
	1280	弘安3	慈願寺建立
	1284	7	叡尊，四天王寺別当に補せられる
	1289	正応2	大鳥神社の禰宜朝臣高信，「和泉国神名帳」を書写
	1309	延慶2	芥河信時，東寺領垂水庄を襲い，年貢を横領す
	1314	正和3	大山崎八幡宮の神人ら，関銭免除を鎌倉幕府に訴える
	1316	5	「和泉国日根野村荒野開発絵図」作成される
	1324	元亨4	六波羅探題，摂津の真上資信に垂水庄の悪党鎮圧を命ずる
	1326	嘉暦元	和泉国大鳥郡の悪党等覚ら蜂起
	1331	元徳3 元弘元	河内の悪党楠木正成，赤坂城で挙兵，翌月落城
	1333	正慶2 3	正成，千早城に籠城。鎌倉幕府滅亡し，正成上京
室町時代	1336	建武3 延元元	楠木正成，桜井駅で嫡子正行と別れ(異説あり)，湊川で戦死
	1338	暦応元 3	南朝方の北畠顕家，和泉国石津で戦死。足利尊氏，征夷大将軍となる
	1348	貞和4 正平3	楠木正行，四条畷で高師直の大軍と戦い，死亡
	1354	文和3 9	北朝の光厳・光明・崇光3上皇と，南朝の後村上天皇，金剛寺(両朝の行在所)に移る
	1360	延文5 15	室町幕府方の畠山国清，金剛寺を焼討ち。楠木正儀の赤坂城落城。京畿大地震で四天王寺の金堂倒壊，難波津に大津波
	1363	貞治2 正平18	吹田彦五郎入道，淀川の大山崎神人の荏胡麻運送船妨害
	1369	応安2 24	南朝方の楠木正儀一族，室町幕府に投降
	1388	嘉慶2 元中5	堺の豪商万代屋，高野山金剛峯寺大門修復に寄進
	1391	明徳2	和泉守護山名氏清，堺で挙兵し京に攻め入るが，敗死(明徳の

年	元号	事項
	元中8	乱）
1393	明徳4	前年に和泉守護となった大内義弘，堺に室町幕府3代将軍足利義満を迎える
1399	応永6	幕府軍が堺を攻撃し焼亡，大内義弘敗死（応永の乱）
1410	17	遣明船，堺に入港。以後，堺は遣明貿易港となる
1420	27	朝鮮使の宋希璟，山崎道（西国街道）の瀬川に一泊
1434	永享6	茨木氏，病床の醍醐寺座主満済准后を見舞い，銭20貫文献上
1440	12	堺の豪商草部屋道誉，高野山金剛峯寺金堂の修築に寄進
1455	享徳4	畠山義就，河内守護となり，畠山政長と道明寺・誉田で戦う
1462	寛正3	政長，義就を攻め，支城金胎寺城を落とす
1467	応仁元	応仁の乱始まる。摂津国の国人らも，動乱に巻き込まれる。この頃，蓮如，和泉国貝塚・河内国久宝寺で布教
1469	文明元	西軍に与した大内政弘，摂津諸城を攻略
1470	2	東軍，茨木城を奪還
1471	3	河内国人甲斐庄氏，大内軍の和泉攻撃に加わるが一族150人全滅。西軍の河内城・嶽山城，東軍の攻撃によって落城
1477	9	義就の攻撃によって，誉田・嶽山城・若江城などが落城
1478	10	細川政元，摂津三宅城を包囲
1479	11	河内国久宝寺の慈眼寺で布教中の蓮如，河内西証寺を建立。摂津国人一揆おこる
1482	14	摂津国人，政元に降伏
1483	15	義就，政長支配下の河内17カ所を攻撃，淀川・大和川の堤防を壊し，北河内大浸水。この頃，堺の周囲に堀ができる
1493	明応2	10代将軍足利義稙，河内征討。政長，藤井寺を占拠。政元，11代将軍義澄の擁立に成功し，政長を正覚寺城に攻め自害させる
1496	5	蓮如，摂津国東成郡生玉荘大坂に石山別院建立。このときの蓮如の書状に，初めて「大坂」という地名が登場
1502	文亀2	大坂天満宮で，菅公600年祭記念千句連歌開催
1504	永正元	九条政基，家領の和泉国日根荘山田村から都に戻る
1509	6	弘誓寺建立
1526	大永6	細川高国と細川晴元対立，摂津国人の戦乱始まる
1527	7	晴元，11代将軍足利義澄の子義維（堺公方）と堺の顕本寺に入り，畿内を掌握（堺幕府の成立）
1532	享禄5 天文元	晴元，一向宗門徒10万人を動員し，三好元長を顕本寺に攻め，自害させる。元長の子千熊丸（長慶）と足利義維は阿波へ逃亡。証如，石山別院を本願寺とする（石山〈大坂〉本願寺）
1533	2	晴元，摂津島上郡芥川城に入り，3年余り畿内を支配
1539	8	武野紹鷗，侘茶を堺に伝える
1545	14	貝塚の念仏道場住持として，根来寺の右京坊了珍くる。貝塚寺内町形成始まる

	西暦	和暦	事項
安土・桃山時代	1550	天文19	イエズス会宣教師フランシスコ・ザビエル，堺の豪商日比屋了慶の屋敷に逗留
	1553	22	三好長慶，芥川孫十郎の芥川城を攻略
	1559	永禄2	長慶，芥川城から河内飯盛城に移り，河内を支配
	1561	4	富田林御坊創建
	1563	6	長慶に監禁されていた晴元，摂津普門寺で没する
	1564	7	長慶，飯盛城で没する
	1566	9	足利義栄（のち14代将軍），摂津普門寺に入る
	1568	11	織田信長，足利義昭（のち15代将軍）とともに芥川城に入城
	1569	12	堺，信長に屈し，矢銭を出す。イエズス会宣教師ルイス・フロイス，堺より高槻経由で都入りし，高槻城主和田惟政の仲介で信長と対面
	1570	元亀元	三好三人衆，阿波より摂津中島に出陣，信長は枚方に陣をおく。本願寺側が信長軍を攻撃，石山合戦始まる（～1580年）
	1573	4	キリシタン大名高山右近，高槻城主となり天主教会を建てる
	1578	6	毛利水軍，大坂湾で信長方の鉄甲船の九鬼水軍に敗れる
	1580	8	本願寺の顕如，石山より紀州雑賀に移る。石山本願寺炎上
	1581	9	巡察師ヴァリニャーノ，信長の安土城訪問前に高槻に立ち寄る
	1582	10	羽柴秀吉，山崎で明智光秀を破る（山崎の合戦）
	1583	11	秀吉，石山本願寺跡に大坂城築造開始。顕如，貝塚御坊に移る
	1586	14	石田三成・小西立（隆）佐，堺の代官となり，自由都市堺の堀が埋められる
	1591	19	千利休，秀吉の命により堺で自害
	1596	文禄5	慶長大地震，堺で死者600人。秀吉，淀川に築堤（太閤堤）
	1598	慶長3	秀吉，京都伏見城において没する
	1599	4	豊臣秀頼，伏見より大坂城に移る。徳川家康，大坂城西の丸に入る
江戸時代	1601	6	徳川家康，ウィリアム・アダムズを大坂城内に引見
	1611	16	家康，過書奉行を設け，淀川の過書船の営業独占を公認。茨木別院創建
	1612	17	道頓堀川の開削工事始まる
	1614	19	片桐且元，大坂城を退去し茨木城に入る。大坂冬の陣。徳川軍，真田幸村の真田丸を攻め，敗北
	1615	20	大坂夏の陣。大坂城炎上，堺が衰亡。内藤信正，高槻城主に
	1619	元和5	大坂を江戸幕府直轄地とし，大坂城代と大坂町奉行をおく
	1620	6	2代将軍徳川秀忠，小堀政一を大坂城作事奉行に任ず
	1631	寛永8	大坂商人，糸割符仲間に加入
	1633	10	大和川・石川氾濫，柏原などで死者136人
	1634	11	3代将軍徳川家光，大坂城に入り，大坂・堺の地子銭（固定資産税）を免除

年表　275

1635	寛永12	大坂商人，家光に感謝の念を示し，釣鐘をつくる。その町は釣鐘町となる
1636	13	竜野城主岡部宣勝，高槻転封。柏原船仲間が結成され，柏原船営業開始
1640	17	高槻城主岡部宣勝，岸和田転封
1649	慶安2	永井直清，高槻転封
1653	承応2	天満の青物市が公認
1656	明暦2	鴻池善右衛門，河内国久宝寺で両替商を開業
1665	寛文5	大坂城天守閣，落雷で焼失
1666	6	大坂町奉行石丸定次，綿屋仲間公認
1674	延宝2	大雨で淀川・大和川・玉串川・菱江川などが氾濫，北は枚方，南は堺，東は生駒山麓，西は大坂まで浸水被害
1678	6	中島大水道開削
1682	天和2	井原西鶴，『好色一代男』出版
1684	貞享元	河村瑞賢，川口の九条島を開削し，安治川の工事に
1685	2	竹本義太夫，大坂に竹本座を創設（異説あり）
1691	元禄4	三井高利，大坂高麗橋に進出し，両替商と呉服店を営む
1694	7	松尾芭蕉，南御堂前の花屋仁左衛門方で没する
1696	9	この年，米価高騰
1697	10	この頃，池田の酒造家38軒63株，酒造量1万1300石
1700	13	播州赤穂藩主浅野内匠頭長矩，郡山宿（椿の本陣）に宿泊
1701	14	幕府，大坂に銅座を設置
1703	16	近松門左衛門の「曽根崎心中」が竹本座で初演
1704	17	大和川付け替え工事開始（～1713年）
1705	宝永2	豪商淀屋辰五郎，闕所となる
1726	享保11	中井甃庵ら，懐徳堂を建てる
1730	15	堂島米市場成立
1739	天文4	大坂三郷の人口40万人に達する
1740	5	芥川の堤防決壊，高槻城も浸水
1770	明和7	勝尾寺大火。この頃，お蔭(伊勢)参りが流行
1772	9	幕府，天満青物市仲買株，綿屋仲間株を公認
1783	天明3	米価高騰，米を買い占めた加島屋久右衛門宅打ちこわされる。大坂城大手門・多聞櫓など，落雷で焼失
1791	寛政3	ロシア船，紀州沖に接近，岸和田藩沿岸警備を急ぐ
1802	享和2	淀川堤防決壊し，摂津・河内大洪水
1825	文政8	藤沢東畡，淡路町御霊筋に泊園書院を開塾
1827	10	岸和田城天守，落雷により焼失
1829	文政12	大塩平八郎，役人弓削新右衛門の汚職を糾弾，翌年隠居
1830	13	河内国茨田郡枚方宿でお蔭踊り始まる
1834	天保5	堂島新地火災，7560軒焼失

	1837	天保8	平八郎，蔵書を売り払い私費で救民。平八郎，救民の旗印を掲げ乱をおこすが，鎮圧され自害（大塩平八郎の乱）
	1839	10	緒方洪庵，大坂瓦町に適塾を開く
	1854	嘉永7 安政元	6月と11月に近畿一円で大地震，大津波で道頓堀川周辺など住民に多数の死者。プチャーチンのロシア船が天保山にあらわれ大騒動。大坂台場建造計画の下見で，勘定奉行石河政平ら来坂
	1855	2	福沢諭吉，適塾に入門
	1856	3	幕府，安治川・木津川に砲台4カ所の建造命令を出す
	1858	5	日米修好通商条約で，大坂の開市決定
	1863	文久3	14代将軍徳川家茂，大坂湾防衛体制視察のため大坂城に入る。新撰組の芹沢鴨，今橋の両替商鴻池邸に乗り込み200両を奪う
	1864	元治元	大坂西町奉行松平信敏，土佐堀・江戸堀の長州藩屋敷を壊す
	1866	慶応2	大坂西町奉行松平信敏，大坂の豪商に御用金252万5000両を献上させる。将軍家茂，大坂城内で没する
	1867	3	15代将軍徳川慶喜，大坂城で英・仏・米・蘭各国の代表と会見
明治時代	1868	慶応4 明治元	徳川慶喜，1月6日大坂城を脱出。同月9日大坂城炎上，征討大将軍仁和寺宮嘉彰，大坂城の焼跡に錦の御旗を立てる。大久保利通，大坂遷都建白書を政府首脳に提出。大坂の豪商，旧幕府軍征討費として5万両を差し出す。5月1日，大阪裁判所（大阪鎮台改め）を大阪府と改称。大阪川口居留地開設
	1869	2	摂津県・河内県が大阪府から独立，摂津県，豊崎県と改称。河内県は堺県に，豊崎県は兵庫県に吸収合併される
	1870	3	大阪・神戸間に電信開通
	1871	4	廃藩置県で摂津諸県は大阪府に，河内・和泉は堺県となる
	1874	7	大阪・神戸間に鉄道開通
	1875	8	愛国社結成。花外楼において，大久保利通・木戸孝允・板垣退助らにより大阪会議開催
	1876	9	奈良県，堺県に合併される
	1881	14	堺県，大阪府に合併される
	1883	16	大阪紡績会社開業
	1885	18	関西初の私鉄阪堺鉄道，難波・大和川間開通
	1887	20	奈良県が大阪府から分立
	1889	22	大阪と堺に市制実施。天満紡績争議おこる
	1901	34	与謝野晶子，『みだれ髪』発刊
	1903	36	内国勧業博覧会，天王寺・堺大浜で開催。花園橋・築港間に市電開通
	1909	42	天王寺公園開園。大阪市北大火，1万1300余戸焼失
	1912	明治45	大阪市南大火，4576戸焼失
大正時代	1918	大正7	大阪で米騒動おこる
	1920	9	第1回国勢調査，府人口は258万人

	1921	大正10	大阪最初のメーデー
	1922	11	大阪水平社結成。岸和田市制
昭和時代	1927	昭和2	大阪市営バス運行開始
	1931	6	大阪帝国大学創立。大阪城天守閣完成。中央卸売市場開設。堺大浜飛行場、国内初の定期航空輸送
	1933	8	大阪市営地下鉄梅田・心斎橋間開通
	1934	9	室戸台風、阪神間に再上陸、四天王寺五重塔崩壊
	1936	11	豊中市制
	1937	12	布施市制
	1939	14	池田市制
	1940	15	吹田市制。島本町制
	1942	17	泉大津市制
	1943	18	高槻市制。貝塚市制
	1945	20	大阪・堺などに大空襲、9月連合国軍大阪に進駐
	1947	22	守口市制。枚方市制。第1回知事・市町村長選挙
	1948	23	茨木市制。八尾市制。泉佐野市制
	1950	25	富田林市制。ジェーン台風近畿地方を直撃、大阪府の死者・行方不明者256人
	1951	26	寝屋川市制。熊取町制。狭山町制
	1953	28	田尻町制
	1954	29	河内長野市制
	1955	30	枚岡市制。河内松原市制。岬町制
	1956	31	大東市制。和泉市制。箕面市制。美原町制。能勢町制。河南町制。太子町制。東能勢村制。千早赤阪村制
	1958	33	柏原市制
	1959	34	羽曳野市制
	1961	36	堺臨海工業地帯発足。第2室戸台風、大阪市の4分の1が浸水
	1962	37	千里開発センター(千里ニュータウン)設立
	1963	38	門真市制。大阪中央環状道路起工式
	1964	39	関西原子炉開所。名神高速道路開通
	1965	40	東海道新幹線運転開始。第10回国勢調査、府人口は665万人。阪神高速道路梅田・道頓堀間開通
	1966	41	摂津市制。高石市制。藤井寺市制
	1967	42	布施市・河内市・枚岡市の3市が合併し、東大阪市となる
	1968	43	大阪市綜合計画局が「大阪汚染年間被害額は161億円」と発表
	1969	44	大阪市電全線廃止
	1970	45	泉南市制。四條畷市制。大阪万国博覧会開催。大阪城公園完成。天六ガス爆発、死者79人・重軽傷者420人
	1971	46	交野市制
	1972	47	阪南町制。府公害防止10カ年計画まとまる。山陽新幹線新大阪・

		岡山間開通。千日前デパートビル火災,死者118人
1973	昭和48	オイルショックによる,日用品買占め騒ぎ発生
1974	49	大阪市26区改編。大阪市史跡連絡遊歩道(「歴史の散歩道」)計画実施
1977	52	南港ポートタウン完成。国立民族学博物館開館
1978	53	この頃から,大阪市の昼夜人口差広がる
1981	56	新交通システム「ニュートラム」開通
1982	57	大阪21世紀協会発足
1983	58	大阪築城400年まつり・大阪城博覧会開催
1984	59	国立文楽劇場開場。グリコ森永事件発生
1985	60	新国際見本市会場「インテックス大阪」完成。プロ野球阪神タイガース優勝,道頓堀など各地でフィーバー
1987	62	関西国際空港第一期計画着工。関西文化学術研究都市建設促進法施行。天王寺博覧会開催。国際交流センター完成。中小企業振興センター(マイドームオオサカ)完成。大阪狭山市制

平成時代

1989	平成元	北区と大淀区が合併して北区,東区と南区が合併して中央区となり,大阪市は24区に改編
1990	2	国際花と緑の博覧会開催。海遊館開業
1994	6	関西国際空港開港。近つ飛鳥博物館開館
1995	7	阪神・淡路大震災
1996	8	APEC大阪会議開催。司馬遼太郎死去。ワッハ上方開館
1997	9	大阪ドーム開業。大阪城大改修。くすりの道修町資料館開館
1998	10	高槻市で棺に十字の入ったキリシタン墓地発掘
1999	11	道頓堀の中座閉館
2000	12	太田房江氏,全国初の女性知事に。府立国際会議開場
2001	13	府立狭山池博物館・大阪市立住まいのミュージアム・大阪起業家ミュージアム・大阪歴史博物館開館。池上曽根跡公園開園
2002	14	道頓堀の浪花座開館。旧中座全焼で法善寺横丁類焼
2003	15	プロ野球阪神タイガース,18年ぶりに優勝
2004	16	プロ野球大阪近鉄バッファローズ,オリックスと合併
2005	17	大阪市役所内の不正に全国の注目が集まる。堺市と美原町合併し,堺市となる。プロサッカーリーグで,ガンバ大阪優勝
2006	18	堺市が政令指定都市となる。大阪市営地下鉄井高野線開業
2007	19	関西国際空港第2滑走路オープン,日本初の24時間空港となる
2008	20	「船場吉兆」廃業(5.28),「くいだおれ」閉店(7.8)
2009	21	新型インフルエンザで府下全校休校(5月)
2010	22	大阪維新の会,府議会第一党に
2011	23	大阪維新の会,府知事・大阪市長W選挙で勝利

【索引】

―ア―

安威古墳群	213
阿為神社	212, 213
愛染坂	23, 25, 26
芥川一里塚	229
芥川宿	229
麻田剛立墓所	24
麻田藩陣屋跡	152
朝日座	56
足利義教の首塚	132
足利義満	129, 199
愛宕神社	175
阿比太神社	157
阿武山古墳	210
阿倍王子神社	87–89
安倍晴明神社	88
阿部野神社	87
安満遺跡	225
天石門別神社	205
安満宮山古墳	225
安藤百福	177
安穏寺	187
安養寺	86

―イ―

坐摩神社	61, 62
生玉真言坂	22
生國魂神社	21, 22
池田城(跡)	169, 170
池田市立上方落語資料展示館	174
池田市立歴史民俗資料館	167, 168, 172
伊居太神社	172–175
池田親政	170
池田茶臼山古墳	167, 168
いけだピアまるセンター(旧池田実業銀行本店)	174
池田文庫	168, 169
池田充政(充正)	170, 171
伊射奈岐神社	197
石山(大坂)本願寺	5, 8
泉殿宮	197
伊勢寺	227
一運寺	93
一乗院	166
逸翁美術館	168, 169
一心寺	27, 28
稲束家住宅	173
為那都比古神社	159
稲荷山古墳(二子塚古墳)	164
伊能忠敬	75
茨木城跡	206
茨木市立川端康成文学館	211
茨木市立キリシタン遺物史料館	213, 214
茨木神社	205–207
茨住吉神社	71
井原西鶴	17, 18, 40, 120
井原西鶴墓	16
今城塚古墳	217, 219, 220
今西家屋敷	142
今宮戎神社	34
巌氏の顕彰碑	131
岩坪古墳	191
岩本栄之助	41
インスタントラーメン発明記念館	177

―ウ・エ―

上島鬼貫	22, 122, 141
上田秋成寓居	128
植村文楽軒の墓所	26
雲雷寺	20
駅逓司大阪郵便役所跡の碑	39
越中井	12, 13
榎木大明神	67
戎座	56
戎橋	52, 54
円珠庵	14, 15, 18
圓照寺	203
円珍	161

円仁 203

― オ ―

逢坂 23, 27
大石塚・小石塚古墳 145
大江神社 25
大阪ガスビル 64
大阪市水道発祥の地 122
大阪市中央公会堂 40-42
大阪市役所江之子島庁舎跡 77
大阪城(大坂城) 4-8, 13, 14, 21, 23, 52, 62, 64, 126, 141, 206
大阪市立科学館 50, 51
大阪市立自然史博物館 98
大阪市立東洋陶磁美術館 43
大阪市立美術館 33
大阪大学総合学術博物館 153, 154
大阪鉄工所跡 120
大阪天満宮 46
大阪府立上方演芸資料館(ワッハ上方) 58
大阪府立中之島図書館 40
大阪歴史博物館 8
大里遺跡 187
大里廃寺 187
大塩平八郎終焉の地 80
太田茶臼山古墳 218, 219
大塚古墳 147
大村益次郎殉難報国碑 12
大依羅神社 95, 96
緒方洪庵 12, 44, 45, 61, 79, 117
御神山古墳 152
奥田邸 110, 111
御獅子塚古墳 147, 148
織田作之助 40, 51, 56
織田信長 5, 25, 63, 97, 110, 118, 119, 153, 158, 170, 180, 205, 206, 208, 222, 224, 227, 232

― カ ―

懐徳堂 18, 107
海北塚古墳 210
加賀屋新田会所跡 96
鶴満寺 121, 122
隠れキリシタンの里 213
香具波志神社 128, 129
加島鋳銭所跡の碑 128
片桐且元 94, 163, 173, 188, 206, 224
勝尾寺 162, 163
合邦辻閻魔堂(西方寺) 27
角座 56
神峯山寺の道標 234
鎌足古廟 209-211
上方浮世絵館 58
萱野三平旧邸跡 158, 159
川口居留地跡 77
川口基督教会 78
河村商店(旧加島銀行池田支店) 173
河村瑞賢紀功碑 70
看景寺 151
含翠堂跡 106, 107

― キ ―

吉志部瓦窯跡 201
吉志部神社 200, 201
北畠顕家卿之墓 89
吉祥寺 22
岐尼神社 189, 190
木村蒹葭堂邸跡 72, 73
久安寺 178, 179
旧大阪府庁跡 76
旧月峰寺跡 188
旧新田小学校校舎 149, 150
旧造幣寮正面玄関 49
旧西尾家住宅 200
教育塔 8
京街道の碑 126
教学寺 159
行基 143, 165, 166, 178, 202, 203
教行寺 222, 223
教宗寺 229
玉泉寺 189
清水坂 23
清水寺(大阪市天王寺区) 26

近代紡績工業発祥の地・・・・・・・・・・・・・・・・・・・・71
── ク ──
空海(弘法大師)・・・・・・・・・37, 87, 160, 161, 178
久佐々神社・・・・・・・・・・・・・・・・・・・・・・・・188, 189
九条院・・・・・・・・・・・・・・・・・・・・・・・・・・・・・・・・70
楠木正成・・・・・・・・・・・・46, 134, 156, 241, 242
葛之葉稲荷神社・・・・・・・・・・・・・・・・・・・・・・・・88
くすりの道修町資料館・・・・・・・・・・・・・・・・・・65
口縄坂・・・・・・・・・・・・・・・・・・・・・・・・・・・・23, 24
杭全神社・・・・・・・・・・・・・・・・・・・・・・・・107, 108
熊野田八坂神社・・・・・・・・・・・・・・・・・・・・・・148
くらわんか舟・・・・・・・・・・・・・・・・・・・・・・・・234
椋橋総社・・・・・・・・・・・・・・・・・・・・・・・・・・・・140
呉服座跡・・・・・・・・・・・・・・・・・・・・・・・・・・・・174
呉服神社・・・・・・・・・・・・・・・・・・・・172, 173, 175
── ケ ──
慶瑞寺・・・・・・・・・・・・・・・・・・・・・・・・・・・・・・223
継体天皇・・・・・・・・・・・・・・・・・・・・・・・・218-220
月峰寺・・・・・・・・・・・・・・・・・・・・・・・・・・・・・・188
けやき資料館・・・・・・・・・・・・・・・・・・・・・・・・184
源光寺・・・・・・・・・・・・・・・・・・・・・・・・・・・・・・121
源聖寺坂・・・・・・・・・・・・・・・・・・・・・・・・・・・・・23
顕如・・・・・・・・・・・・・・・・・・・・・・・・・・・・・・・5, 63
── コ ──
鯉塚・・・・・・・・・・・・・・・・・・・・・・・・・・・・・・・・127
高雲寺・・・・・・・・・・・・・・・・・・・・・・・・・・・・・・215
高校野球メモリアルパーク・・・・・・・・・・・・150
庚申堂(正善院)・・・・・・・・・・・・・・・・・・・・31, 32
高津宮・・・・・・・・・・・・・・・・・・・・・・・・・・・・19, 20
郡山宿本陣・・・・・・・・・・・・・・・・・・・・・・・・・・208
極楽寺(大阪市住之江区)・・・・・・・・・・・・・・・・97
極楽寺(大阪市福島区)・・・・・・・・・・・・・・・・・118
国立国際美術館・・・・・・・・・・・・・・・・・・・・・・・50
国立文楽劇場・・・・・・・・・・・・・・・・・・・・・59, 60
護国寺(吹田市)・・・・・・・・・・・・・・・・・・・・・・・199
娯三堂古墳・・・・・・・・・・・・・・・・・・・・・・168, 171
河底池・・・・・・・・・・・・・・・・・・・・・・・・・・・・・・・33
後醍醐天皇・・・・・・・・・・89, 91, 143, 156, 161, 162
後鳥羽上皇・・・・・・・・・・・・・・・・・・・・84, 239, 240
小林一三・・・・・・・・・・・・・・・・・・・・168, 169, 175

御霊神社・・・・・・・・・・・・・・・・・・・・・・63, 64, 65
金禅寺・・・・・・・・・・・・・・・・・・・・・・・・・・151, 152
今養寺・・・・・・・・・・・・・・・・・・・・・・・・・・184, 186
── サ ──
西江寺・・・・・・・・・・・・・・・・・・・・・・・・・・・・・・160
佐井寺・・・・・・・・・・・・・・・・・・・・・・・・・・202, 203
佐井の清水・・・・・・・・・・・・・・・・・・・・・・・・・・203
西福寺・・・・・・・・・・・・・・・・・・・・・・・・・・142, 143
酒君塚古墳・・・・・・・・・・・・・・・・・・・・・・・・・・・98
坂上田村麻呂・・・・・・・・・・・・・・・101, 105, 205
桜井駅跡・・・・・・・・・・・・・・・・・・・・・・・・240, 241
桜井谷須恵器窯跡群・・・・・・・・・・・・・・・・・・155
桜塚古墳群・・・・・・・・・・・・・・・・・145, 147, 148
桜宮神社・・・・・・・・・・・・・・・・・・・・・・・・・・・・126
雑喉場魚市場跡・・・・・・・・・・・・・・・・・・・・・・・76
五月丘古墳・・・・・・・・・・・・・・・・・・・・・・・・・・167
真田幸村・・・・・・・・・・・・・・・・・・・・・14, 26, 106
沢村家住宅・・・・・・・・・・・・・・・・・・・・・・・・・・157
三光神社・・・・・・・・・・・・・・・・・・・・・・・・・・・・・14
サントリー山崎蒸溜所・・・・・・・・・・・・・・・238
── シ ──
紫雲寺・・・・・・・・・・・・・・・・・・・・・・・・・・・・・・204
地黄北山遺跡・・・・・・・・・・・・・・・・・・・・・・・・186
志賀神社・・・・・・・・・・・・・・・・・・・・・・・・・・・・・92
紫金山古墳・・・・・・・・・・・・・・・・・・・・・・・・・・210
慈眼寺(豊能郡能勢町)・・・・・・・・・・・・・・・・・191
四天王寺・・・・・・・・・・・・・・・・・・・・・・・28-32, 35
四天王寺石鳥居・・・・・・・・・・・・・・・・・・・・・・・31
四天王寺石舞台・・・・・・・・・・・・・・・・・・・・・・・30
四天王寺本坊方丈・・・・・・・・・・・・・・・・・・・・・31
四天王寺六時堂・・・・・・・・・・・・・・・・・・・・・・・30
渋沢栄一・・・・・・・・・・・・・・・・・・・・・・・・・・・・・71
島上郡衙跡・・・・・・・・・・・・・・・・・・・・・・・・・・230
島本町立歴史文化資料館・・・・・・・・・・・・・・241
釈迦院・・・・・・・・・・・・・・・・・・・・・・・・・・164-166
正円寺・・・・・・・・・・・・・・・・・・・・・・・・・・・・・・・85
上宮天満宮・・・・・・・・・・・・・・・・・・・・・・227, 228
将軍山古墳・・・・・・・・・・・・・・・・・・・・・・209, 211
常光円満寺・・・・・・・・・・・・・・・・・・・・・・・・・・198
荘厳浄土寺・・・・・・・・・・・・・・・・・・・・・・・・・・・93

定専坊	134
松竹座	56
松竹新喜劇	56
聖天山古墳	84, 85
聖徳太子	25, 27, 28, 30-32, 95, 105, 132, 135, 188
常福寺	176
勝鬘院	24, 25
聖武天皇	121, 133, 160, 165, 178, 189, 239
聖霊会(四天王寺)	30
松林寺	142
淨るりシアター	187, 188
新池埴輪製作遺跡	218, 220, 221
新歌舞伎座	56
新世界	33
真如寺	184, 185

── ス ──

瑞光寺	135
吹田市立博物館	202
吹田の渡跡	199
瑞輪寺	147
すえじ寺跡(須牟地寺跡)	100
菅原道真	36, 48, 103, 140, 227, 228, 230
少彦名神社	65
素盞嗚尊神社(高槻市)	230
住友家	66
住友銅吹所跡	9, 66, 67
住吉行宮跡	93
住吉神宮寺跡	92
住吉神社(豊中市)	141, 142
住吉大社	86, 87, 89, 90, 92-94
住吉大社石舞台	91
住吉大社御田植神事	91
住吉大社文庫	92

── セ・ソ ──

誓願寺	16, 18
青松塚古墳	210
清普寺	185
舎密局跡	7, 8
青蓮寺	22
青湾	126
関戸明神	237, 238
関目神社	125
関目発祥之地	125
摂津国分尼寺	133
全興寺	104, 105
洗心洞の跡碑	48
千日前	56, 58
船場ビルディング	64
泉布観	49
善福寺	14
総持寺	224
崇禅寺	132, 133
造幣局	48
造幣博物館	48

── タ ──

大海神社	92, 93
大願寺	130, 131
大広寺	170-172
大聖観音寺(あびこ観音)	95
大長寺	50, 127
大念寺	212
大念佛寺	102, 103
大福寺	16
太平寺	23
大丸百貨店	60
太融寺	37
高槻カトリック教会(高山右近記念聖堂)	231
高槻城跡	231, 232
高槻市立しろあと歴史館	233
高槻市立歴史民俗資料館	233
高橋至時	75
高浜神社	198, 199
高山右近	12, 180, 182, 214, 215, 227, 230-232
高山右近天主教会堂跡	230
竹田出雲墓所	22
竹本義太夫	18, 20, 32, 54, 59
竹本義太夫の墓所	31

索引 283

竹本座(跡)	18, 20, 32, 54, 59
辰野金吾	39, 41, 173
田能村竹田の墓	24
玉造稲荷神社	13
垂水神社	196
垂水遺跡	197

―チ―

近松門左衛門	16, 22, 36, 40, 50, 54, 59, 87, 127
近松門左衛門墓	18
竹林寺(大阪市中央区)	58
竹林寺(大阪市西区)	71
乳牛牧跡	135, 136
茶臼山古墳(大阪市天王寺区)	33
長寶寺	104, 105

―ツ・テ―

通天閣	34
闘鶏山古墳	221
露天神社(お初天神)	36
鶴乃茶屋跡	121
適塾	12, 44, 45, 79, 117
天下茶屋跡	86, 87
天神坂	24, 26, 27
天神山遺跡	227
天王寺公園	29, 33
天王寺動物園	33
伝藤原家隆墓	24
天保山	68, 70
天満青物市場跡の碑	47
天満宮神幸御上陸地の碑	77
天武天皇	10, 146

―ト―

陶器神社	61, 62
東光院	143
東大寺(大阪市住吉区)	95
東大寺水無瀬荘園跡	238, 239
道頓堀	52, 54, 56, 58
道頓堀川	52
徳川家康	5, 12, 23, 26, 27, 33, 38, 63, 101, 106, 130, 153, 182, 206, 214
徳川秀忠	31, 106
徳川光圀	15
徳川吉宗	66
土佐稲荷神社	74
豊崎神社	121
豊竹座	56
豊臣秀長	7
豊臣秀吉	4, 5, 7, 8, 19, 25, 27, 38, 63, 64, 86, 87, 95, 107, 118, 125, 153, 170, 179, 182, 205, 206, 208, 214, 227, 232, 240
豊臣秀頼	6, 7, 13, 94, 153, 163, 173, 175, 188, 224
豊中稲荷神社	151
鳥飼院跡の碑	236
鳥飼の牧跡	234-236
鳥養の渡し	236

―ナ―

中井一族墓所	16, 18
長居公園	97
永井神社	232
永井直清	214, 226, 232
中川清秀	207, 208, 213, 227
中座	56
中島大水道跡	134
中天游邸跡	79
中臣須牟地神社	100
長谷の棚田	191
長原遺跡	111
長原古墳群	9, 111, 112
長柄国分寺	122
七尾瓦窯跡	202
浪華仮病院	16
浪花五座(道頓堀五座)	54, 56
難波宮跡	10-12
難波宮史跡公園	8, 10, 11
難波神社(博労稲荷)	59, 62

―ニ・ヌ―

新屋古墳群	213
西ヶ久保遺跡	184
西本願寺津村別院	62

日蓮	161
日本基督教団大阪教会	61, 80
日本銀行大阪支店	39
日本民家集落博物館	144
鵺塚	124

―ノ―

能因塚	226
野江水神社	125
野口英世像	162
野里住吉神社	129
能勢氏	180, 182, 186
能勢氏の居館跡	184
能勢妙見堂	182
野田城(跡)	117-119
野田の藤跡	117-119
野間遺跡	184
野間神社	184, 185, 189
野間の大ケヤキ	183, 184
野見神社	232

―ハ―

梅林寺	207
間長涯天文観測の地	75
間長涯	75
橋本左内	45
橋本宗吉絲漢堂跡	61
芭蕉句碑(東本願寺難波別院)	63
走落神社	180
畠山政長墓所	109, 110
鉢塚古墳(五社神社)	164-166
八州軒の跡	120
服部天神宮	140, 141
馬場口地蔵	101
原田神社	146-148
半町本陣跡・瀬川宿駅	156

―ヒ―

東本願寺難波別院	62
日立造船株式会社発祥の地	120
姫室塚	175
比翼塚	50, 127
平野遺跡群	111
平野環濠跡	108
平野郷樋尻口門跡	105, 106
平野町ぐるみ博物館	103, 104
昼神車塚古墳	228

―フ・ヘ―

福井神社	213
福沢諭吉	45, 51, 61, 116
福沢諭吉誕生地	116, 117
藤田美術館	50, 127
藤森神社	236
藤原鎌足	210-212
仏日寺	153, 166, 167
普門寺	222, 223
弁慶の泉	176
弁天座	56
弁天塚(東大寺山)	95

―ホ―

宝国寺	15
豊国神社	7
宝珠寺	149
法善寺	58
法善寺横丁	56, 58
法然	27, 84, 121, 161
法楽寺	97
法蓮坂遺跡	190
母恩寺	123
細川ガラシャの墓	132
細川(越中守)忠興	12
細川晴元	222, 223
法華寺	133
法性寺(大阪市中央区)	20
法性寺(豊能郡豊能町)	180, 181
本経寺	20
本照寺	221
本多忠朝の墓所	28
本養寺	173

―マ・ミ―

松尾芭蕉	16, 25, 38, 46, 89
松虫塚	84, 87
丸山古墳跡	85, 86

三島江	233, 234
三島鴨神社	233, 234
三津寺	60
御津八幡宮	60
水無瀬神宮	239, 240
水無瀬の滝	239
南塚古墳石室	210
南天平塚古墳	148
箕面山	160
箕面市立郷土資料館	160
耳原古墳	212
耳原方形墳(鼻摺古墳)	212
都島神社	123
妙見宮の石灯籠	234
妙寿寺(上町鬼子母神)	20
三輪神社(高槻市)	221

――ム・メ・モ――

無二寺	178
名月姫の墓	187
綿業会館	64
森の宮遺跡	9

――ヤ――

八坂神社(池田市)	176
八坂神社(大阪市大正区)	72
八坂神社の御田植祭(豊能郡能勢町)	191
安居神社(安居天神)	26
山阪神社	97
山根徳太郎	11

――ユ・ヨ――

涌泉寺	186
吉田兼好法師隠棲庵址の碑	86
淀川三十石船	233, 234
淀屋の屋敷跡	38
余野十三仏	180
余野城跡	180

――リ・レ――

離宮八幡宮	237
瀧安寺(箕面寺)	160-162
了照寺	72
良忍	103

蓮華寺(豊能郡能勢町)	190
蓮如	4, 63, 134, 161, 223

――ワ――

若山神社	241, 242
和光寺	74
和田惟政	207, 227, 230, 232
和田惟政供養塔	207
渡辺綱駒つなぎの樟	124

【執筆者】(五十音順)

編集・執筆委員

小林章 こばやしあきら(前甲子園短期大学)

梅田裕久 うめだひろひさ(府立島本高校)

執筆委員

柴田洋一 しばたよういち(大阪市立大阪ビジネスフロンティア高校)

瀬田祐造 せたゆうぞう(元府立高校)

竹田博昭 たけだひろあき(元府立高校)

東瀬博司 とうせひろし(奈良大学)

中野淳之 なかのあつゆき(府立勝山高校)

西尾利博 にしおとしひろ(府立福泉高校)

村上晃美 むらかみてるみ(大阪女学院大学)

村川義典 むらかわよしのり(府立池田高校)

吉岡哲 よしおかあきら(元府立高校)

渡邊邦雄 わたなべくにお(大阪市立咲くやこの花高校)

【写真所蔵・提供者】(五十音順, 敬称略)

円珠庵	住吉大社
大阪教会	全興寺
大阪府酒造組合	崇禅寺
上方落語協会	大願寺
川口基督教会	大長寺
玉泉寺	大念佛寺
杭全神社	高槻市教育委員会
神戸市立博物館	築港釈迦院
今養寺	東光院
財団法人大阪観光コンベンション協会	豊中市
西福寺	豊中市市史編さん係
堺市博物館	日清食品株式会社
サントリー株式会社	能勢町教育委員会
淨るりシアター	ワッハ上方

本書に掲載した地図の作成にあたっては,国土地理院長の承認を得て,同院発行の2万5千分の1地形図,5万分の1地形図,20万分の1地勢図を使用したものである(承認番号平19総使,第47-24627号 平19総使,第46-24627号 平19総使,第45-24627号)。

歴史散歩㉗
大阪府の歴史散歩 上　大阪市・豊能・三島

2007年9月28日　1版1刷発行　　2014年1月31日　1版2刷発行

編者────大阪府の歴史散歩編集委員会
発行者───野澤伸平
発行所───株式会社山川出版社
　　　　　〒101-0047　東京都千代田区内神田1-13-13
　　　　　電話　03(3293)8131(営業)　　03(3293)8135(編集)
　　　　　http://www.yamakawa.co.jp/　　振替　00120-9-43993
印刷所───図書印刷株式会社
製本所───株式会社ブロケード
装幀────菊地信義
装画────岸並千珠子
地図────株式会社昭文社

Ⓒ　2007　Printed in Japan　　　　　　　　ISBN978-4-634-24627-0
・造本には十分注意しておりますが，万一，落丁・乱丁などがございましたら，
　小社営業部宛にお送りください。送料小社負担にてお取り替えいたします。
・定価は表紙に表示してあります。

大阪府全図

- 都道府県界
- 市郡界
- 町村界
- 新幹線
- JR線
- 高速道路
- 都市高速
- 有料道路
- 国道
- 府県庁

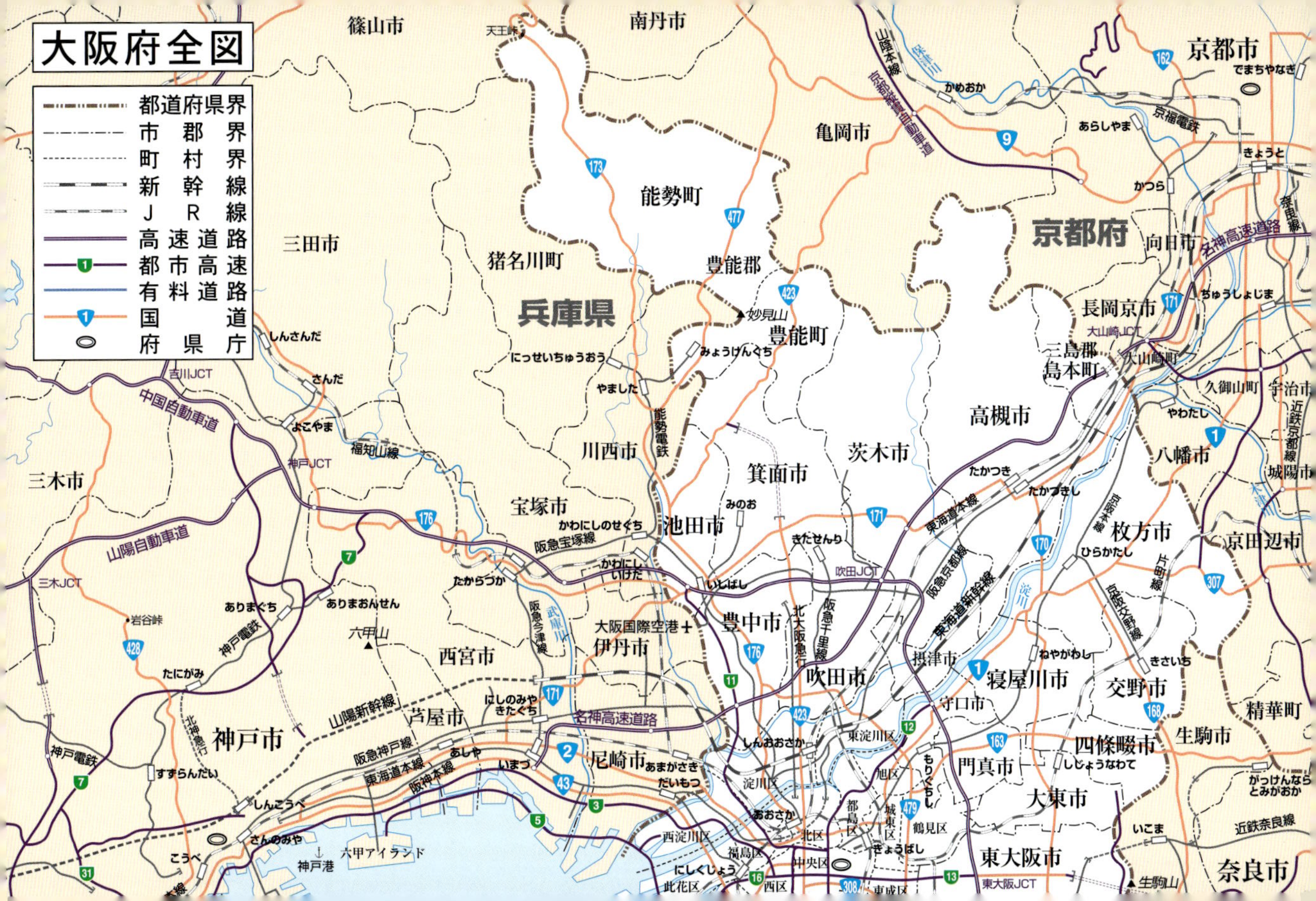